ヒロシマを生き抜いたロシア人女性

SURVIVING HIROSHIMA：
A Young Woman's Story

アンソニー・ドレイゴ＆ダグラス・ウェルマン 著
金谷俊則 訳

文芸社

妻のキャシーへ……君は、わたしにとって最愛の人であり、これからも最愛の人でありつづける

アンソニー・ドレイゴ

デボラへ……君は、とても忍耐強い、わたしの最愛の妻である

ダグラス・ウェルマン

1945年12月、カレリア・パルチコフの肖像画
広島のキノコ雲の下で
制作者：リチャード・M・チェンバーズ中尉、米陸軍
提供、米国空軍アートコレクション

パルチコフ侯爵の紋章—1620年に授与された

◎目次

本書について

本書はもっぱら、カレリア・パルチコフと息子のアンソニーの口述と、文書による個人的な回想にもとづいている。カレリアの思い出のいくつかは、終戦直後から、その後の数年にわたって本人によって書きはじめられたものである。アンソニーと共著者のダグラス・ウェルマンは、可能なかぎりカレリアの書いた記録から直接引用している。

著者から

一九四五年、アメリカ陸空軍は戦後、米国戦略爆撃調査団と称するチームを日本に派遣して、アメリカ軍による爆撃の効果について調査分析を実施しました。その際、太平洋戦争にかんする文書を整理するにあたってアメリカ空軍の関係者は、広島と長崎の被爆者たちにおこなったインタビューを音声記録し、あとで文書化したのです。そのなかでカレリア・パルチコフは、インタビューを受けた原子爆弾（以下、原爆）の被災者で、ただ一人英語が話せる人でした。そしてカレリアの二回にわたる音声記録を文字に起こして三〇ページの文書が残されたのです。当時、未婚の若いカレリアはインタビューの質問に屈託なく応じていて、前もって何も準備もせずに、その場で考えたことを話しているので、質問に対する答えの内容は、ときには自分の考えを急に変えたり、文法的な誤りを途中で直したりしています。わたしたちは、その記録をあえて書き換えることはせず、元の記録のまま逐語的に引用し、そのときの本人の感情や想いをできるだけ正確に伝えようとしています。

第一章　目標は広島

テニアン島――一九四五年八月六日

この地球から見ると、テニアン島は取るに足らない島だ。珊瑚礁のなかの石灰岩でできた、わずか一〇〇平方キロメートルの環礁に草木が生えただけのこの島は、広大な太平洋のなかの点のような場所で、世界を震撼させる出来事にふさわしいところのようには思われない。スペイン、ドイツ、日本と引き継がれてきた統治のあいだ、この島は目的地というより目的地に向かうための中継地だった。太平洋を航海する船乗りたちにとっては補給のために立ち寄るだけの島だったのである。多くの人たちは島の存在すら聞いたことがないほどだったが、それが今、変わろうとしていた。

現地時間の〇一〇〇（午前一時）、第三九三爆撃中隊第五〇九混成部隊では、一二人乗りの爆撃機に搭乗する七人の隊員たちが緊張した面持ちで、出撃前のブリーフィングのため補助滑走路の横にある隊員専用の部屋に集まっている。これから重大な任務に就こうとしているのだが、その任務が重大だということしか知らない。目標は日本だということはわかっているが、日本のどこなのかは秘密だということだった。特殊な爆弾を搭載することは知っていたが、それがどんな爆弾かも秘密だった。このことが搭乗員たちを不安にさせ、煙草やコーヒーが配られたが、気休めにすぎなかった。

作戦任務十三号という、この特別爆撃任務を指揮するポール・ティベッツ・ジュニア大佐がこれから搭乗員たちに話をはじめるのだが、搭乗員たちがどんな想いを抱いているかは気にかけていない様子だ。このたびの搭乗員は、全員が軍務においてすぐれた人間として厳選された者たちで、人物や経験は模範的だったから、だれもが任務を遂行するつもりになっていて、その任務がどんなものなのか、これからティベッツ大佐が話してくれることを心待ちにしている。ただ、ティベッツ大佐は多くを語ることになるが、すべてを話すわけではなかった。残りの詳細については、離陸してから機上の人になるまで待たなければならなかったのだ。ティベッツ大佐は、改造したB29爆撃機をみずからが操縦することになっていて、その機体を、自分の母親の名前をとって「エノラ・ゲイ」と命名した。そしてコールサインの「ディンプル82」は、エノラ・ゲイが恐るべき兵器を搭載していることを悟られないためだった。

エノラ・ゲイは、これから世界で初めて使用される原爆を投下することになるのだ。

なお、エノラ・ゲイの離陸に一時間ほど先行して「ストレート・フラッシュ」「ジャビット三世」「フル・ハウス」と名づけられ三機のB29が、原爆を投下する候補地に選ばれた広島、小倉、長崎の気象状況を偵察するため離陸することになっている。そして、このたびの作戦では、標的を正確に捉えることがとりわけ重要だったので、レーダーではなく目視で投下しなければならないと決められていた。前日に空軍の気象担当官が爆弾の投下に望ましい気象状況を予測していたが、チャンスは一度きりで、雲に覆われて標的が視認できない場合は投下しないと決められていたため、ティベッツ大佐は、離陸してから投下する目標都市を最終的に決定することになっている。またエノラ・ゲイが目標都市の上空に達するときには、ほかに二機のB29が随行することになっていて、「グレート・アーチスト」は、原爆が炸裂したあとの状況を科学的に分析するための測定機材を搭載し、もう一機の名前がついていないB29（のちに「ネセサリー・イーブル」と命名された）は、原爆が炸裂した瞬間を写真に撮る任務を担当している。この二機は、エノラ・ゲイが離陸すると、ただちに離陸することになっていて、七機目の「トップ・シークレット」というB29は、まんいち原爆を投下するエノラ・ゲイが機械的なトラブルを起こしたり、任務を中止せざるを得ない場合に備えて、代替となる爆撃機として離陸することになっている。

ブリーフィングが終わって午前一時をだいぶまわったころ、何台かのトラックが隊員たちのいる建物の前に到着して、搭乗員たちを自分たちの飛行機まで運んで行った。このたびの飛行任務が歴史的に重要だということは、だれにもわかっているのだ。撮影班が離陸前の最後の瞬間を撮影しようと、滑走路の近くに集まっている。午前二時二十分、ティベッツ大佐と搭乗員たちがエノラ・ゲイの前で作戦前の最後の写真を撮ってもらうためポーズをとっている。何回か撮影がすむと、ティベッツ大佐は搭乗員たちに向けて、「さあ、行くぞ」と声をかけ、その声で搭乗員たちは銀色に輝く機体に乗り込んでいった。

ティベッツ大佐は操縦席に座ると、チェックリストを手に取って、エンジンを始動させる前の最終的な点検をはじめた。右側の操縦席には副操縦士のロバート・ルイス大尉が座っているが、ルイス大尉は、この日の未明にはかならずしもご機嫌ではなかった。というか、ひどく腹を立てていた。今までは、このエノラ・ゲイのパイロットを任せられていたのに、この日にかぎってティベッツ大佐が操縦することになったからだ。おまけに、自分の飛行機だと思っていた機体に「エノラ・ゲイ」と書かれているのを見てショックを受け、だれかれとなく当たり散らしていたのだが、それでも今は怒りの感情を押し殺して任務に就いている。

エノラ・ゲイは、シルバープレートと呼ばれた特殊仕様のB29で、原爆を搭載して投下できるよう改造されている。搭載する原爆は「リトル・ボーイ」として知られていて、エノラ・ゲイと搭乗員たちには重要な任務が求められていた。このリトル・ボーイは一個の爆弾でありながら、通常爆弾を搭載した二〇〇〇機の「超空の要塞B29」に匹敵するほどの破壊力を有していたが、爆弾そのものは名前のとおりに小さいとはいえない。長さが三メートル、直径が七〇センチメートル、重さが四トンあまりのこの爆弾は、世界中にある兵器のなかでは怪物といえるものなのだ。そしてエノラ・ゲイは、このたびの任務を遂行するため爆弾倉の扉を大きくし、爆弾の投下装置を改良し、速力をあげるため燃料噴射式エンジンを搭載し、着陸時のため可変ピッチプロペラを備えていた。ただ、このような改造をしたものの、まだ大きな問題が残っていた。通常のB29より機体重量が重く、テニアン島の滑走路では距離が足りないからだ。まんいち操縦士のティベッツ大佐が離陸に失敗して、搭載している原爆が爆発したら、いったいどうなるのか？　それは、だれにとっても明らかなことで、テニアン島と、そこにいる全員が灰になるのだ。

一方、リトル・ボーイを日本の上空で（その前ではなく）炸裂させる責任は、爆弾の設計を担当していたウィリアム・〝ディーク〟・パーソンズ海軍大佐の肩にかかっていた。離陸に失敗して大惨事が起きないように、パーソンズ大佐はリトル・ボーイを機上で最終的に調整することを考えていて、それは地上の人間たちにとっては安全なことだったが、パーソンズにとっては楽な仕事ではないのだ。リトル・ボーイを完全に調整するには、何度もくり返し訓練した微妙な調整をする必要があり、それでも揺れ動く飛行機の狭苦しい爆弾倉のなかでその調整をすることは骨の折れる仕事なのだ。パーソンズ大佐は、初めはリトル・ボーイを機上で調整することには、ためらいがあったが、以前にB29が離陸に失敗して炎上するのを四回ほど目撃していて、その危険性をじかに体験していたので、慎重に考えたすえ、機上でリトル・ボーイを調整するのが好ましい選択だと結論づけたのである。

そのため、ティベッツ大佐とルイス大尉は飛行中にパーソンズ大佐がリトル・ボーイを調整しているあいだは、できるだけ安定した飛行をしなければならない。できれば乱気流に遭遇しないようにするつもりだし、パーソンズ大佐も慎重に調整をしなければならない。だれもが、すぐれた技術をもっていたが、幸運に恵まれることも求められていたのである。

午前二時二十七分、作戦任務に取りかかる時間になった。ティベッツ大佐はコクピットの窓を開けると、地上任務の隊員たちに向けて飛行機からはなれるよう指示した。カメラマンが一人、ティベッツ大佐に声をかけて、カメラに向かって手を振ってくれるよう頼んだ。ティベッツ大佐は重要な任務に就いているときだったが、カメラに向けて笑顔で応じた。それから窓を閉めて、エンジンを順次、始動させ、十八分後、ルイス大尉に向けて「よし行こう」と声をかけスロットルを倒した。過重の機体になっているエノラ・ゲイが、ゆっくりと前進をはじめた。離陸するには滑走路をぎりぎりまで使用する必要があったが、さいわい離陸には成功した。歴史的な運命まで、あと六時間だ。

エノラ・ゲイは巨大な飛行機だったので、一二人という多くの搭乗員を必要としている。航法士のセオドール・ヴァン・カーク大尉は搭乗員たちを目標まで飛行させる任務に就いている。トーマス・フィアビー少佐は爆撃手で、操縦士と副操縦士の前部にあるプレキシグラスの風防がついた席に座っていて、目標を捉えてリトル・ボーイを投下する任務に就いている。そして残りの搭乗員たちは、エノラ・ゲイが安全に飛行できるための任務に就いていて、航空機関士のワイアット・ドゥーゼンベリ曹長と航空機関士助手のロバート・

シューマード軍曹は、四基のエンジンと複雑な油圧と電気系統をモニターする役目を担っている。ジョー・スティボリック軍曹はレーダー装置を受け持っている。リチャード・ネルソン上等兵は無線通信装置を担当し、ジェイコブ・ビーザー中尉は敵のレーダー対策を受け持っている。モーリス・ジェプソン中尉は、パーソンズ大佐がリトル・ボーイを最終的に組み立てるときの助手を務める兵器担当を受け持っている。そしてエノラ・ゲイの機体尾部には、ジョージ・（ボブ）・キャロン曹長が射撃手としてエノラ・ゲイに忍び寄る歓迎されない敵戦闘機を監視している。キャロン曹長は、リトル・ボーイが投下されたあとの光景を目にすることができる唯一の人間なので、リトル・ボーイがうまく炸裂したかどうかを真っ先に知ることになるのだ。

B29は、当時としては最先端の性能を備えた飛行機だった。それまでの飛行機に比べて、すぐれた性能のひとつに機内が与圧される機能があった。ただ爆弾倉のところは目標の上空で扉が開くため与圧することができないので、この問題を解決するため設計担当者たちは操縦室と尾部のところを隔室にして与圧し、胴体部分になる機体中央部は与圧しないままの構造にしていた。そして与圧された操縦室と尾部とのあいだは、与圧された筒状のなかを搭乗員が匍って移動するようにしてある。

離陸してから、まだ与圧される前にキャロン曹長が手脚をのばすため胴体部に匍っていった。機内がいったん与圧されると、作戦が終了するまで尾部にとどまることになるからだ。キャロン曹長が胴体部に移動したとき、ちょうどティベッツ大佐が搭乗員たちと雑談をしようと思って操縦室から筒状の通路をとおって姿を見せた。ティベッツ大佐がそこでしばらく雑談を交わしたあと、搭乗員たちに向けて、自分たちはどんな兵器を運んでいると思うかと尋ねた。キャロン曹長が、化学反応を起こす兵器ではないかと答えたが、ティベッツ大佐はちがうという。それで、物理学に関係する兵器ではないかと訊くと、そういうことだと頷いた。ティベッツ大佐は、それからしばらくすると操縦室へもどるため筒状の通路へ入り込んだが、キャロン曹長がティベッツ大佐の足を掴んだので、まだ何か問題があるのかと思って、すぐに後ずさりしてきた。それはキャロン曹長からの最後の質問だった。「大佐、われわれは今日の朝、原子を分裂させるんですか?」ティベッツ大佐が、そのとおりだと頷いたので、搭乗員たちは原爆のことを、うすうす感じることになったのである。

午前二時五十五分、ヴァン・カーク大尉が航法日誌をつけはじめた。エノラ・ゲイと随行する二機のB29はまっすぐ日本をめざすのではなく、それぞれが別個に硫黄島の上空をめざして飛行し、午前六時前に、そこで落ち合うことになっている。なおリトル・ボーイは、離陸してまもなく最終調整をすることになっていたので、午前三時にパーソンズ大佐が、これから調整をはじめるとティベッツ大佐に伝えた。パーソンズ大佐とジェプソン中尉は、四トンあまりのリトル・ボーイが格納してある狭苦しい爆弾倉に入り込んで、非常に複雑だが、まだ活性化していないこの物理装置を、人類がかつて思い描いていたなかで、もっとも恐るべき兵器に変換するための繊細な調整をはじめた。ただ皮肉なことに、リトル・ボーイを炸裂させる起爆装置は、強力な兵器として人類が初めて開発した火薬を使うことになっているのだ。

リトル・ボーイが炸裂する仕組みは銃と同じなのだ。円筒形のリトル・ボーイ内部の前部と後部に六〇キロほどのウラン235が分離されていて、後部のウランのうしろに火薬を爆発させる装置がある。前もって決められた高度になると、電気信号によって火薬が発火し、銃から発射された弾丸のように後部の「発射体」ウランを発射させて前部にある「標的」のウランに衝突させ、この衝突によってすさまじい威力を発する核連鎖反応が起きるのだ(1)。

パーソンズ大佐がリトル・ボーイのなかに慎重に起爆装置を取りつけている。このとき起爆装置がうっかり作動することを防ぐため、銃の安全装置と同じような働きをする緑色のプラグが三本取りつけてあり、この緑色のプラグが起爆装置のなかの電気回路を遮断しているため、電気信号によって火薬が発火することがないのだ。パーソンズ大佐は起爆装置が正しく取りつけられたことを確かめると、ジェプソン中尉に向けて最終的な調整をするよう指示した。そしてジェプソン中尉が三本の緑色のプラグをはずして赤色のプラグに交換したので、これで電気回路は遮断されなくなり、リトル・ボーイは完全な姿になった。なおジェプソン中尉は緑色のプラグを記念品として保管した。

作戦遂行までの航程は今のところ平穏だったので、三機のB29の航法士は、広い太平洋のなかから広さ一二キロ平方メートルの硫黄島を難なく探し出した。上空二七〇〇メートルからの硫黄島は穏やかな島に見えるが、これまでの五ヶ月の戦闘のあいだに日米双方で二万五〇〇〇人以上の人命が失われ、アメリカ軍の二万人の将兵が負傷するほどの血まみれの激戦がくりひろげられた火山島だったのである。日本軍は、硫黄島がアメリカ軍の日本本土への侵攻の足がかりになることがわかっていて、死を賭して戦いを挑んできたから、負傷しただけの日本兵はほとんどいなかった。日本軍の将兵が、この小島を明け渡すよりは戦って死ぬことを選んだとすれば、もし日本本土が戦場になったときには、いったいどうなるのか？　このことは答えのはっきりしている今ひとつの問いだった。

グレート・アーチストとネセサリー・イーブルは編隊を組んで高度九二〇〇メートルまで上昇し、機内が与圧された。作戦遂行までの残りの航程は、およそ一二〇〇キロメートルだったが、この地点では航法士はまだ正確な航程を計算することはできない。それというのも、目標がどこになるかは気象状況にかかっているからで、三機の気象観測機が三つの都市の気象状況を報告してくるまで目標はわからないままなのだ。前もって第一目標は広島に決められていて、小倉と長崎が第二目標になっていたが、エノラゲイに先行して日本の上空に向かったストレート・フラッシュ、ジャビット三世、フル・ハウスの気象観測機は、三つの都市の上空に飛来しても、日本軍からはほとんど警戒されなかった。太平洋の島々をめぐる戦いによって、日本軍はアメリカ軍が日本本土へ侵攻する速度を鈍らせていたが、日本の軍需物資はほとんど枯渇していた。しかも六週間前に沖縄が陥落したことで、アメリカ軍は日本本土へ一六〇〇キロメートルほどに迫って有利な足がかりを作っていた。そのため日本軍の指導者たちは、迫りつつある日本本土への侵攻に対抗するため、利用できるかぎりの飛行機と燃料を必要としていたが、アメリカ軍の絨毯爆撃によって、日本の各都市は甚大な被害をこうむっていたため、日本軍の戦闘機はＢ29の大編隊には迎撃したが、一機か二機のＢ29に対しては写真偵察機と考えて、あえて攻撃するつもりはなかったのだ。

ティベッツ大佐は機内の通信装置を使って、自分たちの任務をまだ知らない搭乗員たちに向けて「われわれは世界で初めての原爆を運んでいるんだ」という極秘の任務を伝えた。いよいよ真剣に取り組むときがきたのだ。搭乗員たちは、それぞれ自分が受け持っている装置を最終的に点検し、防弾チョッキとパラシュートがうまく作動するか確かめた。また、このたびの任務のため特別の装備を渡された。原爆が炸裂したときの閃光から目を保護するための偏光板でできたゴーグルだ。

テニアン時間の午前八時九分、広島では空襲警報が鳴りひびき、広島の市民と軍人たちは四発エンジンのＢ29の、いつもの不吉な爆音が上空にとどろくのを耳にしていた。上空にはストレート・フラッシュの機影がはっきりと見える。ただ、この日にそれより重要だったのは、ストレート・フラッシュの方が広島の市民たちをはっきり見ていたことだった。ストレート・フラッシュの操縦士クロード・イーザリー少佐がエノラ・ゲイに向けて「Y－3、Q－3、B－2、C－1」という暗号電文を送信した。それは、広島の上空は雲量が十分の三以下ということを知らせる内容だった。

ティベッツ大佐は、ふたたびマイクをとって搭乗員たちに「目標は広島だ」と伝えた。

広島では、ストレート・フラッシュが飛び去ったので、空襲警報が「解除」となり、何も知らない広島の人たちは、ふだんどおりの朝の暮らしにもどった。日本の都市の上空に飛来する偵察機はいつものことだったので、数機のB29に対してはそれほど警戒されることはなく、人々が心配しているのは大規模な編隊による空襲だったのだ。実際に前の晩には、西日本の多くの都市がアメリカ軍による空襲に見舞われていて、日本軍のレーダーが捉えた映像には、西宮をめざす二六一機、宇部をめざす一一一機、前橋をめざす一〇二機、今治をめざす六六機、佐賀をめざす六五機が映し出されていた。人々を恐怖に陥れるのは、このような大規模な空襲であり、今朝のような事態は取り立てて心配することではなかったのである。そもそも一機のB29で、いったいどれほどの被害をあたえられるというのか？

十五分後、四国の上空に達したエノラ・ゲイは、前方の伊予灘に近づくと爆撃航程に入った。航法士のヴァン・カーク大尉はエノラ・ゲイが目標に到達できるよう最終調整をしながら、晴れわたった空をありがたいと思った。このたびの作戦では標的を目視で確認することが重要だったからだ。リトル・ボーイを投下する標的は、広島の中心部を流れる本川と元安川に跨がるようにかかっている、T字型の構造をした相生橋《あいおい》と決められていた。この橋は特徴的な形をしているため、九三〇〇メートルの上空からでも見つけやすく、標的としては打ってつけだったのだ。ヴァン・カーク大尉が搭乗員たちに向けて、今から十分間は警戒するよう伝えた。地上では上空に飛来した三機のB29を捕捉していたが、迎撃しようとする戦闘機は離陸してこない。広島のラジオは敵機の接近を伝えて警戒するよう伝えていたが、このような警報は毎度のことで、いつもの朝の出来事のように思われた。

標的まであと三分のとき、ティベッツ大佐はエノラ・ゲイの操縦を爆撃手のフィアビー少佐に任せた。フィアビー少佐が、精通しているノルデン爆撃照準器に最終データを入力すると、これによってエノラ・ゲイが投下地点に達すると、その上空でリトル・ボーイが自動的に落下して六十秒後に起爆するようセットされるのだ。ティベッツ大佐は搭乗員たちに目視で標的を確認するよう伝え、標的が見える位置にいる搭乗員たちは、「相生橋が見えはじめました」と口頭で報告している。もう失敗するわけにはいかない。

グレート・アーチストとネセサリー・イーブルは、エノラ・ゲイとの編隊飛行を中止して散開し、爆撃航程の上空を飛行する予定はないので、自分たちの任務を遂行するため六〜八キロメートルはなれた上空を飛行している。リトル・ボーイの投下数秒前、グレート・アーチストは、リトル・ボーイが炸裂したとき上空に浮遊して爆発の効果を測定した情報を無線で伝えるため、パラシュートをつけた測定器具を投下した。ネセサリー・イーブルは、爆発したときの様子を撮影して記録するためのカメラをセットした。エノラ・ゲイの機体尾部では、ボブ・キャロン曹長が、航空写真用のK20カメラと、リトル・ボーイが炸裂した光景を報告するためワイヤレコーダーを用意した。できれば機銃は操作したくないものだ。上空には今のところ自分たちを捕捉して肉薄してくる日本軍の戦闘機の姿はなく、地上からの対空砲火が一発もなかったのは、今後に予想される大規模な空襲のために温存しているためだということが明らかだ。

テニアン時間の午前九時十五分十五秒（広島時間の午前八時十五分十五秒）、リトル・ボーイは運命の秒読みをはじめるため爆弾倉から投下された。フィアビー少佐が「爆弾投下」と伝えたが、搭乗員の全員にもその瞬間がわかった。突然、四トンあまり荷物がなくなったエノラ・ゲイの機体は跳ね上がり、搭乗員たちの体がふらついたからだ。ティベッツ大佐は、リトル・ボーイが炸裂する上空と自分たちとができるだけ遠ざかるように、ただちに機体を一五五度右に急旋回させた。エノラ・ゲイが退避する時間は残っている。リトル・ボーイは、炸裂することになっている上空六〇〇メートルに落下するまで、あと四十四秒ある。

そして四十四秒後には、これからの戦争が後もどりできないほど変わることになるのだ。

また四十四秒後には、カレリア・パルチコフという二十四歳のロシアからの亡命者が、これまでの人類の歴史で発生したことのないほどの、すさまじい大火災の真っ只中にいることになるのだ。

このカレリア・パルチコフが、わたしの母だった。

【注】

（1）Stockbauer, "The Designs of Fat Man and Little Boy."

第二章　戦争の前の戦い

母は、おとぎ話のような人生を送るはずだった。先祖代々からロシア貴族の出身で、何世紀にもわたって名誉と特権に満ちた家系だった。母のなかにも貴族の血が流れていて、社会的な特権階級という立場は生まれながらのものだったはずだ。ところが一九二一年六月二十日に母がウラジオストクで生まれたときのロシア貴族たちは、はげしい非難を浴びていた時期で、貴族が指導的立場と富を有することが当たり前の権利だとする考えは社会から敬遠され、これまで幾度となく虐げられてきた労働者階級の人たちから迫害されるようになったのである。穏やかで富に満ちた立場を保障してくれるはずの貴族の家系が今や、母と家族たちにとっては、ロシア皇帝による支配と、それにかかわる人たちを打倒しようとする急進主義者と改革運動家の標的になっていたのだ。こうして母は、おとぎ話のような人生を送るはずだったのに、それができなくなったのである。

多くの子供たちと同じように、わたしにも、おとぎ話は子供のころに初めて接する物語だった。ほかの子供たちの親はイソップ物語のような子供向きの本を読み聞かせたものだが、わたしの場合は母が語ってくれた。ただ母が語ってくれる、おとぎ話というのは、勇敢な貴族たちの物語で、何世紀にもわたって受け継がれてきたわたしの家系の話だった。

そして、その物語は、多くのおとぎ話とはちがって、かならずしもハッピーエンドで終わることはなかった。

一九五〇年代にニュージャージーとカリフォルニアで育った少年時代のわたしにとって、自分が子供だったときの環境とはまったく異なる時代と場所を思い描くことはむずかしかった。当時は米ソ冷戦の時代で、アメリカ国内のメディアはソ連のことを好意的に報道することはほとんどなく、ましてやロシアの豊かな文化と芸術の歴史について語られることはなかったが、もちろん母は分別があって、自分の家系のことを誇りに思っていた。若かったころに文字どおりすべてを失うという信じられないほどの災難を二度も味わったので、わたしに見せてくれるような記念品などはほとんどなかったが、母の語る思い出話は、とても豊かだった。その思い出話は、子供のわたしにとっては、すてきな贈り物で、想像の世界は大きくひろがったものだ。母は自分の家系を誇りに思い、若いころの物語と家族の歴史をわたしに語るのをよろこんでいたし、わたしも、母の話を聴くことを、なかでも母の語り口をよろこんだものだ。母は貴族を象徴するような物は所有していなかったが、貴族の性格は身につけていた。母の両親は、逃亡して生きのびるあいだも自分たちの貴族の伝統を受け継ぎながら母を育てたのだった。そのため数十年後にアメリカの主婦となってケイと名のるようになってからも、母から引きはなされた貴族の威厳だけはいつも保たれていたのである。

わたしが成人して、とくに自分の家系についての歴史に幅広い知識を得るようになると、一家のルーツをできるだけ知りたいし、それをわたしの子供たちにも伝えたいので、これまでの思い出を文章にしてほしいと母に頼んだ。そして数年をかけて母はそれを成し遂げてくれたのだった。母は、教養があり、雄弁で、文章力もあったから、母の書いた文章も、本書のなかにそのまま引用してある。それに多くの音声記録も残されていて、そのいくつかはインターネットで聴くことができる。母の英語と言葉づかいは完璧だった。

情報を得ることと、それを使って何かをすることとはまったく別のことだ。わたしは作家ではない。法律を運用する仕事に長年たずさわってきて、その方面にはくわしいが、文章を書いたり出版することには門外漢である。ところが、第二次世界大戦の歴史に強い関心をもっている作家のダグラス・ウェルマンを紹介されてから事情が変わった。ダグラスは、母の物語は、たんなる家族の歴史以上のものがあり、人類の歴史の転換点となる出来事を直接語っているという理由から、わたしと一緒に本書をまとめる役目を買って出てくれたのだ。母は、自分の物語が歴史的にも重要だということはよくわかっていたが、母にとって、それより大切だったのは家族との思い出だった。その思い出は、わたしの祖父母が母に伝えた備忘録の断片がほとんど消失していたとはいえ、母にとっては自分という人間の基礎をなすものだったのである。母は自分の思い出をつぎのように書き記している。

わたしの出自が貴族だということを知って連帯意識という意味がわかってくると、わたしと家族が移民で祖国をもたないという事実があったなかでは、わたし自身を強くすることが必要だったのです。そのことはまた、仮に将来、戦争が起きたとしても、そこから逃れることができない事実になることでもありました。ですから、これらのことは真っ先に、いつも、わたしの心のなかにあったのですが、両親がわたしに教えてくれた自信と信仰と希望とによって、わたしはいつも、どんなことがあっても、なんとかなると信じていました。わたしたちの祖先が実際にロシアという国を守ってきた市民であり、わたしもその祖先の歴史の一部なのだという事実を両親がわたしに語ったり気づかせてくれたおかげで、わたしは、決して手放すことのない何か具体的なものを身につけた子供だったのです。(1)

貴族階級であることが有利な一面は、その人たちの功績が歴史に記録されていることだ。貴族でない一般の人たちは、自分の人生を素どおりして一代か二代のうちに忘れ去ってしまうものだが、良かれ悪しかれ、貴族の所業は後世に記録として残されている。そのため母は、わたしの家族の歴史を四〇〇年前まで遡って、ロシア皇帝の体制に揺るぎない忠誠を誓う記録としてたどることができたのだ。わたしの祖父方は、一族の一人が類いない功績をあげたとして、皇帝から大地主を意味するPomeshchikという称号を授けられている。そして所有する土地、称号、家紋などが代々受け継がれてきた。そのため母は、名誉、忠誠心、功績に根ざす自分の祖先に大きな誇りをもっていて、自分の物語のなかで、その誇りをわたしに伝えようとしたのだった。

戦争や粛清や、新しい体制にとって都合の悪い事実とみなされた歴史的文書が意図的に破棄されるなどして、わたしの家族の歴史には欠落した部分もあるが、残されている記録のなかに、代々伝えられてきた家族の物語と一緒にロシア皇帝に対する功績と忠誠心も明らかに認められる。ところで、わたしが家族の歴史を調査しているとき、思いがけない幸運によって、ロシア研究の専門家で公認の系図学者のトニー・タークと知り合いになった。しかも驚いたことにトニーは、現在は国防総省語学学校として知られているが、当時の陸軍語学学校でわたしの祖父の教え子だったのだ。おかげで、わたしの家族の歴史を追跡するうえでトニーの手助けは欠かせなかった(2)。

わたしから四代遡る伯父のニコライ・エフグラヴィッチ・パルチコフは、ロシアのメンゼリンスクにあったニコライエフカ村の裕福な地主だった。ニコライは、カザン大学を卒業して、ロシアの民族音楽について長年にわたって研究に没頭し、その大がかりな口伝による合唱音楽の伝統を文書に記録して保存している。一八三八年に死去すると、「ロシア文学の神」として長いあいだみなされてきたアレクサンドル・プーシキンの「跡を継ぐ人物」として賞賛された(3)。その領地は、わたしの曾祖父にあたるアレクサンドル・パルチコフに受け継がれて、アレクサンドルもニコライと同じように音楽への嗜好を受け継ぎ、妻のマリアとともに音楽を愛好した。そして、わたしの祖父であるセルゲイ・アレクサンドロヴィッチ・パルチコフは、一八九三年二月二十五日にニコラエワで生まれ、兄と姉と一緒に育てられた。一家はロシア貴族で、ニコライ二世と深く結びついていたが、それ以前には、領地と一緒にフランス公爵の称号を許されていた。この身分を象徴する紋章は、ダビデの星と鷲の印のあるマーキス・クラウンとして示されている。紋章に使われているシンボルと色は「信仰の擁護者」を意味するとされていて、これまでにその意味にふさわしい称号があるとすれば、この紋章のことなのだ。強い信仰心は、わたしの家系が代々受け継いできた気質で、のちに母は、それまで育んできた中核となるものが、ある日、自分に向けて投げかけられることになるのだった。

ロシア貴族としてのわたしの一家は、五百年のあいだにさまざまな家系のなかを生き抜いてきた。一六一三年、ロマノフ家がロシアを統治し、一九一七年のロシア革命によってロマノフ朝が倒れるまで権力をほしいままにしていた。それまでは貴族階級の一族として、わたしの家系は安泰だったが、すべてにおいてそうだったわけではない。わたしの祖父が若かったころは、「持てる者」と「持たざる者」とのあいだに大きな格差があり、わたしの一族は比較的ぜいたくな暮らしを送っていたが、労働者階級の人たちは今以上に働く以外に生活を豊かにすることはできなかった。労働者階級の人たちが中産階級と呼ばれるような地位に就くために努力する方法を手にする機会はほとんどなく、豊かになることなどできなかったのである。一方で、封建制度は存続したままで、労働者たちは農奴として働かされ、それはほとんど奴隷に近いものだった。国際社会のなかでは、このような制度は廃止されつつあったが、ロシアでは、社会改革に後れを取っていたのだ。一八六一年、アレクサンドル二世は農奴解放令を発布し、貧困層の生活を改善しようとして、さまざまな政策を断行した。ところが、このような社会改革を実践しようとしたことで、一八八一年にアレクサンドル二世は暗殺された。そして後継者のアレクサンドル三世とニコライ二世は、貧困層に対する改革を撤回したため暗殺される危険を負うことはなかったが、予期していたとおり貧困層の人たちは闘争的になったのである。

わたしの祖父が若かったころには、ロシアの労働者階級の多くが政党を結成し、そのひとつがウラジミール・レーニンが率いるボリシェヴィキで、大衆からの支持を得て労働者たちの大きな代弁者になっていた。ロシア皇帝となったニコライ二世は、自分の指揮下にある軍隊と、わたしの一族のように皇帝に忠誠を誓って仕える貴族をもっていたので、ロシアの問題がただ国内にとどまっていれば皇帝は民衆の不満を抑えることができたかもしれなかったが、他国とのさまざまな利害関係などがあったため、民衆の惨めな状況はいっそうひどくなったのである。具体的には、日本とのあいだで満州と朝鮮の統治をめぐって争うことになり、結果的には一九〇四年に日露戦争が勃発することになったが、このことはロシアにとって軍事上の災難となり、皇帝に対する民衆の反感を高めることになった。

さらに悪いことには、一九〇五年、労働者の一団がサンクトペテルブルクの冬宮に向けてデモ行進をおこなっていたときのことだった。行進は平和的におこなわれていたが、皇帝の軍隊が群集に向けて発砲し、一〇〇人以上が殺されたのだ。「血の日曜日」として知られることになったこの事件をきっかけに、一連のストライキ、デモ、学生たちの暴動、さらには政治的な暗殺が起きるようになって、それまではニコライ二世は民衆に対する権力を維持していたが、この事件をきっかけに、またたく間に民衆からの支持を失うことになったのである。

台頭してきたこれらの政治集団が皇帝をとりまく貴族に対して敵意を抱いていたことを、わたしの一族がどのように感じていたかは、まったく疑いのないことで、それというのも、わたしたちの一族も皇帝に忠誠を誓っていたからだ。ただ、わたしが知らないことは、わたしの一族がこれら政治集団のことを現実の脅威とみなしていたかどうかである。これまでどおりロマノフ王朝は揺るぎないと信じていたのだろうか？　それとも、新たに組織された政治集団（貴族たちは、わずかばかりの民衆が組織しただけだと思っていたかもしれない）が現在の安定した君主制にとって脅威になると考えていたのだろうか？　この件については残念ながら、わたしの一族が話し合ったという記録が残っていないので、実際のところはわからない。ただ疑いのないことは、わたしの祖父とその兄弟たちが、あたかも貴族社会（それに自分たちの役割）が永遠につづくかのように、これまでどおり几帳面に教育を受け、身だしなみをととのえていたことである。

芸術活動に参加することは、わたしの一族のような経済状態にある人たちには歓迎されていて、その当時はロシアの黄金期で、アントン・チェーホフ、レオ・トルストイ、フョードル・ドストエフスキーのような作家が名作となる作品を発表した時期だった。音楽界では、ピョートル・イリイチ・チャイコフスキーが『白鳥の湖』『眠れる森の美女』『くるみ割り人形』などを作曲している。交響曲とオペラは貴族社会にとっては重要な部分をなしていて、わたしの一族にとっては、とりわけ音楽は大切だったこともあり、わたしの祖父セルゲイの母だったマリア・ポポフはすぐれたピアニストだった。セルゲイの父は一族の伝統を保って、音楽に対するマリアの情熱を支えるため、音楽学校を買い取り、マリアを校長にして、その才能を街の若者たちに教えることに使ったのだった（一九三〇年、ロシアから脱出したあとマリアは、上海でおこなわれた国際音楽祭で、八十歳の身でピアノを演奏して一位になっている）。そのため祖父のセルゲイは母親のマリアから音楽に対する情熱だけでなく才能も受け継いでいて、八つの楽器をマスターし、なかでも弦楽器が好きだった。セルゲイの伯父は、セルゲイのためにバイオリンをあつらえて、そのバイオリンはわたしの祖父の大切な所有物になった。そのとき祖父は知らなかったのだが、音楽に傾倒していたことと、そのバイオリンが、のちに祖父の一家が生きのびるために重要な役割を演じることになったのである。

わたしの一族の地位からいって、高い教育を受けることが求められていたので、セルゲイは音楽に情熱を燃やしていたが、法律の学校へ進んでいる。母がわたしに語ってくれた話からでも、法律を専攻した理由が本人の希望だったのか、セルゲイの父親の希望だったのかは明らかでないが、おそらく法律家とか役人になりたいなどとは思わず、音楽家になりたかったのではないだろうか。それはわたしにはわからないことだが、結局のところ、そんなことは問題ではなかった。なぜかというと、まもなく起きた政治上の出来事によって、たとえ、だれの夢であろうと、すべての夢が打ち砕かれることになったからである。

祖父のセルゲイが法律の学校を修了しようとしていたころの世界は「すべての戦争を終わらせるための戦争」と楽観的にみなされる状況に陥っていた。ヨーロッパにおける各国間の条約が複雑に絡み合うなかで一九一四年、オーストリアのフランツ・フェルディナント大公が、政治的な理由で暗殺されたことをきっかけに各国は相次いで宣戦布告をし、ロシアはセルビアを支援して参戦した。わたしの一族は伝統的に軍務に就いていて、セルゲイの父アレクサンドルは、その何年も前からロシア陸軍の中尉で、セルゲイもそれまでの伝統にしたがってロシア陸軍に入隊した。セルゲイはバイオリンの名手だったが、バイオリンは戦争に役立つ道具ではなかったので、結局、砲兵隊で教練を受けることになり、まもなく高い教育と貴族の血統によって士官に昇級し、戦争がつづいているあいだに大尉にまで昇進した。

ロシアが第一次世界大戦に参戦したことは、初めは、ニコライ二世にとって国民の支持を高めることになった。この戦争に参戦していたほかの国と同じように、国全体を包み込むほどの国家としての大きな威信があったからだ。イギリス、フランス、ドイツ、ロシアの国民は自国の参戦を支持し、戦争は短期間で終わって自分たちは勝利をものにすると信じていた。ただ、ロシアでひとつだけ戦争に反対する大きな集団があった。ウラジミール・レーニンと配下のボリシェヴィキの党員たちである。結局、戦争が短期間で終わると思っていた夢がはかないものとなり、ニコライ二世に対する国民の支持は急速に低下した。期待されていた勝利は敗北に終わり、戦争を強要されたことによる影響は、まもなく食料の不足と不景気となってあらわれ、そのうえ多くの人たちが戦争で亡くなっていた。ロシアでも若者の多くが戦場に勇んで行ったが、あまりにも多くの若者たちがもどってこなかった。戦争が一九一六年に入ると、ボリシェヴィキに対する人気が高まるにつれて皇帝に対する人気は急速に低下していった。そのため社会不安が大きくなり、兵士たちが反乱を起こしはじめたことで、ロシアの現体制を倒そうとする暴動が発生しそうな気配となり、そのことは、わたしの一族に対する暴動を意味していた。

一九一七年初めになると、ペトログラードの街頭には革命家たちが満ち溢れ、三月にはニコライ二世は退位させられ、新たに樹立されたロシア臨時政府によって軟禁状態に置かれた。ニコライ二世とその家族たちは、当初は厚遇されていたが、レーニンとボリシェヴィキがその年の十一月に権力を掌握すると、きびしい監禁状態に置かれることになった。そしてボリシェヴィキはドイツとの休戦を宣言して、第一次世界大戦でのロシアの参戦を終わらせたあと、皇帝を讃美するあらゆるものと、皇帝を支持する人たちを亡き者にするための革命を起こすことに力を注ぐようになり、わたしの一族も、その対象になったのである。

祖父は当時、ニコライ二世の所在を知らなかったが、皇帝の一族に対する忠誠心は変わらなかった。そのため、ロシアが戦争を休戦したからといって、祖父に平穏な暮らしがもどるわけではなかった。それどころか休戦になったことで、それまでのロシア帝国軍の軍服と階級がなくなって、これからは白軍の中佐になったのだ。

ロシアの白軍とはいっても、ひとつの統一された軍隊組織ではなかった。実際には、たとえばグリゴリー・セミョーノフ将軍やイサコフ将軍らと同じように、司令長官として知られていたアレクサンドル・コルチャーク中将のような、従来のロシア帝国軍の指揮下で大急ぎで編制された軍隊の寄せ集めだったのだ。とはいえ白軍という軍隊の唯一の連帯は、ボリシェヴィキの思想に反対し皇帝の権威を復活させることだった。祖父のセルゲイが皇帝に対して変わらぬ忠誠心を抱いていたことは明らかだったから、初めはロシア西部でコルチャークとセミョーノフの指揮下で軍務に就いていたが、内戦がはげしくなるにつれて犠牲者が増えてきたため、国内で徴兵がはじまったのである。

一方、相手方の赤軍も、十分に訓練された軍隊ではなかった。当初は皇帝に反旗を翻す「赤衛隊」として組織され、ロシア帝国軍が第一次世界大戦の混乱のなかで弱体化しはじめたときに勢力を伸ばしはじめた。この名称は、のちに軍事・海軍人民委員のレフ・トロツキーのもとで「労働者・農民赤軍」と改められたが、結局のところ、兵士として進んで志願する労働者や農民はそれほど多くなかったので、赤軍としても徴兵に頼らざるを得なかった。兵士になることに消極的だった者たちも、徴兵を拒んだ若者たちが公開処刑されることによって気持ちが変わりはじめ、それまでは皇帝の士官だった者たちも家族を人質に出して赤軍に加わらざるを得なくなった。そのため内戦の末期までに赤軍の士官の大多数は、以前は皇帝のために戦っていた者たちだったのである。また赤軍では、兵士たちのあいだに自立的な考えが強まることを怖れ、部隊を鼓舞し、部隊にしたがわなかった者たちを報告するため政治委員が軍隊に割り当てられたため、ロシアの若者たちにとって、どちらの兵士になるかの決断は、どちらの軍隊が自分たちを管理しているかにかかっていた。自分を管理している側がその軍隊に入ることを求めれば、そちらの兵士になったので、個人的な政治信条はかならずしも要因ではなかったのだ。

政治的なこととは別に祖父のセルゲイは、個人的にボリシェヴィキに反感をいだく大きな理由があった。復讐心である。セルゲイにはニコライという兄がいて、ニコライもほかの貴族と反ボリシェヴィキ派の人たちと同じように、ボリシェヴィキ派の民衆たちを嫌悪していた。ある日、ボリシェヴィキ派の群集が、ニコライが一人でいるのを見つけて、あとを追いかけてきた。ニコライは懸命に逃げたが、ついに、自分の一家が信仰しているロシア正教会の墓地のところで捕らえられた。怒鳴り声でニコライが脅されているのを耳にした教会の尼僧の一人が、その場を鎮めるため仲裁しようとしたが、ボリシェヴィキ派の群集は、なだめようとする尼僧の訴えを無視してニコライを脅しつづけ、答えに窮するような質問を浴びせかけた。そして群集がニコライを小銃で撃とうとしたとき、尼僧はニコライの前に立ちはだかって乱暴をやめるよう懇願したのだが、群集は尼僧を撃ち殺し、ニコライも小銃で撃たれて、父親の墓の上に倒れて死んだのである。ニコライが殺されたという知らせが弟のセルゲイに届いたとき、セルゲイは自分や家族もこの内戦で生きのびることはないだろうと思った。

＊＊＊

白軍も赤軍も特別に十分組織されていなかったが、白軍は当初、共産主義勢力が拡大することを危惧する西欧諸国から支援を受けていた。白軍のアントーン・デニーキン将軍は、ボリシェヴィキの勢力下にあったモスクワの二八〇キロメートル付近まで前進して四万の軍隊で包囲し、勝利に自信をもっていたが、勝利を手にすることはできなかった。さらに、その年の十一月、西欧諸国は白軍に対する支援を取り下げるようになり、軍需物資の供給に深刻な問題を生じるようになってきたが、一方のレフ・トロツキーは、まとまりのない赤軍の部隊を立て直したため、白軍は敗走をはじめ、ボリシェヴィキの軍隊はデニーキンの部隊をモスクワの東まで後退させ、コルチャーク中将の本拠地だったシベリアに攻め込んできた。コルチャークは赤軍を食い止めることができないことがわかると、シベリア鉄道を利用して部隊を再編するためさらに東へ移動したが、チェコスロバキア領内を鉄道で通過しているとき、列車から降ろされて捕らえられた。そのためコルチャークは、セルゲイの司令官だったグリゴリー・セミョーノフ将軍に白軍の指揮権を委譲し、イルツークにいるイギリス軍の派遣団のところまで安全に送り届けることを約束されていたが、途中で革命委員会に引き渡され、のちに銃殺刑になった。

セミョーノフは、新たに召集したシベリアの部隊と東部方面にいた自分の部隊とを統合して指揮することが困難になり、赤軍が勢力を強める一方で白軍の組織は急速に崩壊していったのである。ロシア国内の主要な輸送手段はシベリア鉄道で、セルゲイが加わっていた白軍は鉄道を守備するよう命じられていたが、防衛線を維持することができなくなってきた。ボリシェヴィキの軍隊は攻勢を強め、白軍も懸命に防戦したが、白軍とセルゲイたちは東の満州まで圧迫され、何千キロメートルにもおよぶ敗走のすえ、ついに日本海の近くまで追いつめられたのだった。

＊＊＊

一九一九年はヨーロッパとアジアにとって平穏な日々はほとんどなかった。第一次世界大戦は終結し、殺戮はやんでいたはずだが、食料をはじめとする経済危機と不景気が当たり前になっていたうえ、インフルエンザの大流行によって何百万人もの生命が失われた。革命勢力は、一九一七年十月に第一次世界大戦の停戦の一端として、フィンランド、ポーランド、リトアニア、ラトビア、エストニア東部の領土を譲り渡していて、新たに樹立する政権のため、これらの地域の市民たちを見捨て、一方のロシア国内では、革命によってすべての男女子供たちは程度の差こそあれ囚われの身となったのである。

そして、この時ならぬ時期に、わたしの祖父母は恋に落ちたのだった。

アレクサンドラ・ミチャイロブナ・ヴォロフは、一八九八年四月十五日にイルツーク州イルツークで生まれた。両親と二人の姉妹とともに心霊主義的キリスト教のモロカン派に属していたため、迫害を受け、西ロシアからアルメニア、シベリアを経て満州のハルピンまで追放された。一九二〇年代のハルピンの状況は混沌としていて、いつのまにか街には、シベリアの白軍政府とロシア極東の一般市民たちが加わって、西部方面から二〇万人ほどに膨れあがった亡命者として流れ込み、さらには、その方面から撤退してきた白軍の部隊まで加わり、ハルピンで立て直して抵抗をつづけようとしていた。そのため、これらの避難民の流入によって中華民国の満州政府は大きな負担を強いられ、おまけにロシア国内はいっそう混沌となっていたので、中国はロシア政府との外交関係を断ったため、外交上の承認を受けることができなくなったロシアの亡命者は国籍をもたない人たちになったのである。

運命は、わたしの祖父と祖母を、それまでの暴力の脅威とともに貧困という苦境に陥らせることになった。ところが、運命は諸刃の剣を用意していた。この悲惨な混乱した状況のなかでアレクサンドラ・ヴォロフは、立派な砲兵隊将校であるセルゲイ・パルチコフと出会い、あらゆることが突然ちがうものになったのだ。二人は、自分たちをとりまく状況が醜悪なものだったにもかかわらず、新しくて、すてきな二人の生活を思い描きながら最善を尽くした。

祖父母は、その少し前までは自分たちに現在の状況が起きようなどとは夢にも思わなかったはずだ。祖父にとっては、今のような状況のなかで祖母と出会ったことは、おとぎ話のような瞬間だったはずだし、祖母にとっても同じことで、貴族出身の若い士官と出会ったことは、おとぎ話だったはずである。ただそのかわり二人は先行きのわからない想像を絶するような危険な世界に入り込もうとしていて、その世界は若い恋人たちのために立ち止まってくれようとはしなかった。

二人が望んでいた、おとぎ話のような結婚式は挙げられなかったものの、一九二〇年八月十六日に、殺気だった亡命者たちで溢れかえるハルピンで式を挙げた。

戦況が白軍にとって好転しないことが明らかになると、皇帝にしたがっていた多くの貴族や支持者たちは身の安全のためヨーロッパへ避難したが、祖父母はハルピンにとどまって最後まで戦う決心をした。のちに、わたしの母はつぎのように書いている。

二人は若かったのですが、自分たちの道のりが突然終わりを告げ、自宅のなかを荒らされたり壊されたりしながらすごすことになりました。親族は共産主義者によって虐殺され、そんな混乱状態のなかで、二人は、なんとか生きのびて「前に進もう」としていたのです。そうして、わたしが生まれると、両親とわたしは、共産主義者から襲撃されて殺されることをいつも恐れながら、兵舎で暮らしていたのです。白軍の軍隊は食料も武器も衣類も欠乏していて、日に日に衰えていきました。(4)

わたしは、祖父母がハルピンにとどまって皇帝のために戦う決意をしたことを疑問に思っている。その答えについては、わかることはないだろうが、ひとつだけはっきりしていることは、ハルピンにとどまる決意を固めたことで代償を払うことになったのである。

モスクワからはるか遠い国内まで赤軍によって圧倒されていたので、白軍にとって君主制を復活させることがもう不可能なことは明らかだった。それでも名誉と忠誠心のため白軍は奇跡の望みを捨てずに戦いつづけていた。ウラジミール・レーニンは、王室一族の現在の消息にかんする情報が流布することを禁止する命令を出していたが、国民のあいだには王室関係者にかんする多くの情報や噂がすでに広まっていた。そして噂が作り話となり、その作り話が真実になったのである。その事実から相当あとになって祖父母と同国の人たちは、一九一八年七月十七日にニコライ二世とその一族が殺害されたという情報を得たのだった。その日、ニコライ二世たちは、深夜になって侍医から起こされ、安全な場所へ移ることになったから急いで着替えをするよう伝えられた。一族は、六×五メートル四方の地下室に集められ、自分たちが無事であることを国民に証明するためボリシェヴィキたちが写真を撮ることになっているので、壁の前に並んで立つようにいわれた。それで一同がカメラマンが来るのを待っていると、小銃で武装した秘密警察の一隊が部屋に乱入し、ニコライ二世たちが幽閉されていた特別目的館の指揮官だったヤコフ・ユロフスキーが、「ウラル執行委員会はニコライ二世一家を死刑に処す」という判決文を読みあげた。その判決に対して一族には質問したり訴える時間はあたえられなかった。ユロフスキーは拳銃を発射してニコライ二世を撃ち、そのあと小銃で全員に向けて一斉射撃をし、ニコライ二世をはじめ、妻のアレクサンドラ、五人の子供たち、四人の召使いたちも殺害された。奇跡は起きなかったのだ。こうして王室の一族が亡くなり、それとともに、この内戦に参加していたわたしの祖父母の目的も終わりを告げたのである。もう王室のことを思い煩うことはなくなった。これからは自分たちのことを考えなければならないのだった。

一方、白軍の残党は、アジア大陸から少しずつ押し出され、当時の極東共和国で今の北朝鮮の北部に位置する日本海沿岸の港町だったウラジオストクに向けて、ハルピンから一六〇キロメートルほど南東へ退避をはじめた。ウラジオストクの人口は、祖父が白軍に加わったころは一〇万人だったが、そのころにはボリシェヴィキに属さない人たちの避難民によって四〇万人に膨れあがっていた。一九二一年五月二十六日、白軍は、日本軍の占領部隊の支援のもとクーデターを蜂起し、プリアムール臨時政府と名づけられた新政府を樹立した。そしてクーデターのあと、セミョーノフ将軍が最高司令官を自認して指揮を執ろうとしたが、セミョーノフと白軍にとって不幸なことに、一九二二年に日本軍が撤退したため、この企ては失敗に帰したのである。祖父のセルゲイ（それに祖母のアレクサンドラも一緒だったが）は、士官の一人として、このクーデターに参加していたはずだから、国境を越えた町にいた祖父母たちはまたしても、生きのびるのに懸命になっていた。

ところで、このあいだに祖父母は、少し時期が悪かったとはいえ、よい知らせを受け取った。一九二〇年の終わり、祖母はわたしの母を妊娠していることを知ったのだ。二人がその知らせによろこんだことはまちがいないと思うが、周囲の状況は、よろこばしいこととはほど遠かった。そのころの二人は、軍の兵舎で暮らしていたか、あるいはテント住まいか、廃屋を利用していたようで、いずれにしても極東共和国のボリシェヴィキを支援する一派からいつ襲われるかもしれない脅威の下にあって、少しも安全ではなかったのだ。たとえ住まいを出たとしても、つぎに行き着くところはなかったし、さらに悪いことに、アレクサンドラは妊娠にともなう悪阻《つわり》がひどかった。祖父のセルゲイは、ただ祈りをあげて、バイオリンを奏でて妻を慰めるしかなかった。母はのちに「母は、わたしを生むとき、赤ちゃんを助けるか母体を助けるか決断を迫られていて、さいわいなことに、神のご加護によって母子とも生きのびたので、わたしのことをいつも『奇跡の子供』と呼んでいたのよ」と語っていた。

ロシア皇帝のニコライ二世が亡くなって、内戦を継続する理由がなくなったが、ボリシェヴィキは、貴族の関係者は見つけ次第全員を殺害するつもりだということがはっきりしていたので、降伏するという選択肢はなかった。おそらく貧困層の人たちは、貴族に復讐するため、そのような行為をしたのだろうが、それと同じように政治的に強い動機もあった。ボリシェヴィキは、君主や貴族や富裕層の階級にいる者たちが、共産主義革命を妨害するいかなる機会も二度とあたえないよう確信したかったのである。そのため祖父母たちは、自分たちの北と西からは赤軍による死の脅威と、東には日本海を目の前にすることになった。逃れる方角は、ひとつしかないのだ。

状況は希望に乏しいものだったが、まったく希望がないわけではなかった。ウラジオストクから日本海を南へ一六〇〇キロメートル進めば中国の上海があり、上海は当時のアジア経済の中心地で、十九世紀後半に至るまで数十年間、ロシアとの貿易が盛んだった。事実、二国間の貿易が盛んだったことで、二十世紀初頭まで上海には小さいながらもロシア人の共同体社会ができていて、ロシア政府も領事館を置いていた。

赤軍が祖父母たちのもとに迫ってきたため、上海へ行くのが唯一の逃亡先に思われたが、上海でさえまったく安全な場所とはいえなかった。母がつぎのように書いている。

白軍の人たちは、ウラジオストクから上海へ渡り、そこで、ロシアを捨てて生きのびる方策を見つける必要がありました。それというのも、白軍の将兵たちは散り散りになり、心身ともに弱り果て、空腹にさえなっていたからです。兵士とその家族たちは、助け出してもらい安全なところへ連れていってもらわねばならなかったのです。(5)

上海は、さし当たりウラジオストクよりはよかったが、避難してきたロシア人のなかにボリシェヴィキのシンパがいないとはかぎらない。ウラジオストクと上海との頻繁な貿易によって、ボリシェヴィキの一派がそのなかに紛れ込んでいることは十分考えられたし、当然ながら、まんいち殺害する権限があれば白系ロシア人たちを生きたままにはしておかないはずだ。そのため白系ロシア人たちは、簡単に狙われないような場所に逃げのびる必要があった。そして「わが敵の敵は、わが友」という古いことばのとおり、日本がもっとも安全で、とにかく近い目的地だと決まったのである。ただ日本へ行くには日本海を渡らなければならないが、白系ロシア人たちにはその手段がなかった。なぜかというと、祖父や仲間たちは家族を連れて一緒に日本へ行く船賃を払うお金などなかったからである。祖父たちは慎重に話し合ったすえ、ある計画を考えついた。

祖父のセルゲイが船を一隻シージャックすることにしたのだ。

【注】

(1) ドレイゴ「カレリア・パルチコフ・ドレイゴの回顧録」、文書1、1ページ

(2) ダグラス・ウェルマンと二人でトニー・タークへおこなったインタビュー

(3) Pushkina, "In the fottstep of Palchikov."

(4) ドレイゴ「カレリア・パルチコフ・ドレイゴの回顧録」、文書1、1ページ

(5) 同書

第三章 日本へ

中国人は、自分たちの国の東にある島国のことを「日の出づる国」という意味のJih Penと呼んでいた。そのことばには深い意味があって、それは中国人が、東の隣国の頭上に輝く日の出のことを意味しているだけでなく、日本人にとっても深い意味をもっていて、太陽は日本の文化の中心をなすものだった。祖父母たちがロシアを脱出しようとしていた当時、日本の大正天皇は生まれたときには嘉仁《よしひと》と呼ばれていて、精神的な疾患にかかっていたとはいえ、生き神であって太陽の一二七代目の子孫と信じられていた。そして息子の裕仁は、来るべき世界の出来事に重要な役割を演じることになったのである。高い教育を受けて軍人になった裕仁は、西欧諸国を歴訪し、将来の天皇に即位するための教養を身につけていた。日本の皇族は、血のかよう神々の陽光をもっていると信じられていたのだ。

祖父母が逃げのびる場所を選ぶとしても、本当は日本が第一の候補とはいえなかったはずだ。なぜかというと、日本の文化のあらゆる生活様式が自分たちが育った環境とはまったくちがうものだったからだ。二人ともロシア正教会に属するクリスチャンだったが、日本人は天皇にかぎらず、死者の霊魂と同じく数えきれないほどの小さな神々や生きている人まで崇拝する文化をもっていて、自分たちの先祖に食べものを供えて線香をあげる風習があった。そしてロシアの貴族階級と同じように日本の文化でも教育は重要だったが、教育内容は、ごくかぎられていた。識字率は高かったが、国民が学ぶ内容については政府が定め、国民が自分たちの社会的地位に不満をいだかないよう教育については厳格な統制をおこなっていたのだ。

日本とロシアとのあいだには、ある程度は類似した部分がないこともなかった。それは、両国とも君主によって統治されていて、もっともロシアの皇帝は神ではなかったが、両国とも強力な軍隊をもっていたことである。ロシアは、皇帝のために戦ったり、ときには抵抗したりするコサックだけでなく、強力な陸軍をもっていて、一方、日本は何世紀にもわたってサムライと呼ばれる固有の軍隊によって統治されていて、その多くは貴族階級で、農民たちを支配するほどの武力をもっていた。サムライたちは、それぞれの領主が支配していて、領主たちの頂点に君臨するのが将軍だった。そして日本では兵士と武力主義は崇められていたので、農民たちの息子にとってサムライの軍隊に加わることは、自分の家族の社会的地位を高めるひとつの手段でもあったのだ。

祖父はロシアの軍人として、のちに自分が深くかかわることになる別の懸念があった。一九〇四年から一九〇五年にかけてロシアは日本と血みどろの戦争をくりひろげたが、日本の軍国主義的な文化は神武の教えにもとづくものだった。すなわち、神武は初代の天皇で、神武天皇は、日本人は世界を征服する天命をもつ民族だと宣言していて、この思想は八紘一宇《はっこういちう》として知られているもので、「日本の天皇が世界を統治する」という考えなのだ。こうして十九世紀末から二十世紀初頭にかけて日本人たちは、自分たちの天命を成し遂げようと着手していたのである。

ここ何世紀のあいだの多くの戦争と同じように、日露戦争も領土をめぐる戦いだった。大日本帝国は朝鮮と満州を併合してアジアにおける領土を拡張しようと目論んでいたが、ロシアも、この地域への野望をいだいていて、十七世紀以降、シベリアの西と満州へ進出したため、日本はロシアが満州に対する脅威と考えたのである。一方、領土を拡張しようとする野望とは別に、ロシアは永久に解決する必要のある現実的に深刻な問題を抱えていた。それは、ウラジオストクは太平洋に面した重要な港湾都市だったが、冬場になると氷で閉ざされてしまうことだった。そのため、船舶による輸送を維持するためには中国から旅順港を借りる必要があったが、旅順港はちょうど朝鮮の西に位置していたので、日本は、ロシアの艦隊が朝鮮における日本の利権を妨げるのではないかと危惧したのである。そのため日本は、ロシアが朝鮮における日本の利権を認めるなら、日本は満州におけるロシアの利権を認めるという妥協案をロシア側に提案したのだが、ロシアは日本側の提案を拒絶しただけでなく、北緯三九度以北の朝鮮をロシアと日本の中立地帯に設定することを求めた。結局、この問題に対する日露の外交交渉は決裂し、日本は旅順港のロシア艦隊を急襲して、ロシア側に多くの損害をあたえた。このように多大な犠牲を払い、日本側の一部に和平交渉をおこなうつもりがあったのに、ニコライ二世は日本との戦争を推し進めて、結果的にはロシア艦隊の三つのうち二つを失うという屈辱的な敗北を喫したのだった。その一方で日本は国際的な水準にまで軍備を増強していて、こうしたなか日本へ向けて脱出しようとしていた祖父母にとって、唯一の問題があった。それは、日本人たちは、ロシア人、なかでもロシア貴族のことをどう思っているだろうかということで、日本人は自分たちを受け入れてくれるのか、それとも憎むのかということだったのである。

おそらく祖父母は、人々の様子や衣服や崇めるものが同じような西欧諸国の方が暮らしやすいと思っていたはずだが、日本よりさらに東まで逃げのびる機会はなかった。選択肢はかぎられていたが、今やらなければならないことは明らかだった。このまま今の場所にとどまることはできないのだ。

天気がよい日でも祖父母たちの見とおしは暗かったし、天気の悪い日は絶望的だった。唯一の決行が可能になるまで絶望的な日々は増していった。祖父と仲間たちは、結局は国をもたない人間たちで、しかもボリシェヴィキに加わったかつての同国人たちから付け狙われているのだ。ロシアを脱出するための経済的な蓄えはほとんどなくなり、自分たちの家族を世話するにはどうしたらいいかという問題も高まってきた。海の近くまで後退して、逃げる場所はどこにもなくなっていたが、とにかく何とかしなければ、まもなく自分たちが最期を迎えるであろうことは、はっきりしていた。

一九二二年の初冬、祖父のセルゲイはウラジオストクの凍てつくような埠頭に立って、まもなく氷に閉ざされる港を見つめていた。母は、断固とした決意をひめた自分の父親のことを思い描きながら、いつも特別な笑顔と誇りをもって、つぎのような話を何度もわたしにしてくれた。「荒れ狂う海は、父たちをロシアの国内に足止めする障壁だったのだけれど、その海を渡って脱出できることも意味していたのよ。父と仲間の家族たちは一九二二年十月十八日にウラジオストクで出国ビザを取得して、問題の一部を解決することができたのだけれど、まだ大きな問題がひとつ横たわっていたの。経済的な蓄えがほとんど底をついていて、乗船するための船賃がなかったのよ。父が埠頭に立っていたとき、ツンガス号という一隻の貨物船が近くに接岸していて荷物を運び入れているのが目にとまったそうよ。出港まぢかのその船がどこへ向かうのか、父は知らなかったのだけれど、ここにいることを思えば、どこでもよかったの。あの船に乗って、殺人鬼のボリシェヴィキから逃れることができれば自分たちの問題は解決できるのだから。ただ、その貨物船が旅客船だったとしても、父や仲間たちには家族全員を乗船させるためのお金はなかったの。けれども、お金があろうとなかろうと、今すぐにもここを去らなければならなかったので、父は、その問題について直接的で強硬な手段を選んだの。仲間たちを集めて『あの船を乗っ取るつもりだ。わたしと一緒に行動を共にしてくれる者はいないか?』と伝えたそうよ。そして異議を唱える者はいなかったの」

家族たちを埠頭に集めてから、祖父は、武装した白軍の兵士たちを先導してツンガス号に乗り込み、船長を探し出した。そして船長に向けて、自分たちと家族は船の行く先がどこであろうと船客になるつもりだと伝え、自分たちは差し迫った状況にあり、その立場について話し合う余裕はないと説明し、船長の同意を待たずに乗船をはじめたのである。そして、このような行動は、祖父や仲間たちがいつもなら支持していた考えとは正反対のものだった。祖父たちは暴徒でもなければ強盗でもなかったし、法律を重んじるロシア貴族だったが、今は、個人の財産を略奪するボリシェヴィキの勢力と戦いながら、自分たちが同じことをしようとしているのだ。それでも、この決断は、困難だったとはいえ時宜にかなっていた。それというのも、祖父たちがこうして脱出してわずか数日後の一九二二年十月二十五日、ウラジオストクはボリシェヴィキの手に落ちたからである。

　ツンガス号というこの貨物船の日本人の船長は、自分の船を思いどおりにされることを快く思わなかっただろうとわたしは想像しているが、船長は、祖父たちの苦境にいくらか同情していたようで、祖父たちと争わないばかりか家族たちの乗船まで穏便に認め、日本へ向かう中継地である朝鮮の釜山に向けて出港した。祖父は、自分たちの行動が家族の生命を助けるためだということを船長が理解してくれることを期待し、船長も、そのことをよくわかっていて、援助を申し出てくれたのだった。ただ、船を乗っ取る行為は国際上も犯罪だったから、祖父たちの海賊まがいの行為に対する処罰はきびしいものになると船長は述べた。そのため、ボリシェヴィキから逃れたとしても、日本の刑務所に収監され（あるいはもっと悪いことになるかもしれないが）、本来の希望どおりにならないことは明らかだった。祖父と仲間たちが自分たちの家族を救おうとしたこと（それは自分たちにとっては道義的なことだったが）は疑いないことだとわたしは思っているが、ところが船長はさらに好ましい選択枝を示してくれた。釜山にいるあいだに、祖父たちが日本に到着してシージャックの罪を着せられるよりも、船長に投降するよう提案したのだ。そうすれば日本の官憲に対して、祖父たちを国籍のない避難民として収容したと報告することができるからである。仲間たちと話し合った祖父は、船長の提案を受け入れることにした。母の回顧録には、つぎのように書かれている。

みんなは、またしても奇妙な状況のもとに置かれ、新たなジレンマに向き合わなければなりませんでした。日本に入国するためには、白軍として、まず日本に降伏しなければならなかったからです。そのことは、これまでなら降伏することを潔しとしないすべての軍人にとっては辛い時間だったにちがいありません。今ここでお話ししているのは、あのときの「地獄」のような苦しみを味わった男の人たちのことなのです。こうして降伏に同意してから父やその同僚たちは、あくまでも冷静さを保ちながら粛々と軍帽を脱いで肩章をはずし、武器やその類いのものを差し出したのです。このことは、自分たちを育て、希望と夢を育んでくれた祖国で君主制を取りもどしたいという個人的な願いのために戦ってきた、はげしい戦闘が終わりを告げることだったのです。(1)

こうして祖父とほかのロシア人の将兵たちは、これでもうシージャッカーではなくなったのだ。ある意味では船長のお客になったのだ。

祖父たちの暮らしは、何年にもわたって個人的には悲劇に包まれていたが、白軍のロシア人にとって運命はさらに無慈悲だった。船内では、できるだけ多くの人間を収容する部屋を用意するため、軍人にとっても個人にとっても余分な携行品は、すべて廃棄しなければならなかったからだ。そのため軍用品、機械類、大砲、小銃、弾薬などは、ボリシェヴィキに使用されないよう港に投棄された。こうして祖父たちのあらゆる目的が大義名分を失って、もうどんな装備も必要がなくなったのである。残念ながら、祖父たちの個人的な品物の多く（何世紀にもわたって自分たちのルーツを思い出させるような記念物）もまた、捨て去らねばならなかった。祖父たちが今まで辛うじて保ってきた物も、さらに切り詰めなければならなかったのだ。その状況は、火災に遭った家に似ていると思う。すべてを失わなければならないときに何を残さなければならないか？　結局、最後に亡命者が所持できた物は、ポケットのなかと、わずかばかりのスーツケースに入れて携えるものしかなかった。何世紀もつづいてきた家族の歴史にかんする記念物を持っていく余裕などなかったのだ。いつも母は、そのなかで残されたほんのわずかな物をありがたがっていた。それは、わずかばかりの貴重な記念品と一挺のバイオリンだった。

わたしは、愛する両親が、あの当時からこんなに多くの物をどうやって保存することができたのか不思議に思っています。両親たちは、母の実家からいくつかの銀器をなんとか持ち出すことができたのです。宝石類も、空腹になったときに食料と交換できるようにするためで、お金はだれも欲しがりませんでした。わたしがまだ赤ちゃんだったころ、洗礼のときに着たドレスと一緒に、わたしの巻き毛（今でも取っています）や写真もたくさん残していました。それに、父が残していたものには、肩章をひとつに、婚姻証明書、釜山で発行してもらって父がフランス語で書き込んだパスポート、母の父親がロシアから父と母に宛てた何通かの手紙もあり、それには、わたしの祖父が自分の初孫の世話をするには状況がひどく悪いと書かれています。手紙には、祖父が暮らしている状況と、旅行をするのも非常に困難なので、わたしたちにふたたび会うことができないかもしれないことなども抜かりなく書かれています。両親が残してくれたこれらのすべてが、わたしが成長する何年ものあいだ、わたしにとって重要な意味をもっていました。わたしにとっては遺産ですし、わたしがはるか昔から繁栄してきたこの家族の一員なのだという一体感を、わたしにあたえてくれているのです。(2)

一九二三年二月十三日、祖父をはじめとする白軍の将兵と、その家族たちは、日本の広島に上陸した。祖父のビザには、二十四歳の妻アレクサンドラと、生後六ヶ月になる娘カレリア（Kaleria）が、「Calaria」と、つづりがまちがっていた。ともかくこうして船長の好意によって、白軍の兵士たちは着剣した日本の分遣隊の監視のもとに置かれることはなく、避難民として保護され、日本の国内で新たな生活をはじめることになったのである。今からほぼ百年前をふりかえって、そのあいだに起きた出来事を思い描いてみると、わたしの家族の将来が二つの出来事に左右されていたことに驚く。その出来事というのは、祖父が自分たちの家族の命を守るため船をシージャックする決断をしたことと、日本人の船長に思いやりがあって祖父の行為が厄介なことにならないよう配慮してくれたことだ。

わたしは、とにかく一行が日本にたどり着いたとき、祖父はきっと安堵のため息をついたと思う。実際は安堵するには少し早かったのだが、数週間前に自分たちの置かれていた状況よりははるかによいことはまちがいなかった。ボリシェヴィキたちは白系ロシア人を探し出して殺害し、ロシアの貴族が祖国へもどってこられないよう考えていたので、ボリシェヴィキの殺し屋たちが日本にまでやって来ないという保証はなかったが、ただ当時は、その可能性はなさそうだった。そのため祖父は、もっと現実的な暮らしの問題に心を注ぎながら、ボリシェヴィキの脅威を自分の胸の奥におさめることができたのである。一方で、どうしたら自分の家族を養っていけるのか？　収入を得るには、どこへ行けばいいのか？　どこで暮らせばいいのか？　このようなことは、わたしたちも何かのときに自問することだが、わたしたちの場合はたいていは、馴染みのない文化とか、知らない言語の異国ではない。わたしの家族は、文字どおり何もないありさまだったのだが（命からがら逃げのびたので）、自分たちの状況をありがたいと思っていたはずだ。母はつぎのように書いている。

兵士と家族たちは、下船したあと、日本、中国、ヨーロッパ、南米、アメリカの各地に散らばって行きました。けれども、わたしの家族は、親しくしていた三人の独身の士官と一緒に日本にとどまって、ここでうまくやっていこうと決めたのです。(3)

ボリシェヴィキがあれこれ画策したが、結局わたしの家族はついに生きのびて、一緒に暮らすことができることになった。とはいえ当時としては、それは本当に大変なことだったのだ。

わたしの家族が広島に着いたときは、母はまだ乳児だったので、日本の文化に初めて接したときの記憶はない。そのころに母が見たり感じたりしたことは何でも知りたいとわたしは思ったが、祖父母が苦難の道を歩んでいたときに母が幼かったことは、よかったのかもしれない。祖父母が耐え忍んだロシアからの苦難の脱出行を母だけは味わわずにすんだし、祖父が自分の家族を守って養うことに、心を砕くようなストレスや苦労を感じることもなかったからだ。何よりも祖父が、自分たちの人生に残した唯一の貴重な幼いカレリア・パルチコフを必死で守り抜こうとしていたことを、母は理解できる年齢ではなかったのだ。また、祖父が恐怖の脱出行をしていたことを母が知らなかったことは別にしても、幼かったことは多くの点で有利だったようだ。子供は驚くほどの学習能力をもっているもので、母をとりまく日本の文化と同時に祖父母から教わるロシアの伝統も吸収することができたからである。日本語とロシア語は共通するものが何もないといってよい言語で、このことは祖父にとっては大きな問題だったにちがいないが、母にとっては、ふつうの学習体験の一部でしかなかったのである。母は、ロシア語、日本語、英語を学んだ。子供のころの母は、多言語を使いこなせることが、のちに自分の人生にとってどれほど大切なことになるかは、思いもしなかったはずだ。

いずれにせよ母が、広島の自宅で暮らしていた幼かったころの思い出をわたしに語ってくれるときは、いつも美しい話ばかりだった。そのことも、幼かったことがさいわいした今ひとつの理由だったのだろう。ふつう大人たちは、いつも出歩いては何かやっていて、物思いにふけることなどないものだ。わたしたち大人は、ふと立ち止まって周囲を見まわすことはめったにないが、幼い子供に一輪の花を手渡したら、その子は花に見とれて、細かく観察するはずだ。母にとって日本は新しい花だったのだ。広島での思い出をわたしに語ってくれるときは、自分が子供だったころの日々の体験がすべて楽しく、うっとりするものを発見したかのような雰囲気だった。ただ、それらの記憶のいくつかはあまりにも鮮烈で、それは、のちに母の人生を引き裂き燃やし尽くした体験のせいだったのではないかと思わずにはいられない。つまり、子供時代の廃墟を目にしたことで、子供時代のさまざまな瞬間や経験を追体験し、追体験した記憶が母にとって新たに大切な思い出として残されたのではないだろうか。わたしたちは、いつの日か自分の記憶が今思い出せるすべてだと知ると、その記憶を大切なものにしようと考えるからである。

母がまだ幼かったころの思い出は、広島の中心地にあった流川《ながれかわ》通りの家での暮らしからはじまっている。その家は、鯉が泳ぐ池に囲まれていて、母は、池の鯉が陽の光にきらめいて泳いでいる場面を美しいものとして、しばしば思い出していた。近所の人たちは親切で、多くの友だちもできた。両国の文化が交じり合ったなかで、西洋の衣装と同じように日本の伝統的な衣装も身につけた。そして、そのころの暮らしは穏やかで快適だったとわたしに語ってくれたものだ。

一方、祖父にとって事情はもっと複雑だった。一家は日本に受け入れられたが、暮らし向きはかならずしも楽ではなかった。祖父は生活のために仕事に就く必要があったし、それは簡単なことではなかった。若いころに法律家になろうとしていたが、ロシアで学んだ法律の知識は日本では何の役にも立たない。さらに日本語が話せないことはもうひとつの深刻な問題だった。たとえば大工のような熟練の技を学んでいたら、ほかの大工職人たちに交じって一緒に仕事をしながら日本語を学んでいけただろうが、祖父の職業はもっぱら知的なものだった。知性があって高い教育を身につけていたが、そのころは日本語でそんな自分を表現することなどできなかった。さいわい、当時はまだ今日のようにテクノロジー一辺倒の時代ではなかったので、肉体労働で生活費を稼ぐ機会はまだあった。おそらく、祖父のように以前は社会的地位が高かった人間が雑用のような仕事に身をやつすことは、ある意味では皮肉なことで、かなりの心痛だったと思われるが、家族を養うためには唯一の選択肢だったのである。そのため毎日のように外出しては職探しをし、夜になると、長年親しんできたバイオリンを奏でることで安らぎを得ていたのだった。

しかし結果的に、祖父のバイオリンが自分の将来への鍵となったのである。まだ日本語は十分に話せなかったが、音楽という世界共通の言語にかんしては流ちょうだったし、秀でた音楽的才能と情熱的な演奏技術をもっていた。一家が住んでいる家の近所は、立派ながらも壁の薄い造りの家が密集する場所だったので、祖父の奏でるバイオリンの音色は多くの人たちの注目と賞賛を集めた。そのため、音楽界と関係をもっていた近所の人が、祖父の人生を変えるほどの仕事を見つける手助けをしてくれたのだった。

こうして祖父は生まれて初めて音楽を演奏することで生計を立てることになった。

以前の仲間だった三人の士官も音楽家だったから、ステージで演奏会を開くことは、みんなお手の物だったが、初めての仕事は、自分たちの音楽的才能と新たに登場してきた映画という芸術様式を組み合わせたものだった。

みんなが楽器（ホルン、サクソフォンに、バイオリンを二挺）を探し出してきて、無声映画館に雇われて、そこで上映されるどんな無声映画であってもその内容に合わせて、ふさわしい曲を合奏していたのです。(4)

当時は、まだ無声映画の時代だったので、映画館では演奏者が楽譜を持ち寄って生演奏をしていた。無声映画の伴奏をする演奏者の規模は映画館の広さに応じていて、小さな映画館ではピアノかオルガンが一台だけで、大きな映画館では小さな管弦楽団をもっているところもあった。祖父はクラシック音楽に幅広い知識をもち、新しい楽譜を初見で演奏でき、いくつかの楽器を巧みに演奏できたので、きっと楽しみながら生計を立てていたのだと思う。祖父が当時の映画のことをどのように思っていたかわからないが、使用していた楽譜は有名なクラシック音楽が多く、あるいは少なくとも当時よく知られた作品だったので、自分の仕事に誇りをもっていたはずだ。ときには祖父だけが演奏したが、当時の写真を見ると、日本人とロシア人の双方の音楽家たちが定期的にグループを作って演奏していたようだ。このことは、祖父の新しい暮らしのなかに芸術家の仲間たちと団体が生まれていたことを示していて、それまで一家が耐え忍んできた暗い生活から祖父の精神を高めてくれたはずだ。

一方、祖母には別の問題があった。わずかなあいだに多くの体験をしていて、自分が育った環境とはまったくちがう世界で暮らすことになったことである。今までの幸せで裕福な暮らしが貧困と飢えと恐怖の暮らしに変わり、そして今いるところは、奇妙な風習があって、自分が話したり読んだりすることのできない未知の国で、しかも幼子を抱える若い母親だった。そしてこのような境遇が、振り払うことのできないボリシェヴィキの恐怖によって強められていた。祖母は、祖父が一緒にいるときは自分は守られていて安全だと感じていたが、祖父が仕事で出かけるとひどく不安がった。祖父が自宅にいないと、耐えられないほどの恐怖心に襲われたのだった。

母は、見知らぬ人のなかに独りでいることをひどく怖がって、毎晩のように父と一緒に映画館に出かけて行って、映画が終わるまでそこにいました。わたしはというと、母の腕のなかで安らかに眠っていて、自分の周囲で何が起きているかは、まったく知りませんでした。わたしが二歳半のころです(5)。

幼いわたしの母が眠っているあいだに、祖父母は世界中から届いた映画を観ていた。そのことで、アメリカの文化に初めて接することになったのだが、それはハリウッドが映画制作の中心地だったからである。トーキー映画が登場する前は、映画のストーリーは映像によって語られたが、その多くはアメリカの無声映画だった。祖父は無声映画館で家族と一緒に音楽に熱中した。そして家族にとって幸運だったのは、映画館に行くのは自分たちだけではなかったことだった。

ナニー・ゲーンズというアメリカ人の女性が父に会うため映画館に来たのが何ヶ月か経ってからのことだったのか、はっきりとはわかりません。ゲーンズは、広島にあるメソジスト派の女学校の校長で、映画館で演奏をしている何人かの白系ロシア人の士官たちが若い音楽家だったことを耳にしたのです。ナニー・ゲーンズ女史が映画館に来たのは、その人たちに自分の学校に来て音楽を教えてもらい、おそらくオーケストラを編成してほしいと父に頼むことが目的だったのです。父はすぐに承諾して、その学校の音楽教師になりました。そして、そこで二十五年間、音楽を教えることになったのです。そのあいだにオーケストラや合唱隊を編成し、上達した生徒たちの多くにバイオリンを教え、その経歴を生かして生徒たちも教師になりました。さらに父は、ラジオや日本各地のコンサートで演奏して手当をもらっていました。わたしたち家族は、自宅の近くにあったカソリック修道院イエズス会の宣教師をしているアメリカ人と、もちろん、自分たちの地域に温かく迎えてくれた多くの日本人の双方の友人たちに恵まれて、精神的にも経済的にも勇気という点でも成長したのです。(6)

こうして経済的に安定できる手段を手にすることになって新しい家に住みながら、祖父母はようやく初めて、それから何年も穏やかに暮らしをつづけることができるようになった。やっとのことで、どうにか日々を暮らしていた生活から将来の人生設計に心を向ける生活ができるようになり、新しく子供もできたのだった。

一九二四年六月十日、初めての男の子が生まれ、祖父の殺された兄の名前を偲んでニコライと名づけられた。そして、だれもが安堵したことは、このたびの妊娠では初産のときより祖母の具合がずっと楽だったことだ。ただ、すべてが順調というわけではなかった。ニコライが元気に育っているあいだ、母が猩紅熱で重篤になったのである。

自宅に呼ばれた医師は、わたしの容態は今晩が山（元気になるか亡くなるか）だと家族に伝えました。医師と父は、わたしが寝ているベッドのそばの暗いなかに座っていて、暖炉に燃える火に照らし出された二人の沈んだ顔が、朝になればよい知らせが訪れることを待ち望んでいました。わたしは身動きせず横になっていて、喉が塞がりそうになりながら、はげしく喘いでいました。体温は、ずっと高いままでした。けれども父は、座って祈りをあげながら、神はわたしたちをお見捨てになるはずはなく、娘が元気になるように癒す力をおあたえくださるのだという希望と確信に満ちていました。父は祈りをあげつづけているうちに突然、二度と煙草は吸いませんし、アルコールも飲みません、一生涯お茶と水以外は飲みませんと神に誓いを立てたのです。それから亡くなるまで父は、そのときの誓いを本当に守りとおしたことをわたしは知っています。外が白みはじめたとき、医師は、わたしの熱が下がり呼吸が規則的で楽そうになったことに気づきました。それからまもなくして、窓から朝日が射し込むころになると、わたしはずっと元気になり、驚いたことに、ベッドの柵を摑んで立ち上がり、鼻歌を歌っていたのです。(7)

母が劇的に改善したことで、その話は終わりではなかった。母がかかった病気は、一般的には肝臓や腎臓に異常をきたすことが多かったのだが、その後も後遺症を残すことはなかったのである。母は自分が二度目の奇跡を体験したことをよく知っていて、「神のご加護によって、わたしはどんな合併症にもかからずにすんだの。この奇跡は、わたしの家族が決して忘れてはならないことなのよ」といつも話していた。そしてこのような奇跡は、わたしの家族のあいだでいつも思い出される話題だった。

家族四人は、こうして日本の土地で幸せに暮らし、さらに一九三三年七月九日には、わたしの二人目の叔父になるデヴィッドが生まれ、家族は五人になった。母と二人の弟は、広島の中心部一帯の独特な日本の文化を楽しみ、日本語を学び、日本人の友だちと遊んだ。母によると、自分たちの子供時代は幸せで友情に溢れていたという。母は、祖父が教師をしていた広島女学院の小学校にかよい、その後、神戸にあったカナディアン・アカデミーに入学して、そこで中等教育を卒えた。そして神戸での生活を平穏に送り、一九四一年までには英語も流ちょうに話せるようになって広島にもどり、地元の外国語学校で英語を教えることになったのだ(8)。

そのころ、十六歳になったニコライに幸運が訪れた。そしてのちに、その幸運によって、わたしの一家全員が救われることになったのである。ウィリアム・ハーフォード博士と妻のエイダという二人のアメリカ人が、日本で四十年のあいだ長老派の宣教師をしていて、ニコライが二人と偶然に出会った。ハーフォード夫妻は広島で五人の子供を育てていて、その一人のナニーは両親と一緒に宣教師をしていたが、ニコライとナニーとの出会いは、二人が「意気投合」した関係となり、一家はニコライを自分たちの子供のように接してくれた。しかも夫妻はニコライをひどく可愛がって、できるかぎりの教育を受けさせたいと考えた。夫妻はそのころには六十代になっていて、長年の布教活動を終えてアメリカに帰国する決心をしていたところだったので、帰国するときにニコライを一緒に連れていき、アメリカのハイスクールを卒えさせてロサンゼルスのカリフォルニア大学（ＵＣＬＡ）で医学を学ばせようと考えたのだ。わたしの家族はニコライと別れたくなかったが、反対できない申し出だと考えて承諾した。こうしてアメリカに渡ったニコライはハーフォード一家と暮らしながらアメリカという国を目にして、高い教育を受けることになった。一九四〇年の冬、ハーフォード一家は先にアメリカに帰国し、ニコライは、二人のスウェーデン人の宣教師と一緒に、そのあとしばらくしてアメリカに渡った。ニコライたちは神戸からプレジデント・タフト号に乗船し、十二月十三日にロサンゼルスに着いたのだが、そのころのハーフォード一家も、わたしの家族と同じように別離の問題を抱えていた。娘のナニーが広島に残って宣教師の活動をつづける決心をしていたからである。

わたしの家族にとって、ニコライを偲ぶことに取って代わるものは何もなかった。ニコライのいなくなった空しさを家庭のなかで埋めてくれるものは何もなかったが、さいわい祖父母のセルゲイとアレクサンドラには、日本のロシア人社会という精神的な支えがあった。近所の日本人たちとは親しく交わっていたが、ロシア人の移民たちとも親しく接して、いつも交流していたのだった。当時の広島で暮らす外国人たちはごくわずかで、母はのちに、あのころは広島市全体でも白人はせいぜい三〇人ほどで、全員ではないにしても、ほとんどは白系ロシア人だと思っていたそうだ（一九八〇年代の朝日新聞広島版の調査によると、原爆が投下されたとき広島にいたロシア人の移民は七人だったようだが、たぶん正確な数字はわからないと思う）(9)。ともかくロシア人の小さなグループはお互いの慰めになったはずだ。そのことは、ロシアの伝統を受け継いだ母や叔父たちにとって、今ひとつの交流の場をあたえられることになった。わたしが子供のころ、母と祖父母たちは、そのころの苦難な生活や不幸なことについては決して語ってくれなかった。ほかの家族と同じように、災難や試練があったはずだが、少なくとも戦争がはじまる前の広島では、それほど大きな苦難は自分たちの周囲からは起きなかったのだ。

祖父母は、共産主義者から逃れるために、あらゆる危険にさらされてきたが、そののちも、まったく自由になったり安全になれたわけではなかった。共産主義者は、わたしの家族をいつまでも付け狙っていたのである。ロシア国内でボリシェヴィキが勝利すると、革命家たちは、コミンテルンとして知られる共産主義インターナショナルを組織して、コミンテルンがめざすのは共産主義を世界中に広めることだったから、日本は極東地域の窓口と考えられていたのである。そのため皮肉なことに、祖父母と母が共産主義者から逃れるため日本に入国したのと時を同じくして、日本にも共産党が組織された。日本共産党の目的は、日本の君主制と封建制度を打倒して、日本の軍隊をシベリア、中国、朝鮮、台湾から撤退させることを主張するもので、後半の主張はモスクワの政治指導者たちからの指示だったのである。日本の政治活動が左傾化することになって、祖父は、現実的な問題と同時に理性的な問題を迫られることになった。祖父は根っからの反共産主義者で、共産主義を支持するあらゆるものを嫌っていたから、日本という新たな祖国に共産主義が浸透することに耐えられなかったことは疑いない。そのため、本当は共産主義の浸透を阻止するために政治活動をしたかったのだろうと思うが、異国にあっては言動に慎重でなければならなかった。母は、祖父とロシア人の同僚たちが何度も集まって、この問題について議論していたことを知っていたが、その会合は内密におこなわれていた。その会合のことをだれかから尋ねられても、宗教上の礼拝をしていると説明していた。ただ現実的な問題は、もっと深刻だった。日本に潜入している共産主義の煽動者たちのなかには、まだ生きているかもしれないロシア貴族たちを皆殺しにすると誓った、頑迷なボリシェヴィキ派の人間も含まれていたからだ。ロシア内戦のあいだにロシア社会革命党の地下組織が結成され、それは「テロ旅団」として知られていて、その任務は、祖父母のようなロシア貴族を世界のどこにいても探し出して殺害することだった。この組織は、そのころには共産党に組み込まれていたが、任務は同じだった。[10] 祖父母は、ふたたび付け狙われることになり、皇帝の家族が受けたのと同じように母や叔父たちも殺害の標的にされたのだった。

ただ日本の国家は共産主義者の支配に屈する気はなかった。そして祖父としては、少なくとも心情的には日本の天皇を最大限に支持するふりをすることが安全だったのだ。当時の政情不安のなかで皇太子の裕仁に対する暗殺未遂事件があったりしたため、共産党に対する弾圧がきびしくなり、共産党員たちは地下に潜伏し、一九三三年までに日本共産党は壊滅した。しかし祖父は、まだ共産主義者たちが煽動しているあいだ見つからずにすんでいたわけではなかった。命を狙われたことが二度あり、そのひとつは、理髪店の椅子に座っているとき刺客に狙撃されたことである。さいわい弾がそれて、祖父にも理髪師やほかの人たちにも当たらなかった。また別のときには毒殺されそうになって失敗に終わったことがあった。そのときも命拾いをしたが、この二度の経験で、祖父は用心をするようになり、もちろん祖母も同じように用心したことは、いうまでもなかった。

今ふりかえってみると、祖父の人生には、もうひとつ奇妙な皮肉があった。祖父のことが日本の陸軍幼年学校から関心を寄せられるようになっていて、それというのも、広島の陸軍幼年学校が生徒にロシア語を教える人物を探していたからである。しかも祖父は母国語のロシア語と同じように日本語も話すことができたうえ、以前にロシア帝国軍の士官として訓練を受けて経験を積んでいたため、ロシア語の教師として打ってつけだったからだ。祖父はその仕事を承諾し、いつのまにか、日本の軍部が政治体制を統制しようと圧力を強めている時期に、陸軍幼年学校で軍隊を訓練するために自分の技能を活用していたのだった。こうして祖父は、日本が世界を制覇する道のりを歩みはじめたとき、気がつかないうちに八紘一宇にわずかとはいえ荷担していたのである。日本の最初の標的は中国で、のちに東アジアを戦場にしていき、一九三七年から第二次世界大戦の終結に至るまで、日本は、もっぱら軍部が支配し、軍事力によって外国に侵攻をつづける状況になった。日本にまだ国力のないころは、いくつかの国際条約を締結して世界のほかの国と良好な外交関係を保っていたが、国力が増すにつれて、それまでの関係をみずからが悪化させていく結果となり、アメリカ、イギリス、ソ連などの西欧諸国は帝国日本に対して用心深い目を注いでいたのである。

日本人たちは自信をもっていたし、日本に昇る朝日はまちがいなく高くなっていた。日本が締結していた条約によって、アメリカの艦隊とまもなく肩を並べるほどの艦隊を造り上げることをはじめ、軍備を増強する時間を日本にあたえることになったのである。

こうして時機が到来したとき、日本は、オアフ島と呼ばれた美しい島と真珠湾と呼ばれた港で、その海軍力を世界中に見せつけたのだった。

【注】

(1) ドレイゴ「カレリア・パルチコフ・ドレイゴの回顧録」、文書1、2ページ

(2) 同書3ページ

(3) 同書

(4) 同書

(5) 同書

(6) 同書

(7) 同書4ページ

（8）同書 3ページ
（9）中川「朝日新聞、一九八六年十月九日版」
（10）Chambers, *Witness*, 39.

第四章　屈辱の日

一九四一年十二月七日——ワシントンDC

当時の日本政府の外交文書は、つぎのように結論づけている。

斯くして、日本政府としては、日米関係を調整し、以て米国政府と協調しながら太平洋地域の平和を保って推進する切なる願いは、ついに失われた。
日本政府は、米国政府の姿勢に鑑み、米国政府に対して、さらなる交渉による合意に達することは不可能と考えざるを得ないと通告しなければならないことを遺憾とする。

この文書は、日本による真珠湾攻撃の一時間後に発表されたものである。
それまでの母、祖父母、それに叔父のデヴィッドにとって広島での暮らしは快適だった。気楽な暮らしだったという意味ではなく、祖父母にとっては、自分たちが快適な暮らしを送ることができることを、子供たちよりずっと身に沁みて感じていたということだ。事実、祖父母は、日本でのどんな暮らしも幸運に恵まれてきたことをはっきりと自覚していた。

祖父母は、ロシアの文化をしっかりと守りつづけていたが、それと同時に日本人の生活様式にも同化していた。母は、衣服を着るのに西洋のものでも日本のものでも同じように心地よく身につけ、ロシア語と日本語、それに神戸のカナディアン・アカデミーで学んだ英語にも精通していた。もしも一家の暮らしに安全上の問題があったとすれば、それは、親しく接してくれる近所の日本人たちの言動によるものではなく、祖父母が心配していたのは、海外へ逃亡したロシア貴族たちを探し出そうとしている、白系ロシア人を敵視する共産主義者から襲われる可能性だったのである。そして以前に祖父がその一味から襲われたことで、祖母に対する危険も祖父は強く感じるようになっていた。しかし子供たちは、大人たちの心配をよそにすごしていて、母や叔父たちにとって広島での子供時代は、ほかの国の子供たちと少しも変わらなかったようだ。広島は、文化的にも社会的にも恵まれた美しい街だった。流川通りの祖父母たちの家は、七つの川が流れる広島のど真ん中にあったので、子供たちにとって大切な場所や娯楽は、どこでも歩いて行けるところにあった。ただ、おそらくそれ以上に大切だったことは、日本人の子供たちに仲の良い友だちができたことと、学校と地域の一員として受け入れられていたことだった。

祖父は、異色な立場にあった。若いころに政治的な動乱があったため、自分の周囲の政治情勢を鋭く観察し分析するようになっていたから、日本人の共産主義者たちに対しても強い反感をもっていた。共産主義者たちは日本政府による弾圧もあって、一九三三年ころには、いかなる政治的、社会的活動も影を潜めていたが、これによって日本が政治的に安定を保っていたことを意味してはいなかった。軍国主義の新たな関心事と極東における日本の拡張政策にともなって、政治の振り子は、これまで左に揺れていたのが、中間をとおりすぎて右に傾いて止まってしまった。そのため祖父は、これまでの経歴によって、まったく異なる二つの世界の上に身を置くことになったのである。すなわち、アメリカのミッションスクールで教えるときは音楽という平和な世界に浸っていたが、一方の日本の陸軍幼年学校では事情はまったく異なっていて、そこでは愛国心とナショナリズムによって祖父が教える教科のなかに平和はなかったのだ。どちらかを選ぶとしたら、政治的なことは避けて好きなバイオリンを奏でただろうか、それともあの時代のせいで、政治的なことが大きなウエイトを占めて政治に関与する必要があったのだろうか？　祖父は、わたしには何も語ってくれなかったので、このことについては少しもわからないが、ひとつだけ、はっきりしていることがある。陸軍幼年学校で教えていたことで、日本人は島国である祖国を海外にまで広める目的をもっているという印象を強く感じたことである。

祖父は、八紘一宇という思想が、精神的にも民族主義的にも国民に強い動機づけをあたえていることを理解していたが、日本が世界を制覇するうえで、いくつかの現実的に考慮すべき問題があった。すなわち、日本は石油をはじめとする天然資源に乏しいという問題があった。日本とアメリカとの貿易関係は不安定ながらも、機能はしていて、国内一般の需要だけでなく、中国、仏領インドシナにおける軍事行動を維持するためにも、アメリカの石油に依存していた。ところが日本が他国への侵略を強めていくにしたがって、アメリカ政府は日本の軍隊に石油を供給する立場に対して憂慮を深めていき、日本軍が主として使用する物資と機材に対して禁輸措置を講じ、一九四〇年には航空燃料の輸出も停止した。その結果、燃料の問題は日本を苦境に立たせたので、日本の軍部は新たな標的として石油資源の豊富なオランダ領東インドへ侵攻する計画を立てはじめたのである。そして一九四一年七月には状況は危機的となった。アメリカ政府は日本への石油の輸出を国内一般も含め全面的に停止したため、日本は、アメリカの要求に屈するか、それとも東南アジアを占領して天然資源を確保するために侵攻するかという状況に追い込まれ、最終的には八紘一宇の考えが支配的になったのだった。

異なる文化を理解しようとするには、理解しようとする人が双方にかかわる機会がないかぎり、たいていは困難である。祖父母を含めてロシアの貴族社会は、保守的なうえ愛国的で、いくらか柔軟性に乏しいという点で日本の文化に似ていたが、日本の文化には超自然的な土壌が支配的だった。すなわち天皇は神であり、国民は祖国に対する務めと同じように天皇に対しても義務を負っていた。また日本人は、先祖を敬い、この世では何事も立派に成し遂げる原動力に満ちた、超自然的な環境のなかに自分の姿を映し出していて、自分たちの功績が永遠に認められる存在であろうとした。そのため、祖父が交わっていた日本軍の若者たちにとって、名誉を重んじて何の疑いもなく天皇に奉仕することは彼らの人格の中核をなすもので、それは彼らの家族全体にまでおよぶものだった。そして祖父にも、このことはそれとなく理解できた。彼らの特徴である名誉心とか忠誠心は祖父の信条にも共通するものがあったからだ。とはいえ、陸軍幼年学校で若い士官たちと語り合い、好戦的な日本の軍隊に奉仕しようとする彼らの熱意を身近に感じると、このまま平和は長くはつづかないだろうという予感がした。祖父には、これから何が起きようとするのか、はっきりとはわからなかったのだと思うが、何かが起きようとしていることは、はっきりとわかっていたのである。

＊＊＊

日本は、真珠湾攻撃のかなり前からアメリカとの関係に不吉な前兆を感じ取っていた。中国とインドシナに侵攻したことに対して各国から外交上で多くの非難を受けていて、そのような状況のなかで、アメリカがいつまでも手をこまねいて介入しないことには限度があることは明らかだった。オランダ領東インドの石油資源は日本にとっては死活問題で、イギリスはヨーロッパでドイツと交戦中だったから、日本にとってイギリス領のシンガポールは手に入れたい地域だったし、軍事的にも脆弱な標的だった。ただ、日本にとって問題はアメリカだった。アメリカ太平洋艦隊はカリフォルニア州サンディエゴからハワイの真珠湾に移動していて、フィリピン諸島にはアメリカ軍の強力な軍隊が駐留していたからである。もし日本軍が東南アジアを思いどおりにしようとしても、宣戦布告をしていないアメリカ軍の軍事施設には手をつけないようにする必要があったのだ。

＊＊＊

東京では……、アメリカとの外交交渉がつづいているあいだも、日本は一九四一年初頭には真珠湾を攻撃する計画を立てはじめていた。日本の軍部と政治指導者たちは、アメリカの存在が最大の問題だということはわかっていたが、ある解決案が提示されても全員の意見が一致することはなかった。アメリカという多くの国民と資源がある国を攻撃することは、日本にとって壊滅的な結果を招く恐れがあるため、それ以外の解決案を求める指導者たちが多かったが、何度も協議を重ねたすえ、連合艦隊司令長官で戦争を支持する立場にあった山本五十六海軍大将は、みずから真珠湾攻撃を計画したのだった。そのため日本軍の空母と飛行機は戦闘態勢をととのえ、パイロットも訓練されて、太平洋におけるアメリカ軍の日々の軍事力と防衛体制についても詳細に検討された。一方、天皇の裕仁も真珠湾攻撃の計画に同意はしていたが、実際に攻撃を実行することに対して承認することには二の足を踏んでいた。一九四一年十一月になって、日本の指導者たちは天皇に対して、アメリカを野放しにしておくと日本軍が今後、オランダ領東インドとシンガポールに侵攻する際だけでなく、中国、満州、朝鮮における日本の作戦行動を危うくさせるものだと上奏した。そのため十一月五日、裕仁は真珠湾攻撃の決行に基本的に同意し、攻撃まで一週間たらずの十二月一日になってやっと最終的な攻撃命令を下したのだった。

ワシントンDCでは……、アメリカの指導者たちは、世界中の情勢が悪化していることに頭を悩ませていた。ナチスドイツはヨーロッパのほとんどの地域を支配し、同盟関係にあるはずのイギリスへ侵攻する態勢をととのえていた。ヒットラーは、以前の同盟国で祖父の祖国でもあるロシアに対しても攻撃をしかけ、ドイツ軍の部隊はモスクワのまぢかにまで迫っていた。アメリカにとっても日本は明らかに脅威だったが、両国間の外交交渉はつづけられていた。ただアメリカの指導者の多くは、まんいち日米とのあいだで戦争が勃発すれば、真珠湾よりフィリピン諸島にあるアメリカ軍の施設が最初の攻撃目標になると考えていた。けれども、これについては結局、どちらの地域も日本軍からの攻撃に対する防戦態勢が準備されないままだった。

広島では……、わたしの家族が平穏に暮らしていた。

一九四一年十二月七日——ハワイ、オアフ島

日本海軍の六隻の空母が四〇〇機以上の艦載機を搭載して、アメリカが予想していなかったハワイ諸島をめざしていた。ところが、このたびの出来事には、思いも寄らない事態が生じることになった。山本海軍大将の予定では、真珠湾を攻撃する三十分前にアメリカと断交する旨の文書を発表するはずだったが、ワシントンにいる日本の駐米大使が、暗号化してあるその文書を解読して英語に翻訳するのに手間取っていたのである。そのため文書がアメリカの当局にやっと提出されたときには、すでに真珠湾は一時間あまり前に火炎に包まれ、さらに皮肉なことに、暗号解読をするアメリカ側の担当者が日本側の文書を解読したものの、その内容が実際に宣戦を布告する意味なのかどうかはっきりしなかったのだ。その不明瞭な内容は、ハワイ時間の午前七時四十八分に明らかになったが、そのとき日本軍の戦闘機、急降下爆撃機、雷撃機の第一波がオアフ島の上空に飛来していたのだった。

山本海軍大将は、アメリカ軍の太平洋艦隊の艦艇に損害をあたえるか沈没させる目的で二度にわたる攻撃を慎重に計画していて、艦載機のパイロットたちは、最大限に損害をあたえるために特定の標的が決められていた。そして日本が期待していたのは（あとから考

えると馬鹿げたことだが）、アメリカに壊滅的な攻撃を加えることによって戦争を続行できなくさせるか、戦意を喪失させ、最悪の場合でも戦争を短期間で終わらせようと考えていたことだった。二度の攻撃のうち、第一次の攻撃が主要な攻撃となっていて、攻撃を受けたアメリカが防戦態勢をととのえる事態を想定して、第一次の攻撃で最大の損害をあたえることが考えられた。攻撃は、アメリカの伝統的な「安息日」である日曜日の朝に決行されたので、水兵たちは艦艇から上陸していて、防戦態勢は手薄になっていた。山本大将の計画が成功するためには、日本との戦争でもっとも戦力が期待される戦艦と空母を葬り去ることだったので、それらの艦艇がおもな攻撃目標になっていた。攻撃予定の上空では日本軍の戦闘機が空域を旋回して、アメリカ軍からの反撃に対して日本軍の攻撃機を護衛していたが、結局は戦闘機が活躍することはほとんどなかった。離陸できるアメリカ軍の飛行機がほとんどなかったからだ。日曜日のこの朝、アメリカ軍の将兵たちは（比喩的にも文字どおりにも）朝寝をしていたのだった。

第一次の攻撃がはじまって一時間半後、日本軍機が引き上げたあと、ハワイのアメリカ軍の施設は甚大な被害をこうむっていた。アメリカ海軍の一八隻の艦艇が沈没するか座礁し、ハワイに配備されていた四〇二機の飛行機のうち一八八機が破壊され、一五九機が損傷した。そしてアメリカ軍の二三三五人の将兵が戦死し、一一四三人が負傷して、日本軍は二九機の飛行機が攻撃中に失われただけだった。

一九四一年十二月七日――フィリピン諸島

アメリカにいる将兵の家族たち（それに世界中にいるアメリカ人の家族たちも）がラジオのまわりに群がって、日本軍の奇襲攻撃に恐れと怒りのとりこになっているあいだ、日本軍は二つ目の目標を攻撃していた。台湾から出撃した陸上攻撃機の編隊がフィリピン諸島のマニラをめざしていたのだ。クラーク飛行場とイバ飛行場にあるアメリカ軍のレーダー・サイトが機影を捕捉し、迎撃のため戦闘機を発進させたが、日本軍の飛行機を発見することができないまま、そのあと最悪のときに日本軍の飛行機と遭遇することになったのだ。それというのも、いったん基地へもどったアメリカ軍の飛行機が地上で燃料を補給しているときに日本軍の爆撃機が来襲してきたからで、クラーク飛行場では二七機の日本軍の三菱「ネル」九六式陸上攻撃機が爆弾を投下して、B17爆撃機の二個の飛行中隊が格好の餌食になった。P40戦闘機の飛行中隊が迎撃のため発進しようとしたが、ほとんどがB17と同じ運命をたどり、猛爆撃のなかを離陸できたP40戦闘機は四機だけだった。さらに日本軍は、ただちに第二次の攻撃を開始し、すでに麻痺状態になっていた空軍基地に対して二六機の三菱「ベティ」一式陸上攻撃機による爆撃と、ゼロ戦が機銃照射をおこなった。同じころ、イバ飛行場も五四機のベティによる攻撃を受け、地上で燃料補給を受けていた

P40戦闘機が餌食となり、破壊を免れたのは四機だけだった。こうしてクラーク飛行場とイバ飛行場は火炎に包まれ、滑走路は爆弾のため、あばたのようになった。アメリカ軍は、直前にあった真珠湾攻撃のことを知っていたのに、有効な防衛態勢をととのえていなかったのである。

アメリカは色を失った。アメリカ軍の指導者たちは、自分たちが正しい対応をしたと申し開きをすることができなかった。ただ、日本軍から攻撃を受けたあと、二つだけ楽観的な要素があった。ひとつは幸運で、もうひとつは相手の誤算ということだった。幸運というのは、日本はアメリカの戦艦と一緒に空母も殲滅したかったのだが、空母レキシントンとエンタープライズは真珠湾攻撃の数日前に任務のためハワイから太平洋のほかの島に向かっていて、空母サラトガはサンディエゴに移動していたため攻撃を免れたことだった。そしてこれらの空母は、まもなくアメリカ軍が反撃に転じたときに重要な役割を演じることになった。誤算というのは、日本の指導者たちも、攻撃について戦略上、重大な過ちを犯していたのだった。日本は、アメリカとの戦争は起きないか起きても短期で終わると思い込んでいて、アメリカの乾ドック、整備施設、石油貯蔵施設などを攻撃目標にしなかったため、残っていた艦艇を修理して燃料を補給できる能力が温存できたため、のちに日本に反撃することができたのである。

***

悲惨な第一次世界大戦のあと、多くのアメリカ人は、ふたたび世界規模の戦争に巻き込まれることには躊躇していたが、一九四一年十二月七日にアメリカ人のそんなためらい（それに選択）は完全に拭い去られた。真珠湾攻撃の翌日、フランクリン・ルーズベルト大統領は議会において「屈辱の日」という有名な演説をおこない、議会はただちに日本に対して宣戦布告をした。一方、十二月十一日には、ドイツとイタリアではアドルフ・ヒットラーとベニート・ムッソリーニが、同盟国の日本に同調してアメリカに宣戦布告をした。双方のこの敵対関係は、想像もできないような兵器によって終わりを告げるまでそれから三年半以上つづいたのである。

一九四一年十二月七日——広島

日本では、歓喜した国民がいたり悲嘆に暮れる国民もいたが、だれもが一様に驚いていた。日本のメディアは何年も前からアメリカを敵視するニュースやプロパガンダを流していたが、アメリカとの戦争が差し迫っていると伝える報道は少しもなかったからである。アメリカに対する反感はあったものの、国民のあいだには、とりわけ映画館で上映されるハリウッド映画の作品によって養われた印象から、むしろアメリカを賞賛する気持ちがあった。とはいえ、アメリカのことを理解するうえでまったく好意的だったわけではなかった。アメリカによる禁輸措置によって日本の産業が打撃を受けていたことは国民のあいだにも感じられていたし、日本政府もアメリカによる禁輸措置を日本への敵視政策だと主張していた。アメリカは十年前から日本が中国へ侵攻していることに反対し、多くの日本人はそれを不当な干渉だと感じていたのだ。それに、民族的な問題もあった。訪米した日本人や日系アメリカ人に対する差別が、アメリカの社会の一部をなしていたことはよく知られていた。そのため、日本の指導者たちが、アメリカは日本の友好国ではないという立場を作りあげることは、さほど困難なことではなかったのである。このたびの戦争についてどのように感じようとも、日本の国民にとってひとつだけ確かなことがあった。東南アジアにおいて進んでいる日本の軍事行動の結果、アメリカと戦争をすることになれば自分たちの生活に新たな重荷が加わるということだった。

祖父が陸軍幼年学校で教えていたとはいえ、日本がアメリカを攻撃する計画を企てていたなどとは夢にも思っていなかった。とはいえ、日米両国のあいだに祖父を悩ませる緊張関係があったことは明らかだった。祖父母は日本で二十年も穏やかな暮らしを送ってきたが、これからは二人で戦争を直接体験することになったのである。二人は戦争が国民に大きな苦難をもたらすことをよく知っていた。しかも息子のニコライがアメリカにいるという、これ以上ない心配もあった。わたしの一家は、自分たちではどうにもならない事態によって突然に引き裂かれることになったのである。

しかも、その事態がさらに大きくなり、悪くなろうとしていた。

第五章　迫　害

広島、流川通り

日本のほとんどの国民とはちがって、わたしの家族には真珠湾攻撃のニュースは直接といえる形で届けられた。のちに母はつぎのように書いている。

朝の八時ころでした。一〇人ほどの刑事が家にやって来ました。母は病院に行っていて、刑事たちは父に向けて、ただちに表に出て警察署へ出頭するよう伝えたのです。父が「令状をもっていますか？」と刑事に訊くと、「令状など必要ない。おまえはスパイなんだ。われわれは、おまえが日本に来てからずっとスパイ活動をしていたことを知っているんだ」というのです。刑事たちは父を連行していき、……それからは、わたしたちは刑事が怖くなりました。

それから、例の真珠湾の出来事についてですが、どこもかしこも日本人たちは、すっかり偉そうになって、「わしらは三ヶ月もありゃあアメリカなんか負かしてやるつもりじゃ。そうやってワシントンに乗り込むんじゃ」といっていました。ええ、こんなこともいっていました。「おい見てみいや、のっぽのあの女の子（カレリア）を。あいつらは背が高いくせして中身は空っぽなんじゃや(1)」

祖父への仕打ちは、まったく考えられないような、だれも見たことのない悪夢のような出来事だった。陸軍幼年学校で生徒たちを教えることまでして、十九年以上も広島で尊敬を集めていた人物がスパイ容疑だなどと、いったいだれが思うだろうか？　まったく馬鹿げたことだった。すべてが馬鹿げていたにもかかわらず、祖父は自分がかけられた嫌疑について弁明（もちろん戦わずにだが）する立場になかった。母や叔父のデヴィッドが涙ながらに訴えても、官憲に対しては何の効果もなかった。何かの情報をもとに祖父は疑いをもたれるようになり、あのときはそれが問題視されたのだった。わずかな時間のあいだに祖父は遺書と遺言状を書き（その封書は今も保存している）、そのあと刑務所に収監されたのだった。

戦争は恐怖心を生み、それは戦場にいる者たちばかりではなかった。気心が知れたり友情のあった人たちの態度が突如として不信感と疑いの態度に変わった。なかでも人々のあいだで文化的、身体的にきわだったちがいのある場合にはそれは真実となった。別の言い方をすると、近所の人たちに比べて広島に住んでいた少数のロシア人たちは、ひどく目立つ存在だったのである。容姿がちがうし、怖ろしそうな雰囲気があり、そんなちがいは好ましくない注意をひくには十分だった。そのため祖父はまもなく刑務所のなかで白人の仲間ができた。母がわたしに語った話からすると、白人はすべて抑留されていたと母は信じていたようだ。しかも、わたしの家族にとってはとくに悪い時期だった。祖母が癌から回復する途中だったからである。

一家のかかりつけ医は佐藤という医師だった。佐藤医師と妻のフミさんとは、一九三三年以来、家族ぐるみの付き合いだったが、原爆が投下されたあとの混乱状態のなかで二つの家族は離ればなれになった。それが一九八六年になって、フミさんが日本の新聞に、母のことが記事に出ているのを見て、自分の友だちが原爆に遭いながら生きのびたことを知ったのだ。フミさんは、母に手紙を書いて、当時、自分の夫がわたしの祖母をどのように治療していたかを語っている。

戦争のさなかに、あなたのお母さんのアレクサンドラさんは主人の病院（広島中央放送局[2]のとなりにありました）に直腸癌のため入院しました。そのころ、パルチコフさんは奥さんのことをひどく心配していましたが、さいわい手術は成功して、一生懸命に奥さんの世話をしていました。ところが、ある日、突然逮捕されて、スパイ容疑だということで寒い冬に刑務所に入れられたのです。スパイ容疑というより、まるでもうスパイであるかのような仕打ちを受けたのです。[3]

ともかく祖父が投獄されたことから、あらゆる面で困難を生じたと思われるが、祖母が癌の手術を受けて回復しているときだったから、状況はとくに大変だった。母は二十歳になっていて、仕事をしていた。英語を教えることでいくらかの収入を得ていたのだが、デヴィッドはまだ八歳で、一家を支えるには若すぎた。さらに事態を悪くしたのは、日本人の友だちの多くがわたしの家族に背を向けるようになったことだった。「……わたしたち一家は、軍人や警察官から始終、監視されていて、疑いの目で周囲から遠ざけられ、以前には親しかった日本人の友だちや近所の人たちからも嫌われるようになりました」と母は書いている。祖父は何も悪いことはしていなかったのに、起訴されたことで、多くの人たちは祖父が罪人だと思うようになったようだ。けれども、このことは日本にかぎったことではない。あのころは世界中が疑いのなかにあったのだ。

カリフォルニア州ロサンゼルス

太平洋を隔てて一家が離ればなれになったことで、十七歳になった叔父のニコライも同じような状況に巻き込まれることになった。それまでは、あらゆることが計画どおりに進んでいた。まもなくアレクサンダー・ハミルトン・ハイスクールを卒業してＵＣＬＡに進み、医師になるため、実務経験を積んでカルバー・シティー病院でパートタイムの仕事をしていた。ハーフォード一家と一緒に暮らしていて、前年までは一家は第二の家族みたいだったが、それでもニコライは広島にいる家族のことを恋しがって、日本にもどる機会があればと願っていた。それが、戦争がはじまって、すべてがすっかり変わってしまった。今はもう、いつ家族に再会できるかという問題ではなく、ふたたび会うことができるかという問題になっていた。

至るところに恐怖心があった。日本の刑務所に祖父を投獄させることになったのと同じ憎悪と猜疑心は、世界中に蔓延しようとしていた。ドイツではイギリス人たちが抑留されて監視のもとに置かれ、イギリスではドイツ人たちがきびしい監視の目にさらされていた。このたびの戦争にかかわっていたどんな国も、ほかの国、とくに敵国の文化をもった人間だとわかると、その人たちは疑われたのである。アメリカでは、第一次世界大戦のあいだドイツ系アメリカ人たちが嫌疑をかけられ、ことばによる虐待を受け、暴力をふるわれたりすることもあった。そしてこのたびは、アメリカ政府と社会から憎悪の目を向けられたのが日本人だった。とくにカリフォルニアでは、アメリカ市民で純粋の日本人か、その子孫にあたる一〇万人以上の人たちにも同様のことが起きていた。この人たちの多くは「日系二世」と、それより少ない「日系三世」の人たちで、多くはアメリカの市民権を得ていたのに、憎悪の対象になっていた。また「日系一世」という別の人たちは移民で、当時の法律ではアメリカの市民権をもつことができなかった。日本に暮らしていたわたしの家族と同じように、アメリカの街では日本人たちも目立つ存在だったのである。アメリカ人とは容姿がちがい、そのちがいが日本人たちの暮らしを悲惨なものにしていたのだ。

真珠湾攻撃のあと、アメリカの西海岸に日本が侵攻してくるのではないか、その地域に住んでいる日本人のなかに、スパイがいるのではないかという脅威が実際にあった。あとから考えれば、日本が侵攻してくるという脅威はそれほど現実的ではなかったのだが、恐怖心が理性的判断を曇らせたのである。一九四二年二月十九日、フランクリン・D・ルーズベルト大統領は、日本人を西海岸から追放し、国内の奥地にある収容所へ抑留する大統領令を発した。ただニコライは日本国籍をもっていたのに抑留されなかった。日本人とはちがう容姿だったからだ。

その当時、ニコライに多くの選択肢はなかった。たとえ、そうしたかったとしても広島にもどることなどできそうになかったから、唯一の現実的な選択は、これまでの計画をつづけることだった。こうしてニコライは、あらゆることが解決されて家族にも再会し医師になるという望みを抱きながら、ハイスクールと病院でのアルバイトをつづけることにしたのだった。何百万人というほかの人たちと同じように最善を尽くして、事態がどんな結果になるのか待つしかなかったのである。

何ヶ月かがすぎた。広島では、母が仕事をしながら家族を支え、病気から少しずつ回復していた祖母とデヴィッドの二人を世話していた。けれども祖父にかんしては健康状態が芳しくないままだった。佐藤医師は、刑務所に入っているあいだも祖父の治療をつづけていて、佐藤夫人は、そのころの様子を母に手紙で伝えている。

主人が医師として、あなたのお父さんに会いに行ってみると、脈拍と呼吸が乱れていました。主人は、あんな様子のお父さんを見るのが忍びないと話していました。(4)

***

祖父は、当時の日本では貧弱な治療しか受けられないなかを生きのび、結局、逮捕されてから数ヶ月経って何の説明も謝罪もないまま釈放された。その結果、健康状態はすっかり回復したが、以前のような暮らしにもどることはなかった。母は、「父のこれまでの仕事も、外国語学校（そのときは捕虜収容所になっていました）で英語を教えるというわたしの希望も、戦争のため、わたしたちの平和で穏やかな暮らしとともに、なくなっていたのです」と書いている。母はまだ知らなかったが、「穏やかな」という母の想いは、すっかり見直されようとしていたのだった。

このたびのわたしの家族の物語のなかで、笑うに笑えないような勘違いがあった。祖父がスパイ容疑で逮捕されて投獄された理由を佐藤医師が見つけ出し、のちに佐藤夫人がそのことを母に知らせてきたのである。その理由というのが、「あなたのお父さんが北海道のチーズをもっているといったとき、警察は、北海道の地図をもっていると誤解したのです[5]」ということだった。

祖父は、チーズという語の発音がおかしかったため投獄されたというわけだったのだ。

【注】

（1）米国戦略爆撃調査団によるカレリア・パルチコフへのインタビュー27

（2）ＮＨＫラジオ放送局（広島中央放送局）

（3）佐藤フミ夫人からカレリアへ宛てた書簡。一九八六年六月十七日

（4）同書

（5）同書

第六章　反　撃

太平洋での戦闘——そのはじまり

わたしが憂慮することは、われわれのおこなったすべてのことが眠れる獅子を目覚めさせることになり、相手に恐るべき決断をさせることである。

山本五十六海軍大将

山本五十六海軍大将のことばは、まさしくそのとおりになったのだが、一九四一年十二月のアメリカは、目覚めるべきだったのに、まだ深い眠りに就いていた。十二月七日の日曜日、真珠湾で任務に就いていたのは最小限の衛兵だけで、日本軍の第一波が来襲してきたときには、アメリカ軍が防戦態勢をととのえる前だった。防戦態勢からみて、さらに悪かったのは、真珠湾が攻撃されたことを知りながら、フィリピンのアメリカ軍基地は、それから数時間後に日本軍が来襲してきたとき戦闘準備ができていなかったことだった。アメリカ軍が最善の防戦態勢をととのえていたら、たぶん、これほどの被害を受けることはなかったかもしれない。

フィリピン諸島のアメリカ軍基地に対する日本軍の爆撃は、アメリカ軍を撃破して基地を占領し、その基地からオーストラリアへ侵攻する足がかりにしようとするものだった。そのため爆撃のあと日本陸軍はただちに、フィリピンから三二〇キロメートルのところにある台湾から海路で急襲部隊を上陸させた。これに対してアメリカ軍とフィリピン軍の部隊は、日本軍より数においては優勢だったが、日本軍の部隊はよく訓練されていて、アメリカ側の防衛線を突破し、一九四二年五月八日には降伏せざるを得なくなり、アメリカ軍とフィリピン軍の八万人の将兵は、それから三年半のあいだ捕虜として過酷な待遇を受けることになったのである。フィリピンでの惨敗と、グアム島とウェーク島を相次いで失ったことはこれ以上ないほどの屈辱となり、日本の軍事力が劣っているという幻想はすべて霧散した。アメリカが戦争に巻き込まれるのは明らかだった。アメリカは不意を突かれて初戦で敗退したのだった。

日本の奇襲攻撃に対してアメリカが激怒していたにもかかわらず、イギリスのウィンストン・チャーチル首相はフランクリン・ルーズベルト大統領に向けて、イギリス本土を防衛してヒットラーが要塞化しているヨーロッパに侵攻することが軍事的に優先されるべきだと主張した。ただそのことは、太平洋の戦場で日本軍をわが物顔にさせることを意味しているわけではなかった。アメリカの国民は激怒していて、日本に報復することを望んでいた。ヒットラーは、まもなく十分な報復を受けるだろうと思いながらも、アメリカ人は今、日本に報復したかったのだ。山本海軍大将が日米の状況を分析していたことは正しかった。アメリカは、ヨーロッパと太平洋の二面戦争をおこなうのに十分な兵力と天然資源をもっていたからである。工業生産量は、ただちに最大限まで高まり、軍需物資はすぐさま集まった。ある意味で、それは容易な部分だった。困難な部分は、日本に侵攻する際に多くのアメリカ人が今まで聞いたこともない太平洋の島々の砂浜に、血まみれの足跡を残すような進撃をしなければならないことだったのである。

＊＊＊

祖父が投獄されているあいだ、一家の暮らしは大変だった。祖父に対する虐待は、もっぱら食事の量が少なかったことと、さまざまな病気による身体面のものだったが、一方で、母と祖母とデヴィッドは情緒面での虐待に直面していた。近所の人や友人たちの多くが、わたしの家族を遠ざけるようになっていたからで、わたしの家族を手助けすると、あとで自分たちがどんな目に遭うかを怖れていたり、祖父は罪に問われる証拠を摑まれたから投獄されたと信じていたのである。いずれにせよ、戦争前に一家が楽しんでいた周囲の人たちとの交わりは失われ、監視をされたり反感をもたれたりすることに変わったのだった。まもなくして祖父が何の謝罪も説明もなく釈放されたとき、恐る恐るではあったが、ふたたび祖父に温かく接する友人や近所の人たちもいた。その人たちは、祖父が説明のつかないまま釈放されたのは無実だったからだと思って、なかには「ああ、やっぱりそうだったんじゃ。あの人が無実じゃいうことは、わしにはわかっとったんじゃ」という人もいた。周囲の人たちがふたたび自分たちに話しかけてくれるようになったことを一家はよろこんだとは思うが、わたしの家族は、何かやらねばならないときは人手を借りずに自分たちでやるという独特の考えをもっていた。この考えは、何世紀にもわたって、わたしの家族を支配してきた貴族の伝統と生き方の一部だったのである。

とくに母には、自分を支えてくれる三本の柱があった。信仰と音楽と運動競技である。この三本の柱は、ひとつの核のまわりに形作られていて、家族の特質を決定づけるものだった。

わたしの家族は、ロシアの貴族階級と上流階級の多くが信仰していたロシア正教会の教えを深く信仰していた。ニコライ二世とその一族が殺害されたことがわかると、ロシア正教会はニコライ二世を「聖人」と宣した。祈りと信仰心は、わたしの家族の根本をなすものだった。とくに母にとって宗教は大切だったから、危機に直面したときに祈りをあげることは自然な行為なのであり、世の中のどんな問題であれ、いつも自分は神の御手に委ねられていると信じていた。

音楽は長年にわたって一家の伝統であり、祖父の生活のなかでは、おそらく（神と家族のつぎに）もっとも大切なものだった。音楽への情熱は母にも受け継がれて、ピアノを好んで熱心に学び、練習に打ち込んだ。かつて母がわたしに語ったことだが、自分と父親の人生のなかで一番満ち足りたひとときは二人で一緒に演奏をすることだったという。祖父もきっと、自分と娘が一緒に演奏をすることをとても誇りに思っていたことだろうし、母も祖父を敬愛していて、同じように誇りに思っていたはずだ。

祖父は運動神経のよい人で、それも母に受け継がれた特質だった。母はスポーツもずいぶん楽しんだ。カナディアン・アカデミーの学生だったとき、一九三五年から一九三八年にかけてバスケットボールや、さまざまなトラックとフィールド競技で多くの賞をもらっている。カナディアン・アカデミーは神戸にあった学校で、大切な友だちや競争相手になった多くの白人がいて、運動神経がよかったことは若いころの母の大きな部分を占めていた。

信仰に音楽に運動競技。わたしの家族のなかでは、そのすべてが自分たちの生き方を決定づける高い水準として受け継がれていた。聖書を学んだり祈りを捧げることは、とても真剣におこなわれ、疎かにされなかった。このことは、最悪のときにあっても母に冷静で内面的な強さをもたらすことになった。音楽の技能も、何かを決意する際のもとになっていて、できるかぎり最善を尽くすよう練習しなければならないという考えからだった。祖父は芸術には高度の水準を求めていて、母も祖父の期待に応えるよう努力した。スポーツは大きな楽しみだったが、競技で勝つためには、ちょうど音楽と同じように、きびしい練習と最善を尽くす決意が必要だったのである。

戦争と孤立と苦難に対して実際に備えることのできるものは、おそらく何もなかったのだろうが、母にとっては、幼いころから植え付けられてきた決意の精神が、ほかの人なら挫折するような状況のなかでも生き抜くことができる、強靭な性格の土台になっていたのである。その性格は母のなかにずっと生きつづけていたし、わたしの家族が受け継いできた性格でもあった。

＊＊＊

以上が、わたしの家族についての初期の物語だが、それも、このたびの戦争のなかの数多い家族の物語のひとつにすぎない。当時を生きてきた人たちと、その人たちの息子や娘たちにとって、あの戦争の細かな出来事はその人たちのだれにとっても個人的な歴史の一部になっているのだ。とはいえ世代が下がっていくにしたがって、その詳細は色褪せていくものだ。真珠湾攻撃や、広島と長崎に投下された原爆のことは、太平洋戦争にかんする書棚に並んでいるが、その戦争のあいだの三年半にあった流血の出来事も決して疎かにしてはならない。真珠湾から広島に至る歴史の旅路には、ちょうどわたしの家族が広島で待っていたように、自宅で家族が心配そうに待っている多くの勇敢な人たちの足跡が刻まれているのである。

ドーリットル空襲

日本が太平洋のほぼ全域を支配したことで、アメリカ軍は攻撃する目標を見失った。ところが、多くの人たち、なかでも日本人が驚いたことに、アメリカ軍による最初の攻撃目標は日本本土だった。一九四二年四月八日、ジミー・ドーリットル中佐をはじめとする機動部隊が、空母ホーネットから一六機のB25双発爆撃機で発進し、日の昇る国、日本をめざした。滑走距離の短い空母から爆撃機を発進させることは大胆で困難な計画だったが、爆撃機を空母に着艦させることは、それ以上に不可能なことだった。そのため爆撃機は片道飛行をすることになったので、追加の燃料タンクを搭載できるよう改造され、日本への空爆を終えたら、そのまま西に向けて飛行し中国に着陸するよう考えたのである。この作戦はそれなりに成功し、標的とされた東京の十ヶ所の軍事施設と工場、横浜では二ヶ所、横須賀、名古屋、神戸、大阪では、それぞれ一ヶ所を爆撃することができた。ただ、空爆のあとの着陸地点は別の話になった。それというのも、この機動部隊は日本の警備艇だった日東丸に発見され、日本本土に警戒の無線が打電されたからである。しかも、その地点は空爆を予定していた目標からまだ一二〇〇キロメートルもはなれた海域だったので、ドーリットル中佐は当初の計画よりずっと早めに爆撃機を発進させることになり、慎重に計算していた燃料の消費量が計算どおりにいかなくなったのである。そのため爆撃機は、予定されていた着陸地点に到達する前に燃料が底をついたため、一五機が不時着するか、搭乗員が脱出したあと墜落し、あとの一機と搭乗員はロシアに向かったが、ロシアは日本と中立条約を結んでいたため、そこで抑留された。なおこの作戦で生き残った搭乗員は八〇人のうち六九人だった。

本土が攻撃されることはないと日本の国民はいわれていたのに、真珠湾攻撃からまだ五ヶ月しか経っていないうちに、自分たちが攻撃にさらされたのである。一方のアメリカの国民は、日本に対するこの空爆によって溜飲を下げた。アメリカとしては先の長い試合だったとはいえ、得点をあげることができたのだった。

珊瑚海海戦

山本海軍大将は、アメリカの空母部隊を撃滅する鍵は、アメリカが領有するミッドウェー島の近くにおびき出して戦うことだと考えていた。ミッドウェー島はハワイに近いこともあって、アメリカは総力をあげて戦いを挑んでくると考え、その戦いでは日本が勝てる自信をもっていたのだ。ただ山本大将にとって不運だったのは、この作戦の是非について意見を述べることのできる唯一の人間でなかったことである。山本大将以外の海軍の上層部は、アメリカが領有しているアリューシャン列島とニューギニアのポートモレスビーに対する攻撃を主張したため、はげしい議論のすえ、山本大将はミッドウェー以外のこの二つの作戦を支援することに同意し、海軍の艦隊を二手に分けて空母部隊の一方を、ポートモレスビーを攻撃するため珊瑚海に派遣することになった。

ところが、こうして戦闘能力の低下した艦隊が山本大将の憂慮していた唯一の問題ではなかった。アメリカは日本側の暗号を解読していて、山本大将がどのような作戦を立てているかを正確に知っていたのである。そのため一九四二年五月四日、珊瑚海の日本艦隊は、アメリカの空母ヨークタウンから発進した艦載機が襲来したことで、日本海軍の六〇隻の艦艇は驚愕し、さらに空母レキシントンを含むアメリカ海軍の機動部隊が進撃してきたのである。五月八日からはじまった全面戦闘は空中戦が演じられ、お互いに相手方の艦艇を目にすることがなかった。そして、この戦闘が終わったとき、レキシントンが沈没してヨークタウンは大破し、日本側は空母翔鶴《しょうかく》が損傷し、空母瑞鶴《ずいかく》が多くの飛行機と将兵を失っていた。アメリカは一隻の空母を失ったが、戦略的には勝利したのだった。

ミッドウェー海戦

多くの人たちがくり返しいうように「タイミングがすべて」だった。ミッドウェーの戦いは、そのタイミングがどちらに味方したかによって、不利になったか、有利になったかの典型例だった。

日本の目的は、アメリカ本国に侵攻して占領することではなく、太平洋と東南アジアを自由に支配することだった。日本の軍部は、アメリカが領有している太平洋地域に大打撃をあたえて領有を断念させ、和平交渉をしてアメリカが干渉せずに日本が太平洋を支配することに同意させるつもりだった。山本海軍大将は、アメリカを和平交渉に引き出す鍵は、アメリカ太平洋艦隊を撃滅することだと信じていたので、それは真珠湾攻撃のあとにつづく目標であり、その目標を達成することが残されていたのである。

山本大将は、適切な状況のもとでアメリカを戦いに引きずり込めば、アメリカ艦隊を撃破できる自信をもっていたようで、計画では、四隻の空母を含む艦隊でミッドウェー島を攻撃して上陸を敢行し、これに対抗してアメリカが反撃のため真珠湾から艦艇を派遣してくると考えていた。それは罠だった。日本海軍は別の部隊を使って、真珠湾からミッドウェー島をめざしてきたアメリカ艦隊に襲いかかって殲滅する作戦だったのである。山本大将の計画はタイミングにかかっていた。その作戦を成功させるには、アメリカ艦隊が到着する前にミッドウェー島を攻略しなければならない。そして、ある重大な事実がなかったなら山本大将の思いどおりになるはずだった。アメリカは日本側の無線を傍受していて山本大将の計画を知っていたのである。

一九四二年六月三日、アメリカ軍の艦載機はミッドウェー島の西方一一〇〇キロメートルの海域で日本軍の艦艇と戦闘状態に入った。そのためミッドウェー島を奇襲しようと考えていた日本軍の作戦は頓挫した。山本大将は、ミッドウェー島を攻撃するため一〇〇機以上の艦載機を発進させたが、作戦が頓挫したことでアメリカ側に損害をあたえることはほとんどできなかった。そして山本大将が愕然としたことは、三隻のアメリカ空母が日本の空母部隊に肉薄して攻撃態勢に入っていたことで、ちょうどそのとき日本の空母には飛行甲板上に燃料を補給中の艦載機が満載されていたのである。しかも、そのことをアメリカ側が知っていたのだった。この結果、アメリカ軍の攻撃による噴煙が晴れると、空母蒼龍、加賀、赤城の三隻が火炎に包まれていて、空母飛龍は大破して沈没していた。ただアメリカ側も無傷ではなく、空母ヨークタウンと駆逐艦ハムマンが戦闘によって沈没した。

山本海軍大将は、ミッドウェーの戦いをこの戦争の転機にするつもりだったが、考えていたとおりにはならなかったのだった。

ニューギニア、ソロモン諸島、ガダルカナル

ミッドウェー海戦で敗北を喫した日本軍は、一方でニューギニアのポートモレスビーを攻略してオーストラリアに侵攻しようと考えていて、それはさらに困難な作戦だったが、今さらで引き下がるわけにはいなかった。ただ日本軍にとって都合がよかったのは、よく訓練された強力な敵がいないことだった。そのためオーストラリア陸軍の予備大隊は増援部隊が到着するまで戦闘を控えていて、オーストラリア軍の部隊は王立オーストラリア空軍の援護を受けて、結果的には地上戦で日本軍相手に最初の勝利をおさめたのだった。一方、一九四二年の夏のあいだ、オーストラリアの沿岸監視隊が日本軍の動静をさぐってい て、ソロモン諸島のガダルカナル島で日本軍が飛行場を建造していることを突き止めた。日本軍の飛行機が飛来すると、オーストラリア軍の艦船による輸送が深刻な打撃を受けることになるとともに、連合軍の上陸作戦も不利になるため、八月七日、アメリカ海兵隊がガダルカナル島とツラギ島に上陸し、その後の六ヶ月のあいだ、日米両軍がジャングルのなかで死闘をくりひろげ、翌年の二月までに日本軍は多くの犠牲者を出して撤退し、連合軍にその地域を明け渡したのだった。

連合軍が太平洋の島伝いにゆっくりと苦難に満ちた進攻をつづけているあいだ、東南ア

ジア方面でも日本軍に対する反撃が勢いを増していた。中国、ビルマ（現ミャンマー）、インドは人員と物資を必要とする戦場だった。とはいえ、日本軍の軍紀では降伏することはもっとも不名誉なこととされ、降伏した兵士の家族全体にまで汚名を着せられるほどだったから、日本軍との通常の戦いでは前進が鈍くなり、大きな犠牲を払うことになるのは明らかだった。

アメリカの銃後

アメリカでは、戦争による犠牲を払わない人はほとんどいなかった。兵隊に志願する者もいたし、徴集される者もいた。女性たちは、軍需産業に従事している人の作業服のために自宅の衣類を供出し、軍需工場に働きに行ったり、軍の補充部隊や従軍看護婦に加わったりした。ボーイスカウトたちは、スクラップの金属を集め、年老いた女性たちは、配給制で品薄だった砂糖を使わない料理の仕方を工夫した。このように、すべての人たちが戦争のため協力していたが、だれもが小銃をもって戦争に参加したわけではなかった。ある重大な目的をもった少数の人たちが計算尺を使って仕事をしていたのである。

ワシントンDC

　一九三〇年代の半ば、ドイツはヒットラーが率いるナチスの台頭によって政治的にも社会的にも重大な変化をもたらし、その変化の多くは、ドイツでは一見すると好ましいことのように思われた。それというのも、国内では政治上の派閥の対立によってくり返し発生していた街頭での衝突がなくなり、産業が盛んになって、それまで数年のあいだ蔓延していた失業者が減少したからである。国威が発揚して、第一次世界大戦の敗北による屈辱は忘れ去られようとしていた。久々に物事がうまく進んでいるように見えたのだ。ただし、それはユダヤ人でなければの話だった。ヒットラーが、これまでのドイツを堕落させたすべての元凶をユダヤ人のせいにして、反ユダヤ主義を例外的な考えでなく当然の習わしにしようとしていたことは明らかだった。そのため、財力のある賢明なユダヤ人たちは、自分たちの新天地を急いで見つける時機だと考えた。一方、国外追放になったユダヤ人のグループには、資産家、学者、芸術家たちが含まれていて、その多くはアメリカに新しい居場所を見つけた。その人たちはドイツのファシズムに警告を発したのだが、そのなかでドイツからの移民（なかでも科学者）は、さらに不吉な警告を発していた。科学者たちは、原爆は理論的には製造が可能で、しかもドイツの科学者たちが原爆の開発に取り組んでいることを知っていたからである。そのためアルベルト・アインシュタインを含む数人の科学者がルーズベルト大統領に書簡を送り、ウランを原料にした原爆が製造できるのであれば、その製造はドイツではなくアメリカがおこなうべきだと進言したのだった。そのためルーズベルトは、この進言を真剣に受けとめて、アメリカ国立標準技術研究所のライマン・ブリッグスに対して、原爆にかんする調査を指示した。ブリッグスの報告は恐るべき内容だった。報告書には「ウランは、現在知られているいかなる兵器より、はるかに威力のある爆弾の原料になる可能性がある」と記されていたからだ。これ以上明白なことはなかった。そのためルーズベルトは、一九四一年十月までにニューヨークにある仮の部局で原爆の開発計画を承認し、その部局の置かれていた場所から原爆の開発計画はマンハッタン計画と名づけられたのである。

テネシー州オーク・リッジ

マンハッタン計画は、一九四二年十月までには核実験が可能な施設を建設するまでに進んでいた。この計画は極秘だったが、おびただしい人員と物資を必要としていたので、計画を完全に隠蔽することは困難に思われた。ともかく開発計画をはじめるためには、陸軍工兵部隊のためにテネシー州ブラック・オーク・リッジの近くにある約二四万平方キロメートルの敷地が必要だった。そして計画をはじめるのに当初必要な一万三〇〇〇人の従業員が暮らせる住居を建設する必要があったため、請負業者たちが集まってきて、たちまちできた町がオーク・リッジと名づけられた。この町は、ひとつの会社でできた町で、この「会社」で造られるものは精製されたウラン235で、原爆の心臓部になるものだった。

カリフォルニア州ロサンゼルス

ロサンゼルスでは、叔父のニコライがカルバー・シティー病院で仕事をつづけながら、まもなくしてアレクサンダー・ハミルトン・ハイスクールを卒業した。ただ日米戦争によって、個人的に、なかでも日本にいる自分の家族が投獄されたことを知らされてから、大きな不安に包まれていた（自分の父親だけが投獄されたのか、それとも家族みんなが投獄されたのかをニコライが知っていたかどうかは不明である。いずれにせよ、何もできなくて、じっとしていられなかったはずだ）。そのためニコライはＵＣＬＡと医学部に進学するのを遅らせることにして、そのかわり陸軍に志願した。とはいえ、入隊するのは簡単なことではなかった。

ニコライは徴兵委員会で審査を受けるとき、自分は日本で育ち日本語を流ちょうに話すことができるので、とりわけ軍に貢献できると思うと述べた。事実、日本語は母国語だったから、自分の家族はまだ広島にいて投獄されているので、アメリカが戦争に勝つために自分も役に立って家族を自由にしたいと語ったのだ。ところが、委員の一人だった女性は別の考えを抱いた。この男が日本のスパイでないと、果たしていえるだろうか？　どうやったら、この男の忠誠心を知ることができるだろうか？　そのため、この女性は「わたしは、息子のつぎにあなたを戦争に行かせたくないのです」と述べて、ニコライは兵役に就くことを拒絶されたのだった。日本語を話せることで拒絶されたという馬鹿げた皮肉は腹立たしいことだったが、それでもニコライは諦めなかった。陸軍の新兵を採用する担当者のところへ行って、今度はスパイと疑われないよう日本で育ったことは話さなかった。こうして一九四三年一月二十七日にアメリカ陸軍に入隊して、基礎訓練をはじめることになったのである。入隊が決まったので、そのあとになって自分に語学の技能があることを明らかにしたところ、陸軍は、徴兵委員会の女性とはちがってニコライの技能を十分に理解してくれた。そして教練を終えると、ニコライを積極的に活用することを考え出したのだった。

太平洋での戦闘——終結

一九四三年から一九四四年に入ると、アメリカに打撃をあたえて休戦に持ち込もうとする日本の方針が挫折したことが明らかになってきた。今となっては、日本としては山本海軍大将が怖れていた「眠れる獅子」が、日本本土に侵攻してくることを防ぐしかなかった。その対応として日本はZ作戦を立案し、アリューシャン列島を起点としてウェーク島、マーシャル諸島、ギルバート諸島を経てニューギニアに至り、さらにニューギニアから西のビルマにまで達する防衛線を築く方針を立てたのである。ただこの作戦計画は、実際の海域の上では実行できず、机上の空論になった。一方、一九四三年後半には、アメリカ海軍と地上部隊はギルバート諸島とマーシャル諸島の日本軍に対する攻撃に勝利し、Z作戦は、アメリカ軍の進攻を防ぐには、その防衛網があまりに広大だったため、これ以降、日本軍は太平洋の島々から撤退をはじめることになった。

マリアナ諸島

一九四四年までには、アメリカの産業力がヨーロッパとアジアの両地域で戦うために十分だということが明らかになってきた。人員と物資が続々と太平洋戦線に投入され、日本側の見とおしは、さらにきびしいものになってきた。その年の夏には、数百隻のアメリカ軍の兵員輸送船が一〇万人の将兵と海兵隊員を乗せて北マリアナ諸島に派遣され、サイパン島を攻撃した。これに対して日本軍は九隻の空母部隊で反撃したが、六月十九日にアメリカ軍の第五艦隊の一五隻の空母によって撃退された。戦闘は海上と空での大規模なもので、翌日の戦闘では、アメリカ軍の空母艦載機が日本軍の空母を攻撃し、日本軍の三隻の空母が撃沈され、約四〇〇機の艦載機が失われ、アメリカ軍は一隻の艦艇が損傷し、一三〇機の艦載機を失った。そして日本軍のこの大敗北を、アメリカは「マリアナの七面鳥撃ち」と揶揄した。

それからまもなくして、グアム島とテニアン島もアメリカ軍の手に落ち、このことは日本にとって大きな打撃になった。サイパン島と、まもなく重要な意味をもつことになるテニアン島に滑走路ができれば、アメリカの新型爆撃機Ｂ29が日本本土に飛来できるからである。

フィリピン諸島

一九四二年にフィリピン諸島でアメリカ軍が降伏したことは戦術上で敗北しただけでなく、アメリカ軍にとっては屈辱的なことだった。そのため、ダグラス・マッカーサー司令長官はフィリピンを奪還して住民を解放すると誓い、フィリピン諸島での戦いは、軍事面だけでなくマッカーサー個人にとっても優先させるものになっていた。

連合軍による攻勢は一九四四年十月二十日からはじまり、アメリカの第六軍がレイテ島の東沿岸に上陸した。これに対して日本軍は四隻の空母、九隻の戦艦、数十隻の巡洋艦と駆逐艦からなる艦隊を派遣し、アメリカ軍との戦闘によって歴史上でもっとも大規模な海戦になったが、結局、この海戦で日本軍は大打撃を受け、四隻の空母、三隻の戦艦、巡洋艦と駆逐艦の多くを失い、一方のアメリカ軍は一隻の軽空母、護衛駆逐艦のうちの一隻、それに二隻の護衛空母を失った。

それから数ヶ月のあいだに、アメリカ軍はオルモック湾、コレヒドール島、バラワン島などに上陸し、バターン半島を遮断して日本軍の補給路を断つ作戦を実行した。フィリピンでの戦闘は悲惨だったが、アメリカ軍とフィリピンのゲリラ兵たちは日本軍を圧倒したのだった。

硫黄島

マリアナ諸島と東京の中間あたりに硫黄島がある。まわりには太平洋しかない、周囲一三キロメートルほどの島で、ふつうの状況であれば重要なものは何もないところだが、状況はふつうどころではなかった。アメリカ軍としては、空襲のため日本本土をめざすアメリカ軍を監視しようとする日本軍がこの島を利用するのを阻止したかったし、この島を確保すれば、日本本土を空襲して損傷したアメリカ軍の飛行機が基地にもどることができなくなった際に、緊急着陸できる飛行場として使用することができるのだ。そのため日本軍は硫黄島を死守することが重要と考え、島を防衛してアメリカ軍に最大限の犠牲（血によって）を払わせようとしていた。

一九四四年六月中旬からアメリカ軍の艦砲射撃と艦載機による爆撃がはじまった。数ヶ月にわたる爆弾投下と数えきれないほどの砲弾による艦砲射撃のあと、一九四五年二月十九日に第三、第四、第五海兵師団の三万人が何の抵抗も受けずに上陸したときには、アメリカ軍はそれほど意外なことと思わなかった。はげしい艦砲射撃と爆撃によって日本軍の主力は壊滅したと思われたからだ。そのため海兵隊員たちの多くは、当初は掃討作戦をおこなうだけでよいと考え、実際そのつもりだったが、それは誤りだった。以前から日本軍は島の地下に、砲撃にも耐えられるほどの火砲陣地と通路を蜂の巣のように造っていて、海兵隊が砂浜に上陸してくるまで攻撃を控え、上陸が完了したころを見計らって砲撃と射撃をはじめたのである。その日、海兵隊は一斉射撃を受けながらも島の西方に向けて果敢に前進したが、二〇〇〇人ほどの死傷者を出した。それから五週間にわたる戦闘の結果、海兵隊の死者は六八〇〇人、負傷者は二万人にのぼり、日本軍の死者は二万人だった。ただ日本軍の将兵たちは、伝統のとおり、ほとんどが降伏せずに戦死したのである。

太平洋の戦場は島々にかぎらなかった。そのころには中国、インド、ビルマの日本軍も攻撃にさらされつづけていて、連合軍が島をひとつ占領するごとに日本本土へ一歩ずつ近づいていった。こうして一九四五年四月十七日、アメリカの第八軍がフィリピンのミンダナオ島に上陸した。そしてその部隊のなかに、そのころはニックと呼ばれていた四等技術兵のニコライ・パルチコフがいたのだった。

リトル・ボーイとファット・マン

世界の各地でアメリカ軍が枢軸軍と戦闘をくりひろげていたころ、科学者の小さなグループ（その多くは、アメリカとカナダに滞在しているノーベル賞受賞者だった）が、小銃のかわりに自分たちの才能を使って戦争で戦うため力を合わせていた。この科学者たちは、世界でもっとも恐るべき物理実験をおこなっていたのだが、敵国のドイツが自分たちと同じことをしていて、先に完成させるかもしれないことをひどく怖れていた。この科学者たちはその分野では第一人者たちで、アイソトープ、遠心分離装置、ガス拡散、熱拡散、核分裂、核融合などという新しい用語を使って議論をしていた。これらの用語は専門外の人たちにはほとんど理解できないことばだったが、それでも念のためアメリカ政府は、科学者たちのおこなっていることが知られないよう最善を尽くしていたのだった。

ロス・アラモス

何が起きるかわからないような大変動をもたらす可能性のある極秘の実験をするとしたら、どことも知れない場所の真ん中で実験をすることが一番である。一九四〇年代のニューメキシコ州ロス・アラモスは、そのために最適な場所だった。ロス・アラモスはサンタフェからわずか五三キロメートルのところで、その一帯はほとんど人が住んでいなかったからである。事実、その地域のほとんどはアメリカ林野局が所有していて、土地収用のため私有地を購入したり住民が再定住することはなかったので、自分たちの縄張りを守ろうとして腹を立てるガラガラ蛇や毒グモのタランチュラが棲んでいるだけだった。そのため、野生生物は別にして、この地域は楽に管理されていたことから、ロス・アラモスでの活動は、秘密保持のためプロジェクトY[1]として知られているだけだった。

兵器として使用されることになるウラン（それにウランから抽出されるプルトニウムも）は、主としてテネシー州オーク・リッジとワシントン州ハンフォードに保管されていて、ロス・アラモスの科学者たちの仕事は、その原料のもつ威力を解き放つ兵器を製造することだった。そしてJ・ロバート・オッペンハイマー博士の指示によって、科学者たちのチームは爆縮《implosin》を基本構造にした兵器を製造することに決めたのである。そして二つの試作品が考案された。ひとつは爆発物《explosives》を意味する「X」で、もうひとつは仕掛け《gadget》を意味する「G」として知られることになった。どちらも原爆だったが、爆発を起こす仕組みは異なっていて、この二つの原爆はそれぞれ、ファット・マンとリトル・ボーイとして知られることになる。科学者たちは、この恐るべき産物がうまく作動することに自信をもっていたが、その効果を確認する方法はひとつしかなかった。

トリニティ実験

ウランを精製する工程は時間がかかるし、多くの費用がかかる。そのため、原爆の実験をすることは、科学者たちが懸命に製造した原爆の原料が相当量失われることを意味していた。とはいえ実際に実験をおこなうとすれば、それも仕方のないことだった。使用する原料の量を減らす方法も話し合われたが、最終的にオッペンハイマーは実際の規模に匹敵する実験を主張し、トリニティ実験と名づけられた。

実験場はアラモゴード空軍基地の近くが選ばれた。一九四五年七月十六日、原爆を飛行機から投下したときに想定される空中での爆発に近い効果を検証するため、「仕掛け」が高さ三〇メートルの塔の上に設置された。午前五時三十分、「仕掛け」は炸裂し、キノコ雲が一万メートル以上の高さにまで上昇し、衝撃波が一六〇キロメートル先まで感じられた。そして爆発によって深さ七五メートルのクレーターができ、周辺の砂はガラス状になっていた。「仕掛け」は見事成功したのである。

ユタ州ウェンドーバー

原爆が製造できたことは、それで終わりというわけではなかった。飛行機の搭乗員たちは原爆をどのように投下するかを、これから検討しなければならないし、シルバープレートと名づけられて改造されたB29の飛行特性も見極めなければならない。重たい原爆を搭載して飛行し、爆弾を投下する装置を操作して、爆弾を炸裂させ、そのほかに細かいながらも重要で細かな点について決めていかなければならないのだ。さらに、飛行機の準備ができても、つぎに搭乗員たちを訓練する必要があった。数年前から陸軍は、ユタ州にある、人口が一〇〇人ほどのウェンドーバー近くに飛行場と爆撃訓練場を造っていた。ポール・ティベッツ大佐は、秘密の計画をおこなうには人里はなれた場所がふさわしいと考えていたので、一九四四年十二月十七日、第五〇九混成部隊の一七〇〇人の士官と作業員たちはウェンドーバーで自分たちの任務をはじめたのだった。搭乗員たちは、爆撃訓練場の上空からコンクリート製の模擬爆弾や榴弾を投下して、爆弾の形状によってどのような軌道を描くのかを観測したり、標的に爆弾を命中させる訓練をつづけた。模擬爆弾は、カボチャのような形をしていたことから「パンプキン」と名づけられ、一九四四年末から一九四五年夏までのあいだに、ウェンドーバーで一五五個のパンプキン爆弾が投下された。[2] そして、いよいよ実際の原爆を使用するときが来たのである。第五〇九混成部隊は荷物をまとめて太平洋に向かった。

オーストラリアとフィリピン諸島

陸軍では、基礎訓練と標準の実技試験をひととおり終えた若者（しかも日本語と英語を流ちょうに話せる）が大いに役立つと考え、今ではアメリカ軍の兵士となったニコライは「ニック」と呼ばれ、南太平洋で任務に就いていた第八軍に配属されていた。ニックの仕事は、日本軍の無線通信を傍受して内容を英語に翻訳し、情報部の将校に伝えることだった。しかも、この任務は至急に必要とされることになった。

アメリカ軍がフィリピン諸島へ侵攻する前、ニックは準備のためオーストラリアへ派遣され、そこに滞在していたとき、そのころテネシー州レバノンで暮らしていたハーフォード夫妻と連絡を取り合ったが、夫妻はニックを不安にさせるようなことを伝えてきた。夫妻の娘ナニーが所在不明になっているというのだ。戦争がはじまる前にナニーが日本をはなれたことはわかっていて、そのことはさいわいだったが、その後、フィリピンに渡ったことが悪い結果になったのである。そのころハーフォード夫妻はナニーの消息がどうなっているのかわからず、当然ながら、ひどく心配していた。そのためニックは、夫妻に宛てた手紙で、自分がフィリピンに着いたら全力をあげてナニーを探すつもりだと伝えた(3)。

連合軍は太平洋の各地を転々と移動していて、第八軍は、フィリピンへ侵攻する作戦の一部としてヴィクターⅣ作戦を担当していた。この第一六三連隊の一部としてのニックの任務は、日本軍の拠点にできるかぎり接近して（日本軍の陣地に入るか忍び寄るか）、日本側の無線通信を傍受し、英語に翻訳してアメリカ軍に暗号化して送信することだった。ニックはその任務を希望して、やり遂げるつもりだった。

流川通り

母がわたしに語ってくれたり書いた話の内容については、少し矛盾したところがある。それは母が自分の置かれた状況に戸惑っていたからではなく、状況はよくわかっていたのだが、周囲の状況が混乱していたからだった。戦争がはじまる前は、日本人たちはわたしの家族に親しく接してくれていたが、戦争がはじまると、すべてが一転した。祖父が釈放されたとき、以前のように付き合ってくれる友だちはほとんどいなかったし、戦争前にわたしの家族のことを知らなかった人たちは、戦争がはじまると、よそ者とか敵方の人間のようにみなした。祖父の嫌疑が晴れると、一家は日本では客人（たぶん歓迎されない客人）としてあつかわれたが、とはいっても、あくまでも客人でしかなかったのである。母がいつも話してくれたことだが、日本人は、「白人」の面倒をみるのを義務と考えていると話していた。わたしは、そのことは、日本人が中国人や朝鮮人やフィリピン人たちをあつかうのとは対照的だと思っている。理由がどうあれ、わたしの一家は、遠ざけられながら守られるような立場に置かれていたのだ。このことは、一九四五年六月三十一日に、広島の中心地である流川通りに建てられた築八十年の立派な家に暮らしていた一家のところに憲兵がやって来たときほど、はっきりしたことはなかった。わたしの家族は今住んでいる家を立ち退くよう命令されたのである。その家は日本軍のため徴発されることになったのだ。そして、どこかほかに安全な場所があるだろうといわれた。祖父が、どこに行けばいいのかと訊くと、「どこへでも立ち去ればいいんだ」といわれた。そういうわけで、わたしの家族は愛しい家から追い出されたのだった。鯉がゆったりと泳ぐ池がある家だった。楽しい思い出に満ちた家だった。

　そして、原爆の爆心地から四五〇メートルのところにある家でもあった。

＊＊＊

明らかに辛いこの出来事が、形を変えた神のご加護だということを、そのときわたしの家族は少しも知らなかった。母は、「お金はほとんどなかったし、友だちもわずかしかいませんでした。わたしたちは、郊外にあった小さくて粗末な家に移りました。戦争が長びいている以上、命令にしたがうほかなかったのです」と書いている。わたしの家族は、広島の中心地から二キロメートルあまりの牛田という地区にあった一軒の家を見つけたのだ。

牛田は、空襲を受けた際には広島の中心部に比べると比較的安全だったかもしれないが、平穏な暮らしとはほど遠いものだった。そのころ、叔父のデヴィッドが「サミー《Sammy》」と呼んでいたアメリカ軍の飛行機が、広島の上空に何度も飛来していた。母は、わたしのために書いてくれた文書のなかで、そのころの状況をつぎのように要約している。

わたしたち一家は、当たり前の暮らしにもどる唯一の方法は連合軍が勝利することだということがわかっていました。ただ、そんな話は、周囲にほかの人がいないときに家族同士で打ち明けたことなのです。急降下してきたアメリカ軍のP38戦闘機が表の通りを機銃照射する一瞬前に、わたしたちが防空壕に飛び込んだとき、父は喘ぎながら、「もしもだが……、こうしているあいだにアメリカが、わたしたちを殺さなければいいんだが……」といったものです。(4)

【注】

（1）Groves, *Now it Can be Told: The Story of the Manhattan Project*, 66.

（2）"Wendover, Utah," *Atomic Heritage Foundation*.

（3）ニコライ・パルチコフ「ハーフォード夫妻へ宛てた軍事郵便」

（4）ドレイゴ「カレリア・パルチコフ・ドレイゴの回顧録」、文書2、4ページ

第七章　タウィタウィ島での秘密の任務

戦争が長びくにつれて、わたしの家族を含め日本の国民は次第に日常生活面で物不足に直面するようになってきたが、人々の心を占めていたものは「不安」だった。第二次世界大戦のあいだに世界中の人たちのだれにも取りついていたのが大きな不安だったのだが、わたしの家族は、さまざまな方面から不安を感じていた。祖母は癌の手術を受けたばかりの影響がまだ残っていたし、祖父は、釈放されたが、それまでの地域での評価や立派な地位は傷つけられていた。母の英語教授の仕事も中断したままだった。おまけに食料や日用品もひっ迫していた。けれども、わたしの家族にとってもっとも大きな不安は、ニコライ（ニック）がどうしているだろうかという心配だった。わたしの家族は人一倍親密な関係を作っていて、テレビやコンピュータや携帯電話などのない当時では、現在よりもずっと家族の絆が強かったのである。とりわけ移民だったということもあって、互いの結びつきがいっそう強かったといえる。当時の広島では、日本人でない人はひと握りしかいなかったから、一家は周囲の人たちとはちがう存在だったため、尚更そうだった。祖父は、自分の家族を率いる典型的なロシアの父親像で、家族同士が密接な関係によって結ばれていたのだった。

ニックがアメリカの学校へ入るため家族のもとを去ったとき、一家はそのことを悲しんだが、しばらくすればアメリカと日本を行き来して、学校を卒えたら自分たちのところへもどってくると思っていた。けれども、戦争がはじまって、あらゆることが混乱と不確かな状況になってしまい、連絡を取り合うこともできなくなった。ニックにかんする実際の情報が途絶えたため、彼に起こりうるすべてのことを良いことか悪いことかで想像するしかなくなった。安全なところにいることはわかっていたが、本人から連絡がなく、すべてが順調に進んでいるという確証がないことは、家族にとって精神的な緊張を強いられることになった。そんな精神的緊張と不安は母に大きな影響をあたえたのだった。

母はニックより三歳年長で、デヴィッドより十二歳年長だった。母とニックは子供のころからとても仲良しだったたし、そのころは地域のなかで二人だけのロシア人の子供ということで、姉と弟との結びつきは自分たちの人種的な共通点によって、いっそう強められていた。二人は日本人の多くの子供たちと友だちになり、みんなで学校や社会行事を楽しんでいたが、それでも二人がほかの子供たちとちがうということは、どうしようもないことだった。

わたしの一家はとても社交的だった。母は自分の思い出として、ピクニック、地元の湖でのボート遊び、買い物めぐり、映画やコンサートの鑑賞、あるいは自宅での一家団欒などについて多くの物語をわたしに語ってくれた。また地域のなかでも熱心に人付き合いをしていて、そのときは、祖父が主役を演じた。祖父は地域でも顔が広く、ほかの人たちとはちがって概して周囲から関心をもたれていた。音楽的才能と演奏技術のほかに、軍人だったことやロシアを脱出してきたことも尊敬を集めていたし、人々は、そんな祖父に魅力を感じ、祖父の方も、自分の仕事仲間とその家族、近所の人たち、それに祖父の人柄に惹かれた人たちと一緒に楽しい時間をすごしたのだった。母は、自宅の内でも外でも、一家がいつも社会的行事やパーティーを開いていたと語っていて、母とニックはいつも、これらの催しでは大きな役目を果たしていた。のちにデヴィッドが生まれたとき、母は、自分と年齢差があることと、祖母の体調が思わしくなかったこともあって、デヴィッドの母親がわりを務めた。そのため、母とデヴィッドとの関係はニックとの関係とは少しちがうものになっていたから、ニックがアメリカの学校へ行ったときは大きな喪失感を味わうことになったのだった。

戦争がつづいているあいだ、母は、ニックはカリフォルニアの安全なところにいて、医師になるため勉強をしているものとばかり思って自分を慰めていた。けれども本当は、それはまったくの見当はずれだったのである。

＊＊＊

一九四四年の冬からから一九四五年にかけて、ニック・パルチコフには気がかりなことが山ほどあった。そのころはフィリピン諸島のミンドロ島にいて、多くの戦友たちと同じように、やりたいことが少なくとも百ほどあった。ほかの戦友と同じようにガールフレンドや友人がいたし、アメリカにもどったら大学で学ぶつもりだった。ただ、ほかの戦友たちとちがっていたことは、祖国である日本がアメリカ軍によって容赦ない爆撃にさらされていて、いつなんどき（すでにそうでなかったらいいのだが）自分の家族がその犠牲になるかもしれないという事情があったことだ。

戦闘地域にいる民間人たちがどんなありさまになっているかは、想像するまでもないことだった。一九四二年四月、アメリカの支配下にあったフィリピン諸島は、日本軍の侵攻によって、その年の五月に陥落し、この戦闘によってフィリピンの国土は荒廃して、民間人は悲惨な状況に陥った。一九四四年十二月にアメリカ軍がミンドロ島に上陸して奪還したときも同じような状況がくりひろげられたが、このときはアメリカ軍の艦砲射撃と爆撃と上陸部隊によるものだった。またしてもフィリピン人たちは戦闘に巻き込まれて、逃げ場もなく犠牲になったのである。そのためニックは、アメリカ軍の榴弾や焼夷弾によって日本の都市がどんな状況になっているのか知らないなりにも、想像することはできた。自分の周囲を見わたしてみれば、すべてわかることだった。

一九四五年二月、アンクル・サム《アメリカ》はニックに別なことを考えさせることになった。連合軍が太平洋の各地を進撃しているあいだ、第八軍はヴィクターⅣと呼ばれる作戦の一部を担って、日本軍が守備しているフィリピン諸島に対する攻撃をつづけることになったのである。第一六三歩兵連隊の一員としてニックは、日本軍の陣地にできるだけ密かに近づいて（陣地に入るか忍び寄る）、日本軍の無線通信を傍受し、その内容を得意の日本語で英語に翻訳し、暗号化してからアメリカ軍に伝える任務に就くことになったのだ。そのためニックと少数のほかの隊員たちは、ミンドロ島の南西約八八〇キロメートルにあるタウィタウィ島という小島に、無線を傍受するための基地を造るよう命じられた。ただその島はジャングルで、無線装置や機材を運ぶのに難渋し、それに加えて危険だったのは、六七〇平方キロメートルある島のほとんどの場所は、まだ日本軍が占拠していることだった。そのため、日本軍に発見されないよう自分たちの任務をやり遂げるには少人数で行動する必要があった。このチームはニックのほかに、三等技術兵のジェームズ・ベールズとオーウェン・バール、五等技術兵のフィリップ・ウィルダーレチェット、四等技術兵のドーシー・ウィリアムズ、それに歴史のなかで忘れ去られた勇敢な数人の男たちだった。作戦を指揮するのはティアー大尉とリンフォード・F・トレメイン少尉で、トレメイン少尉は詳細な日記をつけていて、その日記はのちに家族によって保存された。これから述べる詳細の多くは、この日記[1]をもとにしている。

日本軍に発見されないことは、作戦の当初から重要なことだった。一九四五年二月二十一日、コンソリデーテッド・PBYカタリナ飛行艇が、ニックたちが一定期間まで未開の島で生活できるための食料と一緒に、無線通信装置、手動式発電機、武器、装備品などを積み込み、午前二時三十分、ミンダナオ島のヒル・ストリップを離陸してタウィタウィ島へ向かった。この飛行艇は敵の潜水艦を哨戒して攻撃するために設計されていたので、飛行速度はそれほど必要としなかったため、タウィタウィ島まで遠くはなかったが、時間がかかった。午前七時三十分、現地人がアメリカの国旗を揚げて目印にしているボートのある予定の着水地点を認めたので、飛行艇はボートの上空を旋回しながら高度を下げ、付近の海上に静かに着水した。それから隊員たちは、完全武装したフィリピン人のゲリラたちとすぐに挨拶を交わし、三〇〇人のフィリピン軍守備隊のところへ案内された。その陣地には無線通信局もあって、よく整備されていて、戦場で鹵獲した日本軍の小銃のほかに、アメリカ軍から入手したさまざまな武器を売る店もあった。ほとんどのゲリラはカービン銃とサブマシンガンをもっていたが、ゲリラの守備隊は、墜落したB24爆撃機から回収したキャリバー50という重機関銃も何丁かもっていた。そしてこの地域ではアメリカ軍の将兵は初めてだったので、名士のようにもてなされた。ニックは、ゲリラの大佐から日本軍の拳銃をなんとか譲り受けたのだが、ニックがその戦利品に興奮したことも、まもなくすると冷めたのだった（ニックは何日かかけてその拳銃を分解しようとしたのだが、トレメイン少尉によると、分解することは諦めてハンマーとして使うことになったからだ）。

二月二十三日、隊員たちは、無線通信を傍受する場所を初めて設置するためジャングルに足を踏み入れた。ニックは、設置場所を探すためティアー大尉や四等技術兵のウィリアムズたちと一緒に、ほかの隊員たちより数時間早めに出発し、一方でトレメイン少尉は装備品を何艘かのボートに積み込む指示をして、荷物を積んだボートでジャングルの木々に覆われた川岸に沿って密かに目的地まで進んで行った。川を進んでいた二日目、上空を一機のB25爆撃機が飛行しているのが見えたと思ったが、それは日本軍の輸送機だった。トレメイン少尉は、日本軍の戦闘機でなかったことに安堵した。もしそうだったら、自分たちの行動は思いがけず早々と終わりになったかもしれないからだ。トレメイン少尉の一行は、やっとのことで丘がひとつ見える現地人の村に到着し、丘のところでほかの隊員たちと合流して、頂上に無線通信装置を設置して日本軍の移動を監視することになった。ところが、トレメイン少尉が村にある小屋に入ってみると、先発していたニックたちのグループが設置場所を探しているあいだに、上空からの攻撃に見舞われたことを知った。それは蜂による攻撃だったのである。トレメイン少尉は日記につぎのように記している。

現地人の小屋のなかにニックが横になっていて、全身を六十ヶ所ほど蜂に刺されて顔が腫れ上がり、ショック症状のため少し具合が悪そうだった。見るからに気の毒そうな様子だった。ニックが初めに刺されたらしく、蜂の群れは頭や顔や衣服の上からも襲ってきたので、マシンガンも帽子も何もかも捨てて逃げてきたという[2]。

ところでニック以外の隊員たちも無事ですんだわけではなかった。ベールズはＭ１小銃を使って棒高跳びのようにして逃げ道を作り、蜂に刺された痛みに耐えながら、小銃の銃身を使って泥のなかにもぐり込まなければならなかった。ウィルダーレチェットは、蜂から逃げ出そうとした拍子に弾薬帯が膝の下までずり落ちて、なかなか逃げ出せず、弾薬帯を引き上げることもできなかった。結局、蜂の群れはニックたちとの初戦に勝利したわけだ。まもなく現地人が駆けつけてくれて、煙を焚いて蜂の群れを追い払ったので、最後には戦いに勝つには勝ったが、ともかく、その丘はアメリカ陸軍の通信部隊が使用することになった。

ニックは、蜂に刺されたとはいえ、いち早くほかの隊員たちのところにもどって任務に就いた。それというのも、静養しているあいだに頭に浮かんでくることが多すぎて、考えることといえば家族のことばかりが思い出されて、そのことが新たな苦痛になったからだ。ともかく、蜂に刺されたほかの隊員たちも痛々しい様子のまま、一緒になって無線通信装置と発電機の設置に取りかかった。

発電機も、ふだん使う場所とはちがって頭が痛い問題だった。無線通信装置を使う電源はないし、バッテリーにも充電できないため、発電機が必要だったのだが、それは今の車のバッテリーの半分ほどの大きさで、両側に手回しハンドルがある代物だった。そのため無線通信士が送信したり受信したりしているあいだは、別のだれかが発電機を手で回しつづけて電気を送らなければならないのだ。この小隊には、トレメイン少尉が非効率で面倒だと感じていたこの小型発電機を何台か割り当てられていたし、カタリナ飛行艇はもっと大きな装備品を積める余裕があったため、トレメイン少尉はさらに頭を痛めていた。それというのも、小隊が運んできたSCR－284無線装置にはいくつかの欠点があったからで、装置は三つの部品に分解されていて、設置する場所で組み立てなければならなかったうえ、部品はそれぞれ二五キロの重さがあったので、高い丘の上まで運び上げることは蜂の存在を抜きにしても、簡単なことではなかったからである。

高い丘の上からニックたちには日本軍の部隊の様子（わずか六キロメートルほどの距離だった）がよく見えたが、日本軍の方からも同じようにニックたちが手に取るように見えていた。日本軍は、アメリカ軍の少人数の部隊に対しては自分たちの陣地を隠すことにあまり警戒せず、自分たちの方が兵力があってアメリカ軍から攻撃されることはないと考えていた。そのことが正しいかどうかはともかくとして、日本軍が島内に五〇〇人規模のゲリラがいることを知っていたことはまちがいない。二月二十六日、ニックたちはバツバツにある日本軍陣地から噴煙があがるのを目撃した。日本軍は自分たちの陣地を焼き払って、海を隔てて一六キロメートルほど先にあるボンガオの陣地に撤退する用意をしていると判断された。それを確かめるにはひとつ方法があって、それはバツバツの日本軍陣地まで行ってみることだった。ゲリラがバツバツまで行く部隊を編制して、ニックとトレメイン少尉に同行するよういった。一行は何艘かの小型ボートに乗って、もう一度、川の岸辺に沿って進み、日本軍陣地の後方まで行って、日本軍の攻撃態勢を確かめることにした。そのあいだは現地人がボートを漕いで、アメリカ人たちは日射しのなかで座っているだけだった。三キロメートルの距離を進む川のなかには好奇心旺盛な鰐がたくさんいて、泳いでみようという気にはとてもなれない。ようやく一行が川から上陸すると、フィリピン人の案内で、泥のなかや、蔓がからまって木の枝が低く垂れ下がった道を一歩ずつ苦労しながら歩いて進んだ。まもなく疲れ果てて汗まみれになりながら、バツバツから三キロメートルあまりのところで夜営することになった。そして翌朝早く、日本軍の動きを偵察するためニックが一人で出かけ、あとからほかの一行もしたがったのだった。

ところが、バツバツにいる日本軍との戦闘を望んでいたアメリカ兵とゲリラにとっては、失望する結果になった。そこには一人の日本兵もいなかったのだ。ゲリラは、少なくとも日本軍の後続部隊と遭遇すると考えていたが、全員が撤退していたのだ。日本軍はジャングルに作った小屋を焼き払っていたが、明らかに作戦行動を示す多くの構造物を残していた。医療施設と作り付けの竈のある食堂などがあり、どちらの建物も良質の木材を使いコンクリートの土台で造られていて、当分のあいだはここに駐留するつもりだということがわかった。また、自動車道路二車線分の幅があるコンクリートでできた広い突堤と、兵舎を建てるかわりにベニヤ板で造った何棟かの小屋もあった。突堤の近くには、日本軍の二機の飛行機の残骸があり、湾に着水しようとして墜落したようだ。日本兵がいないことを確かめてから、ニックたちの一行は探索と戦利品を探しはじめた。トレメイン少尉が何か見つけたが、それは期待していたものとはまったくちがうものだった。

価値のありそうなもの（戦利品）は少しもなかった。われわれは探索をつづけ、今まで見たこともないような、おぞましい光景を目にした。日本軍のバラック小屋のなかに中国人労働者の遺体がひとつ横たわっていて、体の一部に皮膚が残っていたが、白骨化していた。二週間くらい放置されていたにちがいない。なんということだ！　ゲリラがいうには、この男はトウモロコシを一本盗んだため殺されたのだという。下顎の一部が砕けていて、暴行されて死んだことは明らかだ。ほかに二つの遺体も見つかったが、ありがたいことに自分は見ずにすんだ。(3)

日本軍は、わざと遺体を埋めずにおいて、おそらく、ほかの者たちへの見せしめにするつもりだったのだろう。皮肉なことに、それからまもなくしてニックは立派な墓をひとつ見つけたが、その墓には、日本軍の将校の愛犬が安らかにと刻まれていた。

バツバツを占領したことで、サム・ヒルとして知られた丘に新たに無線通信を傍受する基地を設置することになった。フィリピン人の案内役が鬱蒼としたジャングルを切り開いて道を作り、一行は、ほとんど切り立ったような丘にたどり着いた。丘の頂上に登る最後のところは、日本軍が残していった危なっかしい梯子を使って、やっと登りきった。トレメイン少尉が梯子の具合を点検していると、一人の隊員が、自分は「デブ」なので梯子が持ち堪えられないのではないかと皆が思っているという。説明するまでもないことだが、志願した者は、ふつうは士官になるが、みんな戦友だったから、ときには上官の命令に服従できないことでも、ちょっとしたユーモアが目の前の任務を和ませることになった。トレメイン少尉は、あらためて梯子を点検してから、その隊員は登る必要はないと決めたのだ。とはいえ、だれかが重たい無線通信装置の部品を頂上まで運び上げなければならなかった。

ところで一行には思いがけない幸運がもたらされた。それはホロ島の日本軍から逃げ出した朝鮮人の若者をニックが見つけたことだった。この若者は、日本の商船で無線通信士をしていたことがあり、日本の無線周波数について多くの貴重な情報を知っていた。若者は一行と一緒になれたことをよろこんで、いつも笑顔で手伝いを申し出たが、日本語しか話せなかったので、ニックが通訳をした。

バツバツの高い場所からは、一六キロメートル先のボンガオにある日本軍の陣地がよく見わたせた。そして、さらに重要だったことは、ニックたちの任務を考えると、その場所が日本軍の無線通信を傍受できる格好の場所だったことだ。一行は、発電機を回しながら軍事的に重要な内容を伝える無線周波数を探し、それをニックが英語に翻訳して暗号化し、アメリカ軍の情報将校に伝えた。多くの無線が飛び交う日もあれば少ない日もあったが、常に監視を怠らないようにしなければならなかった。

日本軍の無線通信の頻度は予測できないものだったが、それとは別に、ひとつだけ毎日のこととして避けてとおれないことがあった。食料が不足しはじめていたのである。アメリカ軍は、カタリナ飛行艇が食料を運んできて、ゲリラは自分たちが必要な食料を備えていたが、ときには不足することもあったのだ。三月二十日、トレメイン少尉は、食料事情は「ひどいありさま」になってきたと日記に記していて、その二日後には、カタリナ飛行艇が食料を運んできたと記されている。飛行艇が着水する予定の海域は二〇キロメートルはなれていたが、トレメイン少尉は、現地人に兵舎まで運んでもらうよりボートを使って飛行艇のところまで取りに行くことにした。水漏れのするボートでひと晩すごすことになったが、四機のＰ38戦闘機に護衛されたカタリナ飛行艇がやって来るのを見てトレメイン少尉は安堵し、ボートで来た苦労を忘れた。

Ｐ38がボートの一行を認めて、海面近くまで降下し、挨拶がわりにバレル・ロールをした。飛行艇の物資をボートに運び入れるには十五分しか要しなかったが、まもなく日が沈んできたので、一行は基地にもどることになった。そして、基地まで八〇〇メートルほどのところで、一行のボートがオールで水をかく音を日本軍の警備艇が聞きつけて発砲してきた。さいわい暗闇のため日本軍はボートを発見することができず、手当たり次第に発砲した機関銃によって海面に水しぶきが立っただけだった。こうして現地人が懸命にボートを漕いで、暗闇のなかをなんとか安全に逃げのびることができたのだった。翌日、物資の包みを開いてみると、食料品と一緒に隊員たちに宛てた家族からの手紙も入っていたので、みんな大よろこびだった。自宅の様子を知らせる内容や家族の写真などは、たぶん食料よりも自分たちの士気を高めてくれるものだったが、新鮮な桃、さや豆、ジャガイモ、フランクフルト、ベーコン、それに六箱のビールも、まちがいなく二番目のよろこびだった。

太平洋の島々ではアメリカ軍の作戦はつづいていて、三月二十三日にはボンガオの日本軍を攻撃し、アメリカ海軍のヘルキャットとボート・コルセア戦闘機が日本軍の陣地に急降下爆撃をおこなった。ニックたちのいる丘の頂上から、アメリカ軍の戦闘機が高度二四〇〇メートルから急降下して爆弾を投下したあと、無事に離脱して行くのが眺められた。のちにニックは、一六キロメートル先からでも雷のような爆発音が聞こえたと語っている。

アメリカ軍による空爆は、天候が許せば連日のようにつづけられた。三月二十四日は雨で中止されたが、翌日の攻撃ははげしくなると聞かされた。そのためニック、ティアー大尉、ウィリアムズの三人は、攻撃予定のアメリカ海軍の哨戒魚雷艇に乗艇させてもらい、戦闘の真っ只中に連れていってもらった。

一一〇〇、アメリカ軍機がボンガオ上空に飛来して、海上には何隻もの哨戒魚雷艇が見えた。われわれは戦闘場面を眺めようとして前線に急いだ。飛行機は爆撃と機銃掃射を開始し、哨戒魚雷艇はゆっくりと島に接近していった。二七〇〇メートルまで接近しても、まだ日本軍からの反撃はなかったので、哨戒魚雷艇が舵を切って島に向けて舷側を見せた。とそのとき、ジャップから猛烈な一斉射撃がはじまった。最初の砲弾は船の右側の海面に着弾したように見えたが、つぎの集中砲火が命中した。魚雷艇は煙幕を張って、ジャップからの射程距離の外側まで後退をはじめた。ジャップらは機関砲と機関銃で猛烈に一斉射撃をしてきた。(4)

ニックとティアー大尉たちが戦闘場面からもどって、そのときの詳細を仲間たちにつぎのように伝えている。

ニックとウィリアムズと艇長は一隻の哨戒魚雷艇に乗っていて、彼らがもどってきたことで、われわれが目撃していたことを実証してくれた。その哨戒魚雷艇はひどくやられていて、大破していた。どの魚雷艇も砲撃を受けて、二隻は使用不能なまで大破しており、そのうちの一隻はエンジンをやられ、もう一隻は燃料タンクをやられていた。一名が砲弾の破片で亡くなった。ニックの話では、一斉射撃は猛烈で、弾丸が雨あられのように飛んできて、もし煙幕を張らなかったら、今ごろはお陀仏になっていただろうということだった。(5)

アメリカ軍による空爆は連日つづけられた。丘の頂上にある無線通信基地からも火炎と破壊の様子がはっきりと見えて、一六キロメートル先の海の向こうにある島の方から雷鳴のような爆発音が轟いた。攻撃がくり返され、攻撃による噴煙がまだおさまらないうちに、つぎの攻撃がはじまっていた。

ニックにとって、攻撃を受けた魚雷艇に乗っていたことがすべての出来事ではなかったらしい。三月二十九日、重さが一三キロある地雷を見つけて、素手で信管を取り除こうとしたのだ。ウィルダーレチェットとベールズが一緒だったが、自分たちの任務とは関係ないことにしたかったので、遠くはなれた場所にいた。このことを知らされたトレメイン少尉は不機嫌になったようだ。

ニックは、あんな馬鹿げたことをやって周囲の注目を集めようとしたにちがいない。さいわい信管と起爆装置と電極を取り外すことができて、何事も起きなかった。(6)

四月一日までにアメリカ軍によるボンガオへの侵攻が差し迫っていた。哨戒魚雷艇はサンガサンガ島の海岸に沿ってゆっくりと航行しながら、上陸用舟艇が着岸できるのに最適な場所を見つけようとしていて、空からの爆撃も容赦なくつづけられた。一方、バッバッでは、すでに現地人が自分たちの家を安全に再建できると感じていた。そして翌日、一隻のアメリカ軍の駆逐艦がサンガサンガ島に砲撃をはじめたのにつづき、第四一師団の一個大隊を積んだ上陸用舟艇が島をめざした。四月三日にはニックとウィリアムズが上陸部隊に同行したが、そこに長くとどまることはなかった。四月四日に新たな命令を受けて、任務が完了したので荷物をまとめてミンドロ島にもどる用意をするようにということだったからだ。

二ヶ月のあいだ、ニックたちは一日二十四時間、未開のジャングルのなかで日本軍の無線通信を傍受して、アメリカ軍の情報部に伝えるという任務をおこなうため奮闘してきた。肉体的にも精神的にも大変な負担だったが、ニックたちが報告した情報は戦いを進めるうえで貴重なものになった。これからは十分な休養を取り、人並みの食事をとって、汗にまみれ修復もできそうにない軍服を新調することになるのだ。まだ戦いの途中だったが、しばらくは敵から銃撃されることはなさそうだった。

陸軍は、ニックたちの類い稀な任務を讃えて隊員全員にブロンズ・スター章を授与した。

隊員たちへの表彰状に記されたことばは基本的には同じ文面で、隊員たちは逞しい集団で、任務をやり遂げるために一丸となって働いたチームの一員だったと記されている。ニックに対する表彰状の文面は、つぎのような内容だった。

アメリカ陸軍通信部隊四等技術兵、認識番号39578173、ニコライ・S・パルチコフ。一九四五年二月二十二日から四月二十五日までフィリピン諸島にて、敵に対する軍事作戦において賞賛に値する功績をあげたことにより表彰する。タウィタウィ島を占拠する敵陣地に上陸する地上部隊の一員として、パルチコフ技術兵は秘密の任務を遂行し、敵の機密情報を収集して報告するという重要な任務を全うした。格別な特殊技能と忠実な任務によって、パルチコフ技術兵は非常に危険な任務を完遂するため多大な貢献をした。

ボンガオでの作戦は終了したものの、太平洋のほかの地域でアメリカ軍は飛び石伝いに島々を占領するため、鍛錬され決死の覚悟で向かってくる日本軍とのあいだで、壮絶な戦いをくりひろげながら日本本土をめざしていた。戦況はまだ多難な状況がつづいていたのである。そしてアメリカ軍はまもなく、テニアン島と呼ばれる取るに足らないような小島を占領しようとしていた。

休息と十分な食事と新しい軍服をあたえられたニックは部隊に復帰して、日本軍の無線通信をふたたび傍受することになったのだが、ある日、心臓がとまりそうな一通の電文を傍受したのだった。

【注】

（1）Lynford F. Tremaine, *Tawi Tawi Mission Diary.*

（2）同書 3

（3）同書 7

（4）同書 12

（5）同書 12

（6）同書 13

第八章――恐るべき決断

ニックがフィリピンのジャングルで奮闘しながら家族のことを案じていたころ、家族も日本で奮闘しながらニックのことを案じていた。太平洋で隔たっていても、お互いの状況はよく似ていたのである。わたしの家族は全員が、離ればなれになっている辛さ、自分の命のままならなさ、食料や生きていくために必要な品物の不足などに苦しんでいた。そんな困難な状況にあっても家族みんなが立ち直っていったのだ。わたしが若かったころ、そんな家族の物語を聞かされて、一家、とりわけ母が、どんな逆境に遭っても乗り越えていったことを知った。そして、これまでの家族の思い出話の断片をまとめながら、わたしのなかにより大きな映像として形作られていった。わたしの家族の特徴には決意というものがあるのは明らかだったが、ずっとあとになって、母が逆境と苦痛に対して自分をいかに鍛錬していたかを知ることになった。

わたしが子供のころ、母はわたしをくすぐりながら笑うなといったものだ。母にとって、それは遊びではなかった。わたしが笑い出すことを我慢させようとしていたのだ。子供を躾けるのに、そんなやり方は奇妙なことだし、そのことを知らなければ、ひどいことをする親だと思われるだろうが、母にしてみると、自分の子供がどうやったら逞しくなり、苦痛に対して我慢をし、自分を律することができるようになるかを教えようとした初めての訓練だったのだ。この方法は、母がわたしの祖父から学んだことのようだった。祖父たちがボリシェヴィキの追っ手から逃れていたころ、苦痛や恐怖を耐え忍び、どんなときでも冷静に判断することは、生きのびるために必要不可欠なことだったのである。肉体的にも精神的にも苦痛という感覚はあるが、母は、少なくともそのどちらも、かなりの部分は乗り越えられると信じていた。やむを得ない最悪の状況に対しても、決意があれば、肉体的にも精神的にも自分を信じて克服できると信じていて、そんな母の生き方を眺めてみると、人生において何度もくり返し自分でそのことを証明してきたことがわかる。広島の郊外で、母と祖父母は、おそらくほかの人たちよりもずっと逞しく逆境のなかを生き抜いていたのだ。ただ残念なことに、一家の苦境は、それで終わることはなかった。一九四五年の春が夏になると、母に備わっていた肉体的、精神的な能力が、想像を絶する悪夢のような状況のなかで試されることになるのだ。

＊＊＊

大量破壊兵器を製造することと、それを使用する勇気があるかどうかは別のことだ。アメリカは、望んでいなかった戦争に巻き込まれたが、軍の指導者たちは、開戦当初の何度かの敗北のあと、防衛するのに有効で攻撃するにも有効な手段を考えていた。それまでの戦争は通常の方法で戦われてきた。軍の年配の指導者たちの多くは第一次世界大戦のときに戦場で戦ったか、少なくとも軍服を着ていた者たちだった。敵味方とも兵器は同じようなもので、それらの兵器は威力や殺傷力を高めるために改良されはしたが、基本的な構造は同じだった。小銃は、やはり小銃で、爆弾は、やはり爆弾でしかなかった。ところが、それも〝今までは〟ということになったのである。重さ六五キロのウラン235が封入された長さ三メートルの円筒形は、これまでにない物体なのだ。この兵器ひとつで、一瞬にして数万人の人間の命を奪い去ることになるのだ。そして、それほどの人命を奪う責任は、アメリカの大統領という一人の人間に負わされていた。

フランクリン・デラノ・ルーズベルトは、ふつうはＦＤＲと呼ばれているが、一九三二年の選挙で大統領の座にのぼりつめた、弁護士と政治家の経歴をもつ人物だった。前大統領のハーバート・フーヴァーは、それまで国内で経験したことのないような規模の経済危機という大恐慌として知られることになった、一九三二年の株式市場の大暴落のときに現職の大統領という不運にあったため、一九三二年の大統領選挙の日までアメリカの国民は不安におののいていた。国民は仕事がなくなって失業者は増加していたため、新たな指導者を望んでいて、その結果、ルーズベルトが選挙で圧勝したのである。大統領に就任したルーズベルトは大統領令を重んじて、自分でニューディール政策と呼んだ経済再生計画を断行し、さまざまな方法で多くの国民の心を捉え、その政策によって、金融面、労働環境、通信手段の改善と同時に、苦境に喘ぐ農民たちの生活も改善した。FDRの自由闊達で国民の暮らしまで支配するやり方に腹を立てる人も多くいたが、経済の救い主であり、理想の父親像とまで考える人もいた。ともかく一九三六年の大統領選までに経済は立ち直っていて、FDRはふたたび圧勝して大統領に再選されたのだが、一九三七年になると、経済はふたたび低迷しはじめ、一九四〇年の選挙までに、新たな懸念も生じてきた。ヨーロッパで、ふたたび戦争がはじまったからである。民主党の同僚だったウッドロウ・ウィルソンが一九一六年に述べたように、ルーズベルトも当初は、自分が再選されてもアメリカはヨーロッパの戦争に介入しないと公約し、その公約によって二期を超える初めてのアメリカの大統領として三選されたのだった。

ただ、ヨーロッパの戦争に介入しないという方針は、もう容易なことではなくなっていた。ドイツの指導者アドルフ・ヒットラーが、世界を征服するまで満足しないことが明らかになっていたからで、そのため当時は、もうそうなっていたのだが、もしもヒットラーがヨーロッパ全土を掌握することになれば、アメリカとしても結局は、主要な連合国がすでにドイツに打ち負かされている戦争に巻き込まれることになるのだ。そうなれば、アメリカは自国だけでドイツと戦わなければならなくなる。この深刻な状況をいっそう悪くさせたのは、一九三九年に物理学者のアルベルト・アインシュタインとレオ・シラードがルーズベルトに宛てて、ドイツは原子力を利用した兵器の製造に取り組みはじめていて、その兵器を使えば戦争の局面が変わることになると告げたことだった。そのことを知ったルーズベルトは、ただちにアメリカも原爆の製造計画を指示したのである。そして真珠湾攻撃によって「屈辱の日」と語った演説のあと、この困難な状況のなかでルーズベルトが大統領として職務を全うすることに疑問の余地はなかったため、一九四四年には四選を果たしたのだが、政界にひとつの変化があった。副大統領だったヘンリー・ウォレスが、副大統領候補となったミズーリ州出身の上院議員、ハリー・S・トルーマンに交代したことである。

ところが、ＦＤＲのカリスマ性と国民を元気づける方針にもかかわらず、本人の健康状態がすぐれないことは公然の秘密だった。一九二一年八月には医師から急性灰白髄炎（ふつうはポリオとして知られている）と診断されていて、下半身に麻痺を残していたのだが、この大きな災難にもかかわらず政治的役割をつづける決心をし、自分の病気の状態を国民に知らせないようにして、短い距離なら腰と脚につけた装具を服の下に隠して歩く方法を身につけ、車椅子に座った姿を写真に撮られないようにした。一方、手だけを使って運転できる特注の自動車をもっていたので、車を運転している様子を写真に撮られることはあった。こうして国民に対するイメージを注意深く作りあげながら、病気を回復させることに取り組み、水治療が筋肉を刺激して強める可能性のある治療と信じていて、天然鉱泉水で有名なジョージア州ワーム・スプリングスにリハビリセンターを建設した。

大統領に在任していた十二年間は、経済再生と世界大戦の問題を目の前にして、だれにとっても大きな負担を強いられる時期だったし、それはルーズベルトも例外ではなかった。その結果、本人の抱いていたすべての決意が結局は、加齢、ストレス、過労によって衰えることになったのである。一九四五年の初め、健康上の衰えは周囲の目にも明らかになって衰弱が目立つようになり、皮膚が青白くなっていた。十分な休養が必要なことは確かだったから、以前に何度も訪れていたワーム・スプリングスに出かけて、二週間の休養と健康を回復させることにした。もちろん、大統領としての職責をまったく疎かにすることはできなかったが、できるだけ気分転換をすることに心がけ、同行してきた親戚の人たちや友人たちとの時間を楽しんでいた。ところが、ワーム・スプリングスの別荘の一室で友人たちに囲まれていたとき突然、頭を抱えてはげしい頭痛を訴え、まもなくして亡くなったのである。一九四五年四月十二日、フランクリン・デラノ・ルーズベルト大統領は大量の脳出血のため死亡したのだった。

ルーズベルトの死去を受けて、ハリー・S・トルーマンはただちに第三三代の合衆国大統領として宣誓し、アメリカ軍の新たな最高司令官にもなったのだが、皮肉なことに、軍の高官たちの多くはトルーマンについて聞いたこともなかったし、軍人たちは戦争を戦うことに忙しく、ごく最近まで上院議員でも目立たない一人の男について情報はほとんどなく、関心もなかった。けれどもトルーマンはまもなく、たぶん軍の高官たちが思っていたよりもずっと重要な人物になったのである。

　トルーマンは大胆不敵な人物で、粗野な言葉づかいと、自分が負わされた務めは何でも自分が責任を負うことで知られていた。そのため、自分では決断せず「責任を転嫁」する者は相手にしなかった。在任中の大統領執務室には「責任は、わたしがとる《The Buck Stops Here》」という標語が掲げられていて、その独特の信念は若いころから目立っていた。ウエストポイントにあった陸軍士官学校に入学したかったが、視力が悪かったため不合格になり、それでも諦めずにミズーリ州の州兵に志願し、視力表に記された記号を前もって暗記しておいて不合格を免れたのだった。第一次世界大戦が勃発すると、アメリカ遠征軍の一員としてヨーロッパへ派遣されてフランスに駐屯し、そこで、規律の取れないことで汚名を着せられていた第三五師団第一二九野戦砲部隊Ｄ砲兵隊の隊長になり、下士官兵に部隊の行動に対して責任をもたせるようにすることで隊員たちを叱咤激励し、隊員たちが正しいときには応援をし、まちがっているときは叱責したのだった。思ったことを平気で口にするやり方は、みんなの注目を集め、トルーマンが部下に期待していることに疑いを差し挟む者は一人もいなかった。いつも隊員たちを満足させるわけではなかったかもしれないが、自分の任務はやり遂げたのだった。戦争が終わってからは、衣類販売の仕事に就いたり郡の行政官をしたりして、そのあとミズーリ州選出の上院議員に当選し、このたびの戦争の初期には、国内の膨大な軍需産業における軍事予算の無駄使いや汚職を監視するための軍事委員会の議長になった。そして的を射た質問や相手を威嚇する手腕によって何十億ドルもの支出を削減できることになり、比較的目立たなかった存在から雑誌『タイム』の表紙に掲載されるほど名声を博することになった。ときには腕が立ちすぎることもあって、ミネアポリスのとある軍需製造施設で異常に高額の支出が認められたため、それについてきびしい目を向けるようになったのだが、その施設はマンハッタン計画の関連施設だったので、ただちに陸軍長官のヘンリー・スティムソンから電話を受け、この施設にかんする詮索はやめるよう伝えられたということもあった。

ただ一九四五年四月十二日の時点では、トルーマンはアメリカ合衆国の指導者を引き受ける候補者といえるほどの人物ではなかったし、さらにいうと、枢軸国との戦争を主導できる人物でもなさそうだった。ある意味では、副大統領になったことも、これまで自分がやってきたことを評価されたからというより、何もやらなかったから任命されたともいえるのだ。FDR政権で一九四一年一月から一九四五年一月まで副大統領だったヘンリー・ウォレスは、自由闊達すぎると評価されていたため、一九四四年の選挙で民主党は、もっと無難な副大統領を望んでいたのである。アメリカの軍需産業を健全化しようとする仕事を別にすれば、あまり目立った存在ではなく、ただ非難される点がほとんどなかっただけなのだ。こうして民主党を安心させるための候補者になったので、選挙のあと副大統領に就任してからの八十二日間は人目をひくものはなかったし、しかもFDRはいつも自分が主役を演じようとしていて、トルーマンをほとんど信用せず、ましてや二人だけで会談することもほとんどなかったらしい。そのため、トルーマンが知らなかった多くのなかに原爆の開発計画があったため、ルーズベルトが死去して自分がアメリカの新たな大統領になって、戦争中の連合国の事実上の指導的立場になって初めて、一瞬にして何万人の人間の命を奪うことができる新たな秘密兵器をアメリカは保有していて、それを使用するかどうかを決断する責任は大統領だと知らされたのである。それを知ったトルーマンに、どんなにか驚いたことだろう。

一九四五年の春までには、日本が戦争に負けることは明らかだったが、日本軍が伝統として忌み嫌う降伏をするつもりがないこともまた明らかだった。その結果、日本人の犠牲者は驚くほどになっていた。トルーマンが大統領に就任するまでには、その前年にアメリカ軍が日本の都市を空襲することで三三万人の民間人が亡くなり、四七万三〇〇〇人が負傷したと見積もられていた。トルーマンは、その犠牲者の数に驚愕したが、それでも日本が戦争をやめる気配はなかったのである。そのためトルーマンは日本に対する通常の空爆をつづけることを決めたのだが、一方で死傷者がおびただしい数になることは十分わかっていた。アメリカが勝利をおさめるためにこれから日本の民間人がどれだけ犠牲になるのか？　それはトルーマンの肩にかかっていた。

ドイツが降伏したことによって、ヨーロッパ方面のアメリカ軍の部隊と軍需品は日本本土に上陸するために急いで転用されることになった。一九四五年の十月に立案され、ダウンフォール作戦と名づけられた、オリンピック作戦とコロネット作戦という二段構えの日本本土上陸作戦をおこなうことになったからである。オリンピック作戦は、日本の最南部の九州に上陸を敢行する計画で、それによって九州の重要な拠点を占領して軍需物資や兵員のための安全な足場を確保する計画で、そのあとのコロネット作戦は、アメリカ、イギリス、カナダ、オーストラリアの部隊が東京近郊の本州に一斉に上陸して、首都の東京に肉薄する計画だった。この上陸作戦は今ひとつのDデイになるはずで、初めのDデイも戦慄するほどの作戦だったが、今回はそれを上まわりそうだった。しかも今回の戦いでは、たとえ日本軍が絶望的な戦況にあろうとも、降伏する意志を示さないことは明らかだった。そのことは、アメリカ軍にとっては日本軍の最後の一兵とまで戦わなければならないことを意味していて、日本軍と同じくアメリカ軍にも犠牲者が出ることになり、両軍の犠牲者数はおびただしいものになると考えられた。これまでの太平洋の島伝いでの戦闘も血なまぐさいものだった。硫黄島では六二〇〇人、沖縄では一万三〇〇〇人のアメリカ軍将兵が戦死し、その数はアメリカ軍の犠牲者の全体の三五パーセントにものぼった。どちらも小さな島だった。そのため日本本土に侵攻すれば、いったいどれほどの犠牲者が出るのか？アメリカ軍の当局者は、日本本土に侵攻すれば、日本軍と戦うだけでなく、祖国を死に物狂いで守ろうとする多くの民間人とも戦うことになることがわかっていたので、予測される犠牲者数は大きく変動した。たとえば、合同戦争計画委員会は統合参謀本部に宛てて、オリンピック作戦によるアメリカ軍の死傷者は一三万人から二二万人にのぼり、そのうち死者は、九州を占領するだけで四万六〇〇〇人になると報告した。それほど深刻な内容でありながら、別の報告の内容はさらに悪いものだった。そのひとつは、陸軍省の特別顧問を務めていたウィリアム・ショックレーに対してヘンリー・スティムソンが命じた調査で、ショックレーは報告書で「……われわれは、少なくとも五〇〇万人から一〇〇〇万人の日本人を殺さなければならなくなるだろう。わが方にも、一七〇万人から四〇〇万人の死傷者が出て、そのうち四〇万人から八〇万人が戦死することになるかもしれない(1)」と述べているのだ。このように、地上から日本本土へ侵攻することは望ましい計画ではなかったのである。

原爆を無人島に投下して公開実験をすれば日本は降伏を考えるかもしれないという意見もあったが、これについては考慮すべき大きな問題があった。第一に、原爆が実際に爆発するかどうかは、だれにもわからないからで、理論的には実験で爆発したとしても、実際に飛行機から投下したときも同じように爆発するかどうかを確かめるのに十分な知見がないのだ。そのため結果がどうなるかわからない兵器を公開実験することは逆効果になる可能性があったのだ。第二に、この兵器を使用することに問題があった。そのとき原爆は二個しかなかったのだ。もし一個を公開実験に使うとしたら、成功するかどうかはともかく、それで日本が降伏しなかったら、投下できる原爆は残り一個だけになるのだ。一個だけの原爆で、果たして十分かどうか？　今までのところ日本は、すさまじい破壊の目に遭った東京のような都市でも空襲に対して踏みとどまっている。原爆の実際の脅威は、大編隊の爆撃機がもたらす破壊力が一個の爆弾で達成できることなのだが、おそらくもっと重要なことは、アメリカが原爆を何個も保有していると日本に思い込ませることだったのだ。何度も議論を重ねたすえ、公開実験をおこなうことには多くの欠点がありすぎると結論づけられ、最後に残された選択は、日本の都市に原爆を投下することだったのである。

日本へ原爆を投下するのに先だって、連合軍は日本に対して降伏して戦争による惨禍を終わらせるよう伝えた。七月十七日から八月二日にかけてドイツのポツダムで、トルーマン大統領はイギリスの首相ウィンストン・チャーチルとソ連の指導者ヨシフ・スターリンの二人と会談し、会談のおもな目的は、戦後のドイツをどのように統治するかを決めることと、戦後ヨーロッパの将来像を形作ることだったが、それに加えて、連合国が主導して（ソ連は日本と交戦していなかったので除外されたが）日本に降伏を勧告する十三箇条の文書が作成された。この文書には、ドイツが大規模な破壊と多くの人命を失ったことが引用され、日本が降伏しなければドイツと同じ結果になると述べられていた。降伏の条件についてては交渉の余地はないとされたが、日本軍の将兵は自宅にもどって平和な暮らしを送ることが保障され、日本は軍備をもたずに経済復興を自由におこなうことができ、連合軍は日本の国民を服従させるようなことはしないことを約束していた。さらに、日本の国民が代議制にもとづく政府を樹立したら、連合国の占領軍はすみやかに撤退すると述べられていて、もしもこの要求を拒絶すれば「完全かつ徹底的な破壊」がもたらされると述べられていた。もっとも、この文書のなかには強力な新型兵器のことはひとことも言及されていなかった。なおチャーチルはアメリカが原爆を開発していることを知らされていて、事実、イギリスが同意しなければアメリカは原爆を使用しないつもりだった。ポツダム会談のなかでトルーマンはスターリンに向けて、アメリカは「強力な新型兵器」を保有していると曖昧な表現で伝え、スターリンは、その兵器をアメリカは自由に使うべきだと述べているが、ただ当時のトルーマンが知らなかったことは、ソ連がアメリカ国内で盛んにスパイ活動をおこなっていて、そのなかにはマンハッタン計画に潜入していたスパイたちも含まれていたことだった。マンハッタン計画の物理学者の一人だったクラウス・フックス博士は、原爆の開発にかんするデータを密かにソ連に流していて、皮肉なことに、スターリンはトルーマンよりもずっと前から原爆のことをよく知っていたのである。

日本に対する降伏勧告として知られるポツダム宣言は、一九四五年七月二十六日に日本政府に伝えられた。これに対して首相の鈴木貫太郎は、連合国に対して正式な回答を差し控え、七月二十八日の記者会見では、ポツダム宣言はこれまでの要求の焼き直しであり無視すると語ったため、原爆の賽はついに投げられたのだ。

トルーマンと関係者たちは、日本への原爆投下を決断して、どのように、どこに投下するか検討をはじめた。これまで空爆をおこなう際には、日本の国民に向けて自分たちの都市から退避勧告するビラを、すでに六万五〇〇〇枚以上ばらまいていたが、日本の国民はほとんど反応を示さなかったため、原爆についても、あらためて警告しないことに決まった。警告なしに原爆を成功（実際に炸裂）させることで、一部には日本の国民と政府にショックをあたえる効果もあるはずだし、事前に投下する都市を特定してしまうと、原爆による爆撃に対して防空体制を強める機会をあたえることになって、悪くすると、その都市にアメリカ軍の捕虜たちが送り込まれることになるからだ。またどの都市に投下するかについては長いあいだかけて話し合われ、標的委員会が組織された。日本人には新型兵器のすさまじい威力を見せつけなければならなかったので、空襲でひどく破壊されていない都市を選ばなければならないし、さらに、その都市は軍事的にも重要な価値をもったところでなければならなかったのだが、トルーマンと標的委員会は、日本の文化に対しても配慮し、歴史的、宗教的に重要な都市はできるだけ避けたいと考えていた。標的委員会は当初、軍事的に重要なことを基本条件として、小倉、広島、横浜、新潟、京都の五つの都市を選定したが、京都はスティムソンにとっては問題だった。京都は軍事的には重要だったが除外するよう熱心に訴えたのだ。スティムソンは、京都の美しい街並みと歴史的な価値を讃嘆していたし、京都の市民にとって幸運だったのは、スティムソンは個人的にも京都と深いつながりがあって、ハネムーンをすごした街だったからである。こうして京都は目標都市からはずされたのだった。

新型兵器の使用を決断することは、トルーマン大統領の心に重くのしかかっていた。日記に、例のぶっきらぼうな調子で自分の気持ちをつぎのように記している。

この兵器は今日から八月十日のあいだに日本に対して使われることになる。陸軍長官のスティムソンには、軍事施設の軍隊のいるところに使用して、女子供たちのところには使用しないよう伝えた。ジャップが野蛮で残忍で無慈悲で狂信的だとしても、われわれは公共の平和を求める世界の指導者として、古い首都（京都）と新しい首都（東京）に、あの爆弾を投下することなどできない。これについてはスティムソンとわたしとのあいだで意見は一致している。目標は、純粋に軍事的なところになるはずだ。[2]

ただ、「純粋に軍事的な」ということばが、実際より安易に使われている。たしかに広島が軍事的な目標とされることに疑問の余地はなかった。とはいえ、日本軍の第二総軍は畑俊六陸軍大将の指揮下にあって広島城に司令部が置かれていたものの、部隊のほとんどは連合軍が上陸すると予想されていた九州方面に移動して防衛陣地を築いていた。その一方で、第五九軍、第五師団、第二二四師団は広島に司令部を置いていて、(3) 四万人から四万三〇〇〇人の将兵が駐屯していた。軍需工場も広島市のおもだった施設を占めていて、港は原材料を搬入したり戦地へ武器を搬出したりすると同時に、輸送船で部隊を移動させるために常時使用されていた。また市内には小さな製造工場も数多くあって、武器と飛行機や艦船に使われるさまざまな部品を製造していた。けれども、広島が純粋に軍事的な標的だと考えることはできない。たとえそうだとしても、実際に、世界中を戦闘に巻き込むことのできるような都市などないからだ。広島には民間人を含めた三四万人が暮らしていて、多くの家屋は、比較的もろくて燃えやすい構造の木造建築で、瓦屋根と室内の戸は紙で造られていた。数百機の爆撃機による通常爆弾で爆撃するにしろ、一機の爆撃機が一個の原爆で爆撃するにしろ、軍事上の標的と何の罪もない民間人とを区別することは不可能なことだ。そのことを広島の市民ほど気づかされた人たちはいない。広島の市民のなかには、自分たちは（大規模な空襲がないので）幸運だと信じていて、アメリカ軍は、なぜかわからないけれど広島を爆撃しないと考えていたし、別の市民は「Bさん」が上空を満たすほど飛来するのは時間の問題だと不安を感じていた。ともかくだれもが、自分たちと広島の街は無事なままで、このたびの悲惨な戦争が終わるのをこの目で見たいと願っていたのだった。

軍事上、道徳上、理論上の議論はようやく終わり、一九四五年七月三十一日、トルーマン大統領は陸軍長官のヘンリー・スティムソンに、都合のよい状況になれば一九四五年八月二日以降に原爆を投下することを命じた手書きの文書を手渡した。

いよいよ責任は自分が取ることになったのだ。

【注】

（1）Giangreco, "Casualty Projections for the U.S. Invasion of Japan, 1945-1946: Planning and Policy Implications," *Journal of Military History*, 61.

（2）一九四五年七月十七日、十八日、二十五日のトルーマン大統領の日記

（3）Giangreco, *Hell to Pay: Operation Downfall and the Invasion of Japan, 1945-1947*.

パルチコフ家の家族―セルゲイは、
ボタンつきのチュニックを着て床に座っている

子供のときのセルゲイ。写真の下部に
ある紋章から、この写真を撮った人が
ニコライ二世のカメラマンだとわかる

カレリアの母、アレクサンドラ

白軍の軍服を着たセルゲイと娘のカレリア。
ウラジオストクのシベリア鉄道のところで

人力車に乗るカレリアと母のアレクサンドラ

セルゲイの杖をもつ
子供のときのカレリア

生徒の集合写真。カレリアは、後列の向かって左から4人目

着物姿のカレリア

セルゲイと音楽部の生徒のクラス写真

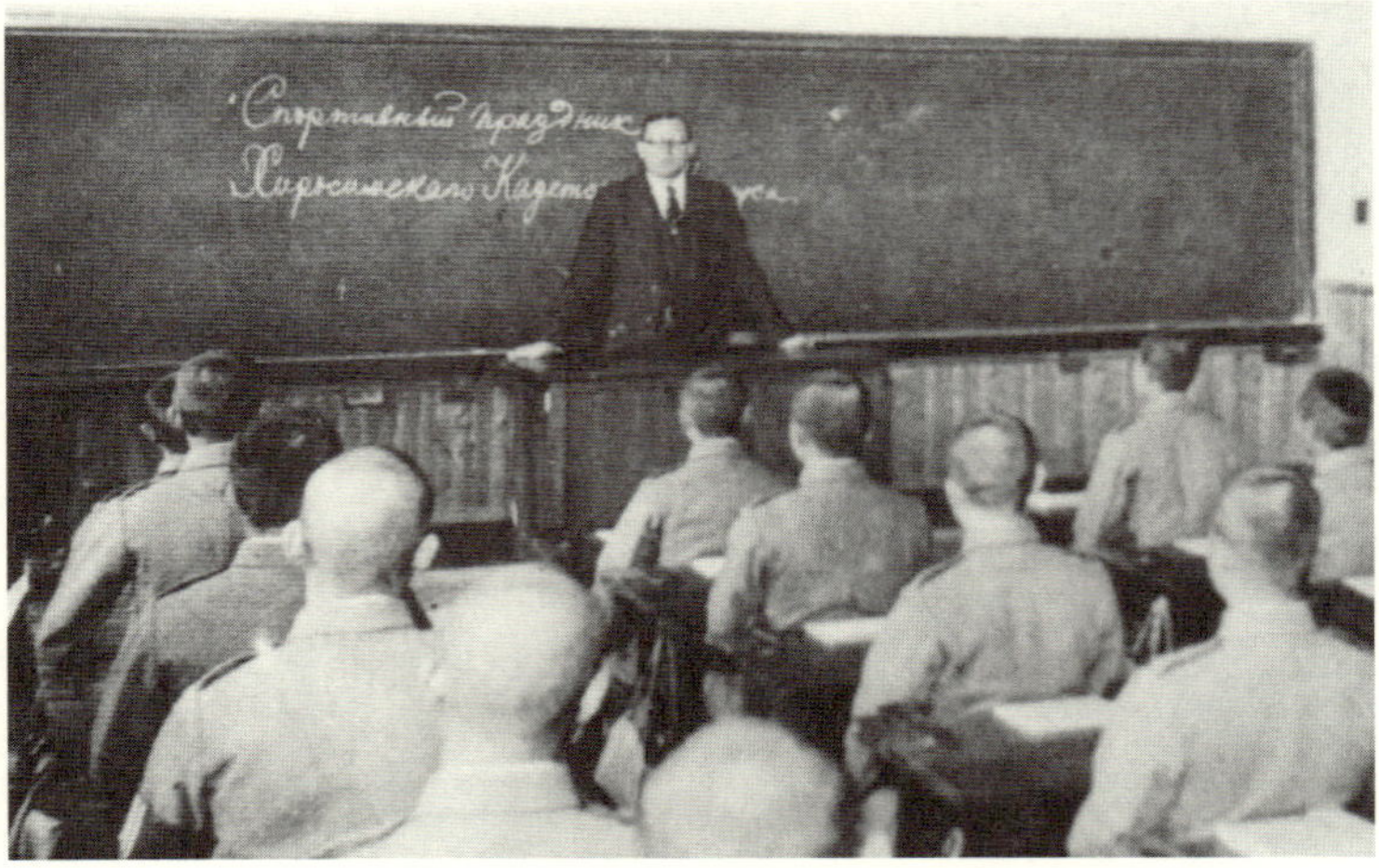

日本の陸軍幼年学校で授業するセルゲイ

合奏をするセルゲイとカレリア

バイオリンを弾くセルゲイ

原爆が投下される前のパルチコフ家周辺

原爆が投下されたあとのパルチコフ家周辺

東京でデート中のカレリアとポール

ロサンゼルスで再会した
カレリアと弟のニック

ロサンゼルスで住まいを探して
いるときのカレリアとポール

「新婚さん」の番組
で結婚式を挙げる

アート・リンクレターからインタ
ビューを受けるカレリアとポール

ヒュー・ダウンズとラジオで対談する

エノラ・ゲイの尾部射撃手だったボブ・キャロンとラジオ番組で対談するカレリア

ニュージャージー州アトランティック・シティーの浜辺に遊ぶ
アンソニー、カレリア、ポール。1954年ころ

アメリカ陸軍時代の
デヴィッド・パルチコフ

日本の報道関係者とカレリア。1986年

広島平和記念資料館のジオラマのところで
カレリアが家族と住んでいた家を探す

キャシーとアンソニーがセルゲイの被爆バイオリンを
広島女学院に寄贈する

広島女学院の創立100周年記念式典で

第九章――目の眩む白い閃光

一九四五年八月六日――広島の現地時間、午前八時十五分
そして、これから、わたしたちの物語がはじまる。

急に四トンあまり軽くなったので、エノラ・ゲイの機体が跳ね上がった。この新型兵器がうまく炸裂するかどうかは、だれにもわからなかったが、搭乗員たちには、ひとつだけはっきりしたことがあった。もしこの兵器が炸裂したら、そこからできるだけ遠ざかりたいと思っていたことだ。自分たちが炸裂するところからはなれるための時間は四十四秒しかない。

ティベッツ大佐は、エノラ・ゲイを一五五度急旋回させて、スロットルを全開にした。爆撃手の位置からフィアビー少佐には、不格好なリトル・ボーイが空中をふらふらと落下しながら速度をあげているのがチラリと見えた。時を刻むのがおそくなったかのようだ。四十四秒というと、あっという間だが、歴史を変えるほどの出来事の前ではそれが永遠のように思われた。リトル・ボーイは、九六〇〇メートルを落下しながら目標とする高度六〇〇メートルに達したとき炸裂した。そこから一九キロメートルの距離にいた尾部射撃手のボブ・キャロン曹長は、リトル・ボーイが炸裂した瞬間を目にすることができる唯一の搭乗員だったが、銃座の構造物がじゃまになって見えない。ところが、まもなくして炸裂したあとの爆風が視界に入ったとき息を呑んだ。ほかの搭乗員と同じように、いったい何が起きたのかわからなかったが、空中をきらめくような波動がエノラ・ゲイに向かって突き進んできたのが見えたと思ったら、そのあと三回ほど大きな音のする衝撃波が襲ってきてアルミの機体がうなるような音をあげた。そしてそのあと目にしたのは、広島の街から立ちのぼる、中心が真っ赤なキノコ雲だった。キャロン曹長は、フェアチャイルド社のK20カメラを使って四×五インチのフィルムで、その光景を写真に撮った。その写真はのちに貴重なものになったのだが、それというのも、写真撮影のためエノラ・ゲイに随行していたB29に固定されていたカメラが不調だったため、キャロン曹長が撮った写真だけが炸裂した直後の様子を記録した数少ない光景になったからだ。キャロン曹長はようやく声が出せるようになったので、ワイヤレコードを使って、眼前にひろがる怖ろしい光景を説明できるようになった。のちにインタビューを受けたとき、その光景をつぎのように話している。

あのキノコ雲は壮大な光景でした。くすんだ紫色の泡立った塊で、中心が真っ赤で、雲のなかでは、あらゆるものが燃えさかっているのが見えました。わたしたちがそこから遠ざかるにつれて、キノコ雲の底の部分が見えてきて、地上は数十メートルの瓦礫の層と噴煙のように見えて……、さまざまな場所から立ちのぼる火炎が見えました。それはまるで、石炭層に炎を吹きつけたようでした。(1)

航法士のセオドア・ヴァン・カーク大尉は飛行中の戦闘を体験してきたので、爆撃（どんな爆撃でも）をおこなうときの危険性について思いちがいをすることはなかったが、このたびの危険性についてはよくわからなかった。通常爆弾が地上に着弾したときの様子はよく知っていたが、ほかの搭乗員と同じように、原爆が空中で炸裂したときどうなるのか、飛行機にどんな衝撃をあたえるのかについてはわからなかったのだ。しかし、まもなくしてヴァン・カーク大尉には事態が呑み込めた。

それはちょうど、ゴミ入れ缶の上に座って、そのゴミ入れを野球のバットでだれかに思いきり、ひっぱたかせたようものだったよ……。機体が跳ね上がって、板金をはじいたような音がしたんだ。ヨーロッパの上空でかなり飛行経験を積んでいたから、機体のすぐ近くで対空砲弾が炸裂したと思ったんだ。(2)

ティベッツ大佐はエノラ・ゲイを操縦していたので、リトル・ボーイが炸裂したときの光景を目にすることはできなかったが、白色の閃光を目にした直後に非常に奇妙な現象を感じたので、上首尾だったことがわかった。そのことをのちに、「閃光が走ったと思ったら、何か味がしたんです。そうです、味がしたんですよ。鉛みたいな味でした。閃光が歯のなかまで充満したからなんです。放射線だったんですよ。ですから、口のなかに鉛の味がしたので、ほっとしました――あいつが炸裂したことがわかったからです(3)」と述べている。またある資料にはつぎのように書かれている。

「今では爆心から二〇キロメートルの距離と高度九〇〇〇メートル以上のところにいるので、ティベッツ大佐はエノラ・ゲイを旋回させて、かつては人々で溢れていた都市が瓦礫の山になった上空にもどってみた。のちにティベッツ氏は『広島を見ようと思って、もどってみました。街はすさまじい噴煙に覆われていて……、煮え立っていて、キノコのような形の雲が、信じられないほどの高さまで立ちのぼっていました。しばらくは、だれもことばを発しませんでしたが、まもなくすると全員が話しはじめました。ルイス（副操縦士のロバート）がわたしの肩を何度も叩きながら、「あれを見てください、あれを見てくださいよ！」といったのを憶えています』と回顧している(4)」

エノラ・ゲイの搭乗員たちが地上の壊滅した様子を眺めているうちに、事態の大きさが理解されるようになってきた。ルイス大尉は飛行日誌に「ああ、われわれはなんということをしたんだ」と書き込んだ。

＊＊＊

広島に暮らしていた人たちのほとんどは、一九四五年八月六日はふだんどおりの一日ではじまった。もちろん、それは戦時中のふだんどおりの一日という意味だ。広島の北に位置する牛田に住んでいたわたしの家族にとってもそんな一日だった。母は、その日の朝のことはさすがによく憶えていたが、さらに数ヶ月後に、そのとき体験したことが書き留められることになったので、そのときの記憶が失われたり思い出せないということがなかったのだ。このことを、わたしはとてもありがたいと思っている（原爆が投下されて二ヶ月後、母は米国戦略爆撃調査団から数時間にわたってインタビューを受けたからである。そのときのインタビューの内容は記録され、その写しは本書でも本人のことばのとおり引用している。母は、調査団からインタビューを受けた人のなかで、ただ一人、日本人でなく英語が話せる人間だったのだ）。

あの日の朝、祖母は朝食の仕度をしていて、叔父のデヴィッドはもう外で遊んでいた。祖父は、祖母が居間で朝食の準備をしているあいだ浴室で髭を剃っていた。そのときデヴィッドが興奮した様子で家のなかに駆け込んできて、「ぼくたちの家の真上にアメリカの飛行機が来たよ！」と叫んでから、その様子を見ようとしてまた外に出て行った。祖父は不機嫌そうに、「何かを投下して、それでケリがつくんだったら、そうすればいいさ」といいながら、その飛行機が何をしようとしているのかはっきりするまで朝食をはじめる気にならなかった。祖母は「どうか、ご慈悲を」とため息をついて、事態の成り行きに任せていた。母は何もいわずに熱心に部屋の掃除をしている。母は、デヴィッドがふたたび家のなかに駆け込んできて叫んだのを憶えている。

「何か落としたみたいだよ。パラシュートみたいだ」とデヴィッドが叫びました。音は何もしませんでした。と突然、目が眩むような閃光が走って、衝撃が襲いました。家の壁がトランプのカードみたいに吹き飛んで、わたしたちは床に倒れ込んで、山のような瓦や木材に埋もれてしまいました。そのあと周囲は暗黒になって、真っ暗な闇と何かの臭いに包まれました(5)……。

それでも母たちは幸運のなかにいたのだった。

＊＊＊

わたしの一家が以前に住んでいた、流川通りの家は、またたく間に灰になり、近所の家も皆同じようになった。爆心から直径二七〇メートル以内は七〇〇〇度の高熱に達し、最初の衝撃波は秒速七二〇〇メートルで街を直撃したあと、音速に近い秒速七六八メートルに弱まった。爆風の威力は、およそＴＮＴ火薬一六キロトンから二〇キロトンに匹敵し、半径約一・六キロメートルの範囲を完全に破壊して、およそ周囲七キロメートルのなかにあるすべてのものを焼き尽くした。爆風の直撃を受けた人たちのほとんどは、自分が何によって衝撃を受けたのかわからないまま、なんの苦痛も感じなかった。こうして最初の炸裂によって、八万人以上の人たちが即死し[6]、爆風から相当はなれたところの人たちには、まったくちがった怖ろしい出来事が待ち構えていた。炸裂によって放出された放射能のエネルギーは、爆心から何キロメートルもはなれたところにいた人たちの露出した肌を焼き焦がし、その熱傷は今まで見たことのないような様相を呈した。着ていた衣服の模様がそのまま皮膚に焼きつき、歩道や構造物には、黒ずんだ模様のように人間や物の形が「放射線による影像」として残された。人間は蒸発したが、肉体が熱線を遮ったため、その人が死んだ場所を不気味な墓標のように背後の構造物に「影」として残したのだった。

爆弾の巨大さと奇妙な形（尾部に四角のフィンがついた団子鼻のような）と、投下された高度を考えれば、エノラ・ゲイの搭乗員は驚くほど精密な技術をもっていたといえる。

なぜかというと、T字型をした相生橋を標的にする飛行機が、高度九六〇〇メートルで横風を受けながら、標的から一六〇メートルしかはなれていない島病院の上空でリトル・ボーイを炸裂させ、大きさが二七〇メートルになる火球を発生させたからである。日本の国民は、アメリカ軍が日本本土の近くに滑走路を建設していたため、ここ数週間にわたる空襲には慣れっこになっていたし、広島の市民も、空襲警報のサイレンを耳にすることには慣れていて、実際の空襲がないことに安堵していた。アメリカ軍の爆撃機の編隊は爆撃作戦を実行する前に、しばしば琵琶湖の上空に集結したので、そこから近い距離にある広島でも空襲警報が発令されたが、広島が目標になることはめったになく[7]、そのかわりB29は広島をやりすごして、ほかの都市に高性能の焼夷弾を数千トン投下し、その規模は非常に大きなものだった。

なかでも一九四五年三月九日から十日の夜間にかけておこなわれた東京に対する焼夷弾爆撃は大惨事となり、歴史上でもっとも大規模な空襲になった。計一六六五トンの爆弾が投下され、そのほとんどはE-46と呼ばれるクラスター爆弾で、爆弾のなかに詰め込まれた三十八個のM-69という小型のナパーム弾が、地上六〇〇メートルから七五〇メートルのところでばらまかれたのである。そして当時の日本人たちは、この爆弾を「モロトフのパン籠」と名づけていた。このときの空襲による火災によって、東京の二六キロ平方メートルが灰燼に帰し、一〇万人の日本人が亡くなり、一〇〇万人が家を失った[8]。その被害規模は原爆による広島や長崎より大きなものだったが、だからといって広島と長崎の人たちの苦痛が軽かったわけではなかった。

アメリカの目的は日本を壊滅させることではなく、連合軍が日本本土へ侵攻せずに日本を降伏させることだった。日本軍は本土防衛のため実際に最後の一兵になるまで戦っていたから、アメリカ軍の情報部は、日本軍は日本本土を死守するため勇敢に徹底抗戦すると予測していた。そして侵攻作戦によって生じる日米双方の軍民を合わせると一〇〇万人が犠牲になると考えられた。そのためアメリカ陸軍では多くの死傷者が出ることを予測して、死傷者に授与する五〇万人分の「パープル・ハート章」を予約発注していたほどだ。その時点では、アメリカがこの戦争に勝利することは疑いないことだったが、それによる犠牲者の多さを憂慮していたのである。日本人は断固とした意志をもつ民族だったが、アメリカとしてはこの戦争をつづけることが無益なことだということを理解してくれる望みも抱いていたのだ。八月六日以前のプロパガンダ作戦では、アメリカ軍の爆撃機が日本語で書かれた六万五〇〇〇枚のビラを上空からばらまいて、少なくとも日本の十二の都市の名前を裏に書いて爆撃の目標にしていると警告を発していた。ただその警告は、ぶっきらぼうで怖ろしい内容だった。

「あなたの生命か身内や友人の生命を救うために、これを注意して読みなさい。今後、数日のあいだに、裏に書かれたいくつか、もしくは全部の都市がアメリカ軍の爆弾によって破壊されることになります。これらの都市には軍需物資を製造する軍事施設や工場があります。……しかし残念なことに、爆弾には目がありません。ですから、アメリカの人道的な政策にしたがって、アメリカ空軍は罪のない人たちを傷つけたくないので、ここに名前をあげた都市から退避して、あなたたちの生命が守られるよう警告を発するのです(9)」

母は、こんなビラを一枚も読んだことがなかった。日本政府は、アメリカ軍のビラを読んだり信じたりしないよう命じていて、祖父は母に向けて、ビラを拾ってもいけないといっていた。軍関係者や市民たちから嫌疑をかけられて、自分や家族が日本に対する忠誠心をこれ以上疑われるリスクを負いたくなかったのだ。同じように一般の日本人もビラを拾わないよう命じられていて、ビラをもっていただけでも二週間ほど刑務所に入れられた。母は、祖父の忠告にしたがって、通りに散らかっているビラをそのままにして、ビラはすぐさま街の作業員たちが処分したという。

とはいえ日本政府は、国民たちが危険にさらされていることに無関心だったわけではなかった。局地戦に不要な人たちは都市の外に避難するよう促されていて、そのため郊外に住んでいる人たちの暮らしをしばしば悪化させることになったのである。母がつぎのように書いている。

ええそうです、田舎ではよく思われていませんでした……、それでも、わたしたちは避難することになっていたのです。日本政府からの命令で、二月二十五日までには避難しなければならないといわれていて、人々は避難をはじめていました。けれども、田舎の人たちは、「あんたらは、あのときにゃあ、わたしらに気を配ってくれんかったよね……、戦争がなかったころにはね。それが今じゃあ、あんたらがわたしらに助けてくれいうても、さあ受け入れてあげましょういうつもりにゃならんのよ」というのです。そして、ご存じのように、あの人たちは、あらゆる言い訳をして、家には病人がいるとか、家が狭すぎるなどというのです。それから、「あんたらに野菜を分けてあげるつもりはないけえね。量が少ないんじゃけえね」といって、避難してきた人たちを追い帰そうとしたのです。ですから、田舎の親戚の家に行って暮らそうとしても、精神的に参ってしまい、「あの人らが望んどらん家で暮らすよりゃあ、爆弾で死んだ方がましじゃ」といって、また街にもどってきたのです。ですから、当時は多くの市民が広島にもどっていったのです。(10)

イギリスが数ヶ月にわたってロンドンが夜間の大空襲に見舞われていたときのように、日本でも、空襲から安全な田舎にできるだけ多くの子供たちを避難させようとした。その際、もうひとつ問題が起きたのだった。

二月になりましたが、避難した人はあまり多くいませんでした。それというのも、避難した人たちはお寺に連れていかれたのですが、食べものはないし、子供たちは病気になったり死んだりしたのです。

そして……、ほとんどの人たちは街にもどってきて、男の子と女の子はもうどこにも行こうとしませんでした。それというのも、お父さんやお母さんたちと離ればなれになりたくなかったからで、親たちも「そうじゃね、わたしらが死んだら、子供たちはあとに残されてしもうて、どうなるんじゃろう？　わたしらは一緒に死のう思うとります」というのです。あの人たちは戦争に勝つことだけ頭にあって、ええ、それが苦難のもとだったのです。[11]

とにかく否が応でも広島市民の多くは、どこかに寝泊まりするところを何とか見つけ出して街から避難した。そうでなかったら、原爆による死者はもっと多かったはずだ。そして原爆が投下されたあとになってから、田舎に暮らしていた人たちは感心にも、広島の被爆者たちを気の毒に思って懸命に救護したのだった。

アメリカ軍がビラをばらまいたにもかかわらず、日本政府や大多数の国民は、多くの都市が大規模な空襲に見舞われつづけているのに断固とした態度を取っていた。悲劇的ともいえる皮肉だが、広島がほかの都市のような大規模な空襲による被害をこうむっていなかったため、新型兵器の破壊力を試すにはふさわしい都市とされたのである。

一九四五年八月六日の朝、広島の空に空襲警報のサイレンが鳴りひびいたが、街の周辺地域に暮らしていた人たちのほとんどは防空壕に避難しなかった。それはわたしの家族も例外ではなかった。一機か二機のB29（「Bさん」とか「ミスター・B」と呼ばれていた）に対しては通常は警報を発令することはなく、レーダーで監視する人たちを含め多くの人たちは、地上の様子を写真撮影するアメリカ軍の偵察飛行と考えていたのだ。ともかく広島の市民たちは、大規模な空襲の様子を目にするまでは防空壕へ避難することをためらっていたため、偵察機が飛来したからといって、朝食を遅らせる理由にはならなかったのだ。デヴィッドが警告したあと、のちに母が回顧したように、広島の街の方角から目の眩むような閃光が見えたのだが、そのときには、もう防空壕へ避難するにはおそすぎた。母の回顧録には、つぎのように書かれている。

わたしは、体を動かそうとするまでに五分ほどかかったように思います。顔に何か濡れたものがしたたりました。手で触ってみて、たぶん、それは温かな血だろうという感じがしました。けれども、真っ暗で何も見えません。おそらく目が見えなくなったのです、……たぶん失明したのです！　暗闇のなかで両目を負傷したのです。(12)

母は何も見えなかったが、聴力は侵されていなかった。最初に聞こえた音はデヴィッドの声で、半ば呼ぶような半ば泣くような声だった。「ママ、ママ、どこにいるの？　真っ暗で、何も見えないよ！」粉塵が少なくなって、母は室内を動くことができるようになった。デヴィッドが瓦礫の下に埋まっている。そのとき、自分たちの家が突然倒壊したことに気づいた。爆弾がすぐ近くに落ちたにちがいないのだ。爆弾が炸裂するちょうど前にデヴィッドが家に飛び込んだのは幸運だった。あのまま外にいたら死んでいたはずだ。もう一人、声が聞こえる。「デヴィッド、デヴィッド、大丈夫なの？　神さま、どうか息子をお助けください！」祖母の声だ。少なくとも三人はまだ生きているのだ。

母は、瓦礫の下から這い出して、デヴィッドのところへ向かい、ドアの枠や天井の破片などが混じった埃まみれの残骸の下からデヴィッドを助け出した。二人とも茫然として、動揺し混乱している。みんなで朝食を食べようとしていて気がついたら、家の瓦礫の下に横たわっていたからだ。いったい何が起きたのか理解できない。そのとき祖母が台所のあたりで動いている様子がわかったので、母とデヴィッドが瓦礫のなかを匍って行くと、祖母が漆喰と台所の家具や備品などの下に半分ほど埋まっているのが見えた。祖母を掘り出してから、すぐに三人で祖父を探しはじめていると、浴室の壁の残骸で埋もれた下から自分で這い出してきたのがわかった。四人は倒壊した家のなかで互いに手を取り合って、怪我をしていないかどうか確かめ合った。だれも手足を失ったり、骨折はしていなかったし、多量の出血もしていない。しばらくして気持ちが落ちついてきたので自分たちの様子を確めてみると、腫れ、打撲、筋肉痛などと一緒に無数の小さな切り傷ができている。みんな茫然として突っ立ったまま、直撃弾を受けたらしいが生きのびたのだと思った。火災は起きていない。ただ四人はまもなく、爆弾が炸裂したことについて非常に奇妙なことに気がついた。自分たちの家は窓がたくさんあって、それまで日光が室内に射し込んでいた。爆弾は、何か日光のように作用したようだったからだ。のちにわかったことだが、放射線が窓と、ドアを開け放していたところを通り抜けて、焼け焦げた跡を残しているのに、家の壁で遮られたところは焼け焦げていないのだ。

四人が茫然として立ちすくんでいると、子供が泣き叫んで助けを求めている声が聞こえてきた。となりに住んでいるササキ・テルオくんの声だ。ササキさんの家も自分たちと同じように直撃弾を受けたのにちがいないと思った。テルオくんはデヴィッドと同じ年齢で、数分前まで一緒に遊んでいた少年だった。テルオくんは家屋の下敷きになっていることがわかったが、黒い髪の毛のあいだから頭部をひどく損傷していて貝殻のような頭蓋骨が露出している。四人がテルオくんを助けるすべはなかった。デヴィッドと遊んでいたほかの子供たちもみんな、ひどい熱傷を負って、まもなく亡くなった。

爆弾が炸裂したことによる粉塵と瓦礫のため空が暗くなり、視界が遮られていたので、わたしの家族は自分たちの家だけが被害を受けたのだと思っていた。ところが、家から外に出てみると、爆弾による状況が自分たちが思っているよりはるかに大きいことがわかった。近所の倒壊した家屋から人々が這い出しはじめていて、多くの人たちはひどい怪我をしていて、熱傷を負っている人もいる。だれもがショックのあまり茫然として、ひとかたまりに立ちすくんだままで、お互いに励まし合いながら怪我の手当てをしようとしている。まもなくすると粉塵による雲がおさまってきて、母が街の方角を見た。最初に目に入ったのは広島城で、市内を見わたすように小高くそびえている。一五九二年から一五九九年までかけて大名の要塞として築造され、川岸近くにあった建造物だ。戦国時代に石と木材で造られ、数世紀にわたる戦乱にも生きのびてきたのに、それが今、城の窓から火炎が噴き出し、噴煙が黒い雲のように舞い上がっている。しばらくすると祖父が何かに気づいて、母に声をかけた。母がつぎのように書いている。

「見てみるんだ」と父がいって、南の方角を指さしました。明るくなってきた暗闇をとおして、わたしたちは父が何を見ているのかわかりました。青く輝いて日光を浴びた海でした。それは呉の海で、ここから一〇キロメートルはなれたところです。今までは、はるか呉まで見わたすことなどできませんでした。今までは、目の前には街（三四万人の男女、子供が暮らす一一キロ平方キロメートルの大きな街）がありました。わたしたちと呉との

あいだに街があったはずです。(13)

わたしの家族と近所の人たちは、彼方に立ちのぼる噴煙を眺めながら、すっかり困惑していた。いったい何が起きたのか見当がつかないのだ。今までこんなありさまになったことがなかったからだ。高性能の焼夷弾を絨毯爆撃されたのだろうかと考えたが、上空に飛行機の編隊らしい姿はないし、遠くで爆発音が聞こえたわけでも爆発によって大地が振動したわけでもなかった。それなのに、今まであった街が、いつのまにか消失しているのだ。起きたことというと、目の眩むような閃光と、あらゆるものを破壊するほどの猛烈な爆風だけだった。

広島は比較的平坦な地形のところにできた街で、市内には衝撃を和らげるような丘などがない。原爆が炸裂した特徴は、通常爆弾とはまったくちがうもので、リトル・ボーイは、地上ではなく空中で炸裂したため、最初の衝撃波は真下に向かい、建物の壁を水平方向からではなく垂直方向に直撃して屋根を破壊したのだった。そして衝撃波が下方に向かったため、炸裂の真下にあった電柱や木々などは直立したままだった（のちに科学者たちは、傾いた電柱を手がかりにして、この爆弾が炸裂した空中の正確な場所を特定することができた）。さらに、地上に達した衝撃波は、そこから水平方向にひろがって、半径一・六キロメートルのほとんどの構造物を破壊したのだ。わずかなビルだけは、おそらく五十棟ほどだろうが、強い地震に耐えられるように建てられていたので、これらのビルは爆風に耐えたが、衝撃波は建物のドアや窓を貫通して内部を破壊した。広島は、ほぼ円形にひろがった街なので、爆心から全方向に拡散した衝撃波、放射線、火炎による破壊力が街のすべての地域に等しく伝わったのである。

炸裂によって発生した最初の衝撃波と熱は、それでも街を破壊した原因の一部でしかなかった。衝撃波が過ぎ去ると、すぐに吹き戻しの強風が街を襲い、「火事嵐」を発生させた。そのため、原爆が炸裂する直前の広島の風速は毎秒二メートルほどだったが、街の中心部で発生した高熱によって時速三〇～四〇キロメートルに達するほどの風が発生した。この強風によって新たに建物火災が発生し、最初の衝撃で生き残った市民の多くが犠牲になり、爆風とそのあとに発生した火災によって、街にあった九万戸の建物のうち六万戸以上が焼失した。

このように街の破壊は大規模だったが、空中爆発だったことで、反対に、通常爆弾なら破壊されたはずの公共設備の多くは損壊を免れ、地面の下をとおる水道管は無事なままで、地上にあった水道設備が破損しただけだった。また爆心から三キロメートルあまりのところにあった街の浄水場も被害がなかったから、水が出るということは、被災者にとってはありがたいことだった。道路や鉄道線路も大きな損傷を受けなかったが、衝撃波を浴びた範囲の鉄道車両は完全に破壊されるか大きく損傷した。ただそれでも、まだ使用できる車両を使って二日以内には部分的に鉄道が利用できるようになった。また衝撃波を浴びた範囲内の電気と電話は壊滅したが、二十四時間から三十六時間以内に街の郊外では電気が復旧し、八月十五日までには電話も利用できるようになったのである(14)。

広島はまんいち空襲があったときを想定して、政府と一緒に対応するよう訓練を受けた民間労働者たちが組織的な力をもっていた。さいわいにも、原爆が投下される前に消防専用道路が街のなかに造られていて、消防車がどこにでもすみやかに到着できるようになっていた。ほかの都市は焼夷弾によって壊滅的になっていたので、広島でも、空襲によって発生する火災に備えるため懸命な努力をしていたのだ。一家のなかには、空襲に備えるための消防専用道路を造るため、自分たちが住んでいる家屋の解体を自発的に申し出る人たちもいた。自分たちの家を立ち退くことをためらう人たちもいたが、火災に対する政府の方針が優先されたのである。そのことを、母はつぎのように説明している。

ええそうです、みんな、街のあちこちが取り壊されたら、家のあいだに空き地ができて、もし爆弾が落ちても火災を簡単に消火できると信じていました。それで、あんなことをはじめて、兵隊たちが、戦車とか、それにダイナマイトも使ったりして、家屋を取り壊し、人々を追い払ったのです。家を追われた人たちはみんな、どこへ行ったらいいのか、わからないままです。それも、三日間……、三日間しか時間をもらえなかったのです。そうして、三日経ったら、いいですか、自分たちの家から立ち退かなければならないのです。でも、どこへ行けばいいというのでしょう? 日本の国内は、もうどこも避難者でいっぱいでしたし、なんということでしょう、食料も野菜もない家で、ほかの人を受け入れる人がいったい、どれほどいるというのでしょうか? ですから、みんなはお寺に行ったのですが、もちろん気の毒な人たちですから、もうこんなことに愛想を尽かしていました。みんな、「なんということじゃ、敵の爆弾がわしらの家を壊したなら残念なことじゃが、お上が取り壊すなんて、あり得んことじゃ!」といっていました。わたしは、あの半年は、政府に対する非難に満ちていたと思います。(15)

建設機材をもった兵隊たちは重量のある解体工事を担当したが、民間人、なかでも子供たちは、瓦礫を運ぶ手伝いをして、空襲による火災に備えて消防専用道路を整備するために使われたのだった。

学校にかよっていた少年や少女たちが集められて、家屋が解体されると、木材やすべてのものを運び去らなければならなかったのです。そのため、原子爆弾が投下されたときも、とても多くの少年や少女が亡くなりました。学校に残っていた生徒は一人もいなかったと、わたしは思います。ですから中等学校の少年や少女たちは、みんなやけどを負いました。

みんな、陽の当たる屋外にいたからです。午前七時に集合して、午後五時に帰宅していました。木材の破片などを街の外にある決められた場所まで運ばなければならず、爆弾が落ちたときは、ちょうどその用意をしているところだったのです。(16)

あの朝、建物の解体にたずさわっていた子供たちのほとんどは、原爆により生きのびることはできなかった。みんな、ひどい熱傷を負ったのである。

どんなに計画を立て訓練をしたとしても、こんな事態に対する備えをしていた家族はいなかった。今までこんな緊急時の対応はしたことがなかったからだ。あのときは、だれもが犠牲者だった。消防隊が現場に到着するまでには、ほとんど三十時間もかかったのだが、なぜかというと、原爆が炸裂したことで消防士も消火機材もほとんど失われていたからだ。そのうえ、ただちに助言をしたり、命令したり、救助する指導的立場の人は一人もいなかった。広島市長の粟屋仙吉も犠牲者の一人で、家族と朝食をしているときに死亡したため、畑陸軍元帥が火災に包まれた広島市で陣頭指揮を執ることになった。畑元帥は軽傷を負っただけだったが、自分の部隊は、それとはちがう状況に陥っていた。原爆が炸裂したとき、部隊の多くの将兵たちは朝の訓練のため、広島城のとなりにあった中国軍管区司令部の練兵場に集合していて、そこは爆心地からほんの八〇〇メートルだったため、三二四三名の兵隊が即死したのだった。それでも畑元帥は、救援物資もほとんどないなかで、何が起きたのか十分にわからないままできるかぎりの救援活動を開始したのだった。

茫然とする市民たちはほとんどの場合、自分たちが考え得る最善のことに身を任せるしかなかった。祖父は逞しくて威厳があったが、ほかの人たちと同じように、このような事態に対する心構えができていなかった。そのため、近所の人たちが茫然として傷ついたまま集まって立ちすくんでいるあいだ、祖父は自分の家族に向けて「みんな、どうしたらいいと思う?」と尋ねた。

祖母は、いつものようにキリスト教の信仰にもとづいて「成り行きに任せて、道を進みましょう」と自分の考えを述べ[17]、それが理にかなっているようだった。自分たちがどこに落ちつくことになるのか当てはなかった。それで、とりあえず手分けして、自宅だった瓦礫のあいだを探しまわって、まだ使えそうなものをいくつか拾い集めた。祖父は、すぐに自分のバイオリンを見つけ出して、ケースのなかに入っていて傷んでいないことを確かめた。スーツケースは粉々になっていて、ただひとつ残っていた小型の箱はというと、金属製の応急処置のセットしかなかった。その箱は、防空壕のなかにあったものだった。

「わたしたちは、その箱のなかに、いろいろな物を詰め込みました……、宝石類(見つけ出したのです)に、わずかばかりのお金、それに台所の床からかき集めた、埃と灰にまみれたお米などですが、それらを箱に詰め込んでから、八〇〇メートル先の広い道をめざして近所の人たちの行列に加わったのです」と母は書いていて、つぎのようにつづけている。

わたしたちは、ふだん見慣れている格好からすると異様な姿だったと思います。わたしは、シルクのネグリジェのまま素足でした。原子爆弾が炸裂したとき、身につけていた羽毛の室内履きは道を歩くには不向きだったからです。父と母、それにデヴィッドは互いに手を取り合って、破れた服も気にならない様子で、傷だらけの顔のまま歩きました。わたしたちにとって、あのとても異様なありさまは、もう当たり前になっていたのです。(18)

わたしの家族はふたたび、実際に何もかも失ってしまったのだった。

【注】

(1) "Bombings of Hiroshima and Nagasaki," *Atomic Heritage Foundation*.
(2) 同書
(3) Ryall, "Hiroshima Bomber Tasted Lead," *The Telegraph*.
(4) "Bombings of Hiroshima and Nagasaki," *Atomic Heritage Foundation*.
(5) ドレイゴ「カレリア・パルチコフ・ドレイゴの回顧録」、文書1、5ページ
(6) "Hiroshima and Nagasaki Bombing Timeline," *Atomic Heritage Foundation*.
(7) Hersey, *Hiroshima*, 2.（訳注 ハーシー『ヒロシマ』増補版 3ページ）

（8）Bradley, *No Strategic Targets Left* 34-5.
（9）"Warning Leaflets" Atomic Heritage Foundation.
（10）米国戦略爆撃調査団のカレリア・パルチコフへのインタビュー、15
（11）ドレイゴ「カレリア・パルチコフ・ドレイゴの回顧録」、文書2、5ページ
（12）米国戦略爆撃調査団のカレリア・パルチコフへのインタビュー、21
（13）ドレイゴ「カレリア・パルチコフ・ドレイゴの回顧録」、文書2、5ページ
（14）同書 文書7
（15）"Atomic Bombings of Hiroshima and Nagasaki," *Atomic Archive.*
（16）米国戦略爆撃調査団のカレリア・パルチコフへのインタビュー、24
（17）同書
（18）ドレイゴ「カレリア・パルチコフ・ドレイゴの回顧録」、文書2、8ページ

第十章　想像を絶する破壊

広島の上空

明らかに、すべての点において成功せり。目視したかぎりではアラモゴードより大なる効果あり。爆弾投下後の機体は正常。基地へ帰投中。

——一九四五年八月六日、ウィリアム・パーソンズ大佐——

エノラ・ゲイの機内で、パーソンズ大佐によって作成された暗号電文がテニアン島にいるトーマス・ファーレル准将に送信されたあと、不安な面持ちで待っていた科学者と軍関係者に電文が回送され、一同に安堵の声がひろがった。あの兵器は計画どおり作動して、作戦は成功したのだ。ただ、そのときは「成功」が本当にどんな意味なのか、その場のだれにもわからなかった。そのため、その瞬間の写真を目にするまで待たなければならなかった。ほとんどの関係者にとっては結局のところ想像するしかなかったのである。

ティベッツ大佐は、リトル・ボーイが炸裂したことによってエノラ・ゲイの機体に損傷がなかったことに安堵して、機体を高度八七〇〇メートルから、らせん状に旋回させて一万メートル以上まで上昇するあいだに三回ほど広島の上空を旋回した。地上では、発生した火事嵐が、ビル、車両、人間など（最初の炸裂によって蒸発しなかったもの）を巻き込んで地上を赤と紫に彩った地獄にして、黒い噴煙が数百メートルまで上昇すると、キノコのような形になった。のちに尾部射撃手のボブ・キャロン曹長は、その地獄をつぎのように述べている。

そうですね……、外側が白くて、内部に向かって紫から黒い色でした。そして、中心部は赤い火炎で、それが沸き立っているようでした……、われわれが次第に遠ざかって行くにつれて……、まもなく街のあたりが見えてきて、そのあたりは低く泡立った塊に包まれていて、たとえてみれば、糖蜜が山のふもとの方にまでひろがって街全体が覆われたみたいでした。それから火災が……、発生するのが見えました(1)……。

地獄のようなその光景は、ほとんど信じられないものだった。生き残った被災者のなかには、自分はもう死んで文字どおりあの世へ行ったのだと思った人もいる。エノラ・ゲイは、高度一万メートル以上の上空で三回目の旋回を終えると、テニアン島へ帰投する航路をとった。機体尾部ではキャロン曹長が遠ざかっていく大火災を眺めていた。そして広島から五九〇キロメートルまで遠ざかったところで、火炎と噴煙はついに見えなくなった。

十二時間十三分後、エノラ・ゲイは、随行していたB29に先がけてテニアン島に帰還した。三機とも損傷を受けずに帰り、搭乗員たちも負傷した者はいなかった。大がかりな祝賀会に報道関係者が集められ、その会への出席者には、戦略空軍司令官のカール・スパーツ大将、マリアナ方面空軍司令官のネーサン・トワイニング大将、原爆の開発にもたずさわったトーマス・ファーレル准将とW・R・パーネル少将、第三一三爆撃団司令官のジョン・デイビス少将たちがいた。ティベッツ大佐が最初に飛行機から降り立って、スパーツ大将の前に歩いて行き、駐機場のところで、スパーツ大将から殊勲十字章が授与された。作戦は完了したのだ。

＊＊＊

一九四五年当時のラジオ放送局は、ケーブル、ハンダ付けした配線、取り扱いに慎重を要する真空管などに埋まったような場所で、ふだんは通信機器が故障することはないはずだが、もちろん故障が起きないわけではない。そのため、東京にある日本放送協会の担当者が広島のラジオ放送局との交信が途絶えたことに気づいたときも、それが大惨事による原因だとはただちに考えなかった。最初は東京とつなぐ電話回線が問題だろうと考え、予備の回線に切り替えたが、問題は解決しない。そのため問題は広島の方にありそうだから、まもなく復旧するだろうと思った。担当者が思ったことの半分は正しかったのだ。ところが広島からの無線通信も奇妙なことに途絶えている。しばらくすると、広島市の近くにある鉄道の駅から、広島で大爆発があったことが徐々に無線で東京に送信されて陸軍参謀本部に伝えられた。(2) それでも軍の上層部では事態がわからず困惑していた。それというのも、広島に大規模な空襲があったという報告は受けていなかったからだ。伝えられた報告のとおりの壊滅的な爆発がどのようにして起きたのか？　そのため、ただちに状況を調査して把握する必要があると判断して士官を一人空路で広島に派遣し、被害状況を視察して参謀本部に報告させることになった。そして、士官を乗せた飛行機が広島からまだ一六〇キロメートル手前のところで、事態の重大さが明らかになった。かつて広島があったあたりが巨大な噴煙に覆われているのだ。士官は、その様子を無線で東京へ報告してから広島の郊外に着陸した飛行機から降り立つと、救援隊を組織するため市内に向かった。

まもなく軍と民間のラジオ放送局がニュースを流しはじめたが、エノラ・ゲイの搭乗員たちとはちがって、広島でいったい何が起きたのか実際にはわからないままだった。大規模で恐るべき事態だったのだが、「それ」が正確に何だったのかは謎のままだったのである。

原爆が炸裂してから十五分後、呉にある海軍鎮守府から東京に向けて、一発の爆弾が広島に投下されたと緊急連絡が入った。しかし、その報告では詳細は不明で、くわしいことは何もわからない。それから一時間二十五分後、もう一通の報告が東京に届き、「……すさまじい威力の巨大な爆発で、マグネシウムのように発光した」と伝えられた。さらに一時間後には、広島から伝えられた情報と、海軍省に伝えられていた課報機関の報告とが結びついたのだ。諜報機関ではアメリカが開発した新型爆弾にかんする情報を以前から得ていたため、「このたびのことは、これにちがいない」と推測された。午後一時〇分、同盟通信社は「民間人を狙った攻撃があった模様だが、すさまじい破壊の詳細については差し控える」と伝えた。それからしばらくすると、被災者たちが避難したり、日本政府が広島に向けて救援隊を派遣するようになったので、このたびのことは非常に並外れて恐るべき攻撃だったという噂が国民のあいだに広まったのである。(3)

＊＊＊

太平洋のとある島で、四等技術兵のニック・パルチコフは、高温多湿と昆虫、それに食料不足と戦っていた。太平洋の島々における戦闘は、陸軍の兵士、海兵隊員、海軍の関係者たちを悲惨な状況に陥れていて、以前あった大恐慌当時の暮らしがまるでピクニックのように思われるほどだった。ニックと少人数の戦友たちは、屋外で敵の無線を盗聴する装置を取り扱っていたことから、所属部隊の一員とみなされず、必要とされるもの（無線通信装置、武器、弾薬、食料）は自分たちが背負って、蒸し暑いジャングルのなかを運んで行かなければならなかった。どうしても必要なもの以外は運ぶ余裕などなかったのである。

身体的には不快だったが、それでもニックと戦友たちは、のちに陸軍が認めてくれたように、自分たちは重要な任務をこなしているのだという自負があったので、元気づけられていたのだった。日本軍の無線通信を傍受して作戦本部に報告する任務は、その島で作戦を計画している部隊が前進するための情報を提供するという意味から有益だったのだ。そして島から島へ転戦するにつれて、連合軍がこの戦争に勝利するのは時間の問題だということがはっきりしていたが、ただ、それがいつごろになるのかは不明だった。

そのころのニックの感情は、個人的なレベルでは、さまざまな方向に引っ張られていた。なかでも家族のことがひどく心配だった。アメリカの空軍が日本に対して容赦ない爆撃をおこなっていることは知っていたが、ここ数週間の自分の立場では、広島が爆撃の標的になっているかどうかを知る手だてはなかった。とにかく、あれこれ考えながら心配するしかなかった。それよりも、日本本土へ侵攻が必要になったときの状況についてはわかっていたので、自分の家族をそんな状況に巻き込みたくなかった。だれもそんな目に遭わせたくなかった。

その一方で、よい知らせもいくつかあった。ナニー・ハーフォードが生きていたのだ。ナニーは、フィリピンにあった日本軍の捕虜収容所に三年間ほど暮らしていたところを、一九四五年二月に救出されたと聞かされたからだ。とはいえナニーは辛い体験をしていた。一九三二年から北海道の北にある島で宣教師をしていたときに戦争が勃発したため、ナニーを支援していた長老派教会はナニーをフィリピンのシリマン大学に派遣した。幸運（不運）にも、それから三週間後に日本軍が侵攻してきて、宣教師、教官、学生たちすべてを拘束し、ナニーをはじめ数千人の人たちがマニラにある捕虜収容所へ移されたのである。そんな状況のなかで生きのびて、わずかでも健康を保つことは大変だったが、アメリカ軍がフィリピンを取りもどすためにもどってくると（マッカーサー元帥が約束していたとおり）、ナニーたちは三日間にわたる銃撃戦の真っ只中にいることになった。銃火のなかにいたときの危機一髪の様子をナニーはつぎのように語っている。「狭い調理室にいたとき、いろんなものが落ちてきたので、フライパンを拾って頭の上にかぶせました。フライパンのなかには、洗い物の水がいっぱい入っていました」戦闘が終わってみると、ちょうど自分がいた調理台の上に「バラバラになった」爆弾の破片があるのに気がついた。そして、ようやくアメリカ軍が収容所に進撃してきたとき、食料の入った缶がひとつしか残っていなかったという。それから六ヶ月後に広島に原爆が投下されるまでに、太平洋をアメリカに向かう兵員輸送船に乗って日本軍の潜水艦を避けるためジグザグ運航をしながら、灯のない辛い航海をなんとかつづけ、ニックがジャングルで奮闘していたころ、やっとのことでテネシー州の両親と再会し、ふたたび安全なところで十分な栄養をとることができるよ

うになったのだ。(4)

そのころニックは、通信装置のダイアルを回して日本のラジオ放送の周波数を探しながら、ヘッドホンで雑音とことばとを区別するのに苦労しながら取り組んでいた。そのとき、ぞっとするような放送が耳に入った。ラジオの声は、広島が空襲を受けたといってから、アメリカ軍が新型爆弾を使って広島が壊滅したと伝えているのだ。

そのときニックが感じたにちがいない気持ちを想像することは困難だ。すさまじい新型兵器によって、まもなく戦争が終わるだろうと思いながら、その兵器によって広島が壊滅したとすると、自分の家族が全滅した可能性があることを意味するからである。とにかくニックは、傍受したラジオ放送の内容を書き留めて暗号化し、作戦本部に送信した。ところが、その内容を読んだ上官は翻訳のミスではないかとニックにいった。上官にはニックが伝えた内容が信じられなかったのである。

***

これからやるべきことは、牛田の北にある山手をめざして歩くことだった。倒壊した自宅の瓦礫と、彼方で燃えさかっている広島のおぞましい光景から遠ざかることは筋がとおっていた。ただそれにしても、自分たちと同じ考えをもった人の数に母は驚いた。火災は広島を取り囲む山の近くまで迫っていて、ぞっとするような光景のなかで数百人、のちには数千人の被災者によって、たちまち行く手が遮られたのだ。母は、被災者のなかに「両腕がなくなった人、眼球が飛び出した人」がいたことを憶えている。皮膚や筋肉が骨からはがれ、焼け焦げた肉のため吐き気を催すような悪臭に満ちている。通常爆弾による負傷はだれも知っていたが、このたびは新型兵器のため、これまでとはまったくちがう負傷をしていることが理解できないのだった。被災者のなかには「わたしたちから見ると無傷なのに、『痛いよ、痛いよ』と哀れそうに呻いている人が立ちすくんで」いて、そのあと母は息を呑むような奇妙な姿の人たちを目にした。

わたしたちは山手の方をめざして道を歩きはじめたのですが、驚いたことに、数百人の人たちがわたしたちのあとに付いてきていて、その人たちは黒人（日本人のようには見えませんでした）、というか黒人そっくりに見えたのです。「どうされたのですか？　何があったのですか？」とわたしが尋ねると、「フラッシュみたいな光が見えた思うたら、こんな色になったんじゃ」というのです……、そして体の皮膚がむけていて（全身の皮膚がむけた人もいれば、一部だけの人もいました）、もちろん、むけた範囲が広いほどひどい様子でした。その人たちは、やけどをしていたのです。目がつぶれて鼻から出血し、唇や耳が腫れ上がって顔全体が膨れはじめ、二、三時間もすると顔全体が膨張しました……、顔の形にではなく、真ん丸く膨れあがったのです。[5]

母にとって、こんな姿の人たちを目にしたのは初めてだったが、あとになると、この「閃光熱傷《flash burn》」はありふれたものになっていた。通常兵器とちがって、原爆によって放出された熱線の持続時間はわずか数千分の一秒だったが、信じられないほど強力な熱線で、持続時間が非常に短かったことで熱放射によって拡散する時間がない[6]ため、驚くほど多量の放射熱が対象（この場合は人間）の表面に瞬間的に集中したのだった。そして原爆の炸裂によって放出された熱線は一直線に進むため、熱線をまともに浴びた人体の部分だけに作用したので、爆心から遠ざかるように歩いていた人は背中にひどい熱傷を負ったが、体の前面は無事だった。また、露出した皮膚は閃光熱傷の影響をもっとも強く受けたが、衣類が熱線から体を守るのに役立ったわけではなかった。ただ衣類の素材によっては、ほかの衣類より保護効果は優っていて、母の話では、ウールは綿より熱傷を起こしやすいようだったし、衣類の色によっては、ほかの衣類より熱線から保護されやすかったようだ。

「ある種の服は保護効果があったようです。それ以外の服は完全に燃えつきて、それを着ていた人は全裸になって死に至るほど重い症状になりました。そして、わたしたちと同じように幸運な人たちは、建物のなかにいた人たちでした[7]」

わたしの家族と近所の人たちが幹線道路まで四キロメートルのところを歩いているとき、

母は、自分たち一家に対するほかの人々の態度が変わったことに気づいた。「戦争がはじまって初めて、わたしたちが白人だということで近所の人たちから受けていた敵意を感じなくなりました。わたしたちは、このたびのことをみんなで一緒に耐え忍んでいたのです。あのとき、みんなに共通していた唯一のものは、……命だったのです」と母は書いている。(8)

数日のあいだは、政治的、人種的なちがいは（さし当たっては）、生きのびることの大切さのため二の次になっていたのだが、それでも怒りがひとつの形をとって時折、頭をもたげた。たとえば重傷を負った人は無傷で逃れた人たちに怒りを向けた。なかには、この爆弾は白人以外の日本人だけを狙うために造られたものだと推測する人もいたが、日本人のなかには、軽傷ですんだり無傷の人に向けて怒りを発する人たちもいた。重傷を負った人がいるのに無傷で逃れた人がいるということは、このような目新しい症状が前例のないものだったことから、不公平だと思われたのだった。被災した人たちが歩いていると、そのなかにいたある日本人の男性が、ひどく焼け焦げた自分の指の爪を調べている。

「こいつは、ふつうの爆弾じゃあないな」その人がいうと、

「あの匂い……」と、ほかのだれかがいう。

「硫黄じゃないかな、」デヴィッドが口を挟んだ。

「死の匂いじゃ」ある老人がデヴィッドのことばを遮った。(9)

牛田から北をめざす悲惨な人間の一群は信じられないような集団だった。移動するその

一群につぎつぎと負傷者が加わるにつれて、わたしの家族は自分たちが幸運だったことに気づくようになった。幸運というと、あのときの状況下で使用されるにしては奇妙なことばに思われるかもしれないが、母は、よろめきながら歩く人々の集団を見るにつけ、ほとんどの人たちが自分や自分の家族よりはるかにひどい様子なのに気づくようになったのである。ただそれは受け入れがたいことでもあった。自分たちだけが、傷ついて血を流している男女に囲まれていたからだ。男たちが四つん這いになりながら呻き声をあげて助けを求め、多くの人たちはひどい悪臭のため嘔吐している。女たちが道ばたに倒れ込み、「助けてやあ、置いて行かんでやあ！」と泣き叫んでいる。子供たちは、もどってこない母親を求めて泣いている……、けれども、その子供の母親は二度ともどってこないのだ。[10]

歩ける人たちは、ショックと恐怖のまま、よろめきながら進んでいく。いったい何が起きたのか？　また起きるのだろうか？　絶望的な気持ちが生じはじめていた。母は、つぎのように語っている。

みんな、本当にひどいパニックに陥っていました。ええそうです、わたしたちが邪魔だったのではありません。日本人たちはみんな節度を保っていて、下を向いたまま歩きつづけていました。そして、自分たちがどこへ向かおうとしているのか、あるいはどうすればいいのか、何もわからなかったのです……、どんなことも、もう気にならなかったのです。「なんもかんも、のうなった、」といって、子供を亡くしたことについても「子供を助け出すことができんかったんよ。家の下敷きになったんよ」といって、にこりと笑うのです。日本人は、悲しいときでも笑顔を見せるのです。たとえば花嫁姿の若い女性がいるとすると……、その女性は顔を伏せて、決して笑顔を見せず、真顔のままなのです……、それは、わたしたちとは正反対の態度なのです。[11]

文化的な背景による表現方法はさまざまかもしれないが、それでも悲しみは同じなのだ。至るところで助けを求める人たちがいて、犠牲者の数は、だれの予想もはるかに超えるものだったし、救助することは困難で不可能なことだった。そして、わたしの一家は、あまり遠くまで行かないうちに、母が何かすさまじい光景に気をとられた。そしてその光景は、のちにアメリカ陸軍の従軍画家によって油彩画として描かれることになった。

わたしたちがしばらく行くと、怪我をした人が何人かいました、ひどい怪我でした……、よくわかりませんでしたが、たぶん、その人たちの上に梁が落ちたのでしょう。崩れた家の下からだれかが叫んでいるのが聞こえます。わたしは、その人を引き出そうとしました。けれども、無理でした。手だけが見えるのです。女の人の手だということがわかりました。その人を引き出すのは、ひどく困難でした。その人の上に、たくさんのものがあって無理

だったのです。(12)

不可能なことが当たり前になっていた。倒壊した建物の下から人々が助けを求めて叫んでいるが、その人たちの上にある瓦礫が火に包まれるのがわかっている。母と祖父とデヴィッドは、自分たちが進んで行く途中で立ち止まっては、瓦礫の山のなかから多くの人たちをできるだけ救い出したが、そうでない人たちは、近くに救助してくれる身内がいなかったら救出できそうになかった。助け出すには、あまりにも多すぎたし、非常に困難だった。瓦礫のなかから這い出した人たちがいて、必死に遠くまで歩いて行きながら、「水、水！」と叫び声をあげている。立ち止まる人は、だれもいない。そんなことなどできるはずがなかったのだ。

被災した人たちが苦しそうに道を歩いているあいだに、さらに多くの負傷者が一緒に加わって、進んで行く一群は数千人になった。重い足どりで弱々しく疲れきった人は、途中で取り残され、道ばたで死んでいく。はるか後方には、広島の火炎と噴煙が人たちを急き立てるかのように迫っている。とにかく、あそこでは何か奇妙で怖ろしいことが起きたのだ、そこから逃げなければならないのだ。

この状況のなかでふつうに見られる恐怖とは別に、ほとんどの人は、広島で起きたあらゆることはもちろんだが、その威力のすさまじさに驚いていた。原爆が投下される前は、日本各地の都市は空襲にさらされていたが、広島や何ヶ所かの都市だけは空襲を免れていた。広島の市民は、アメリカは特定の都市を温存していると信じていて、よくあることだが、事実ではないのに流言飛語の形をとった憶測がはびこっていたのである。たとえば、広島と京都は美しい街だから空襲を免れていて、まんいちアメリカが戦争に勝ったら、これらの都市を特別にあつかうつもりなのだと信じられていた。日本各地の空襲がはげしさを増しているのに、広島は比較的無事なままだったので、そんな噂を裏づけることになり、空襲警報に対しても無頓着になっていたのだ。母は、「あの人たちは、一機や二機のＢ29なら危険はないと考えていました……、けれども、東京から焼け出されてきた人は、『アメリカ軍の攻撃を甘く見ない方がいいよ』と話していました」と語っている。祖父は、ほかの人たちと同じように最善を尽くすことを考えていたが、戦争については周囲の人たちより多くの経験があったので、その態度は現実にしっかり即していた。「このことについて父はいつも非常に慎重でした(13)」と母はいっている。

ともかく自分たちの周辺であれほどの空襲があるのに、日本人の信念や意見は国内のプロパガンダに大きく左右されていた。日本人たちは報道機関が述べたり述べなかったりしている内容は政府の方針のとおりと思って、当然のように受け入れていたと母は語っている。

日本人は、あれこれ詮索することをまったくしない人たちでした。議会が述べたり政府が述べたことは、どんなことでも鵜呑みにしていました。わたしでさえ、アメリカが戦争に勝つなんて思っていませんでしたし（確実にはですが）、あらゆることが国民には隠されていたのです。[14]

ラジオ放送を聴くことは、きびしく制限されていた。ヒットラーがドイツでおこなっていたように、日本政府は、たとえば短波放送やサイパンからのアメリカの放送のような、許可されていないラジオ放送を国民が聴くことに対しては刑罰を科していて、なかにはラジオを没収される人もいた。そのため日本のほとんどの国民と同じように、わたしの家族も海外放送は決して聴こうとしなかった。

わたしは何も聴きませんでした……、わたしたちには許されなかったのです。ラジオは取り上げられました。人々は、東京、大阪、広島、下関からのラジオだけ聴くことを許されていました。なんということでしょう、短波放送を聴いていることが知れたら死刑になったのです。たしか呉に住んでいたアメリカ生まれの人でしたが、死刑になったようです。その人は短波放送を聴いていることがわかって死刑になったのだと思います。[15]

一方、発言できる人たちは、奇妙ですさまじい威力の兵器が何だったのかを推測していた。少しばかり教養のある人は、一部の軍人と同じように、その兵器がマグネシウムを原料に造られたものではないかと考えていた。強烈な白色光は今まで見たことのないようなもので、マグネシウムを燃やしたときと非常に似ていたからだ。原爆が炸裂しておよそ三十分経ったとき、もうひとつ奇妙な現象が発生した。大量の黒い雨である。爆心に向かって大気が急速に入り込むと、粉塵、噴煙、放射性物質が吸い上げられてキノコ雲になり、その雲が空高く上昇すると冷却して水蒸気が濃縮し、皮膚を傷つけるほど大きな小石くらいの雨粒となって人々の上に降りそそいだのだった。ある人は、アメリカが空からガソリンをばらまいて、それが大爆発の原因だったのではないかと考え、街全体にガソリンを撒いて火を点けたので、巨大な閃光と大火災が発生したのだろうと説明した。そのため、しばらくのあいだ、雨粒は可燃性で爆発するから焼け死ぬのではないかという恐怖があった。もちろんそんな爆発は決して起きなかったが、雨粒には殺人鬼が潜んでいた。雨粒となった水と瓦礫の粒子には高濃度の放射能が含まれていたため、水を求めていた人たちは、黒い雨水を飲んで、その多くは、あとになって放射能の毒によって亡くなったのだった。[16]

道路は避難する人たちで溢れかえり、身動きがとれなくなってきた。わたしの一家は幹線道路からそれて、山手に向かうもっと狭い道を進むことにした。広島の火災は街から山手の一部にまでひろがってきたので、安全と思われる場所を探さなければならない。その道は、避難者がずっと少なかったが、負傷した様子は同じようにひどいもので、苦しみながら叫び声をあげ、死んでいった。祖父母とデヴィッドは靴を脱ぎ捨てていた。靴が足をひどく締めつけるようになったので、そのときは素足で血が出るに任せていた。祖父とデヴィッドは爆風による負傷はしていなかったが、祖母は、台所の家財道具が倒れ込んで肩を負傷し、母は、天井から落ちてきた梁が頭に当たって裂傷を負い、両目から出血していて、脈拍に合わせて頭が揺れ動いていた。まもなく進むと、とある学校を空襲の際に野戦病院として軍が用意していた建物にたどり着いたが、四人とも疲労困憊していた。

一家は、とくに祖母のことが気づかわれたので、ともかくそこで休息することにした。学校のなかの様子は道路での様子と同じありさまで、ただ負傷者の上に屋根があるというだけましだった。負傷者たちは、うめき声をあげ、助けを求めて叫びつづけている。母は、長いあいだ休息することはしなかった。そんな負傷者たちの光景を目にして、手助けを申し出ないわけにはいかなかったからだ。「この人たちを救うのが自分の義務だと思いました。そうです、その人たちを避けたり怖がったりする理由は何もありませんでしたから、救いたいと思ったのです。同じ人間なのですから」(17)

その野戦病院で、母は一人の医師のところに行ったが、その医師もほかの人たちと同じように、何をしたらいいのかわからない様子だった。このたびの爆発がふつうでないことはわかっていながら、それに対してどんな処置をすればいいのか何の情報も得ていなかったのだ。医師は母に向けて、「わたしたちにはどんな医療処置ができると思いますか？」と尋ねて、母が爆発した地域にいたことで何か特別な医療処置について教えてもらいたい様子だった。けれども、「わたしにも、わかりません」と母は答えるしかなかった。結局のところ、どちらにしても大きなちがいはなかった。その病院には医薬品はほとんどなかったし、処置をする医療材料といっても、包帯、マーキュロクロム、ヒマシ油しかなかった。そのため、熱傷部位にマーキュロクロムを塗ることからはじめ、あとになってからヒマシ油を使用した。熱傷は一般的な症状だからヒマシ油が効果的だろうという考えからだった。多くの人たちが水を求めて叫び声をあげていて、わずかばかりの人だけが水を飲むことができたが、水を飲んだ人は、そのあとまもなくすると亡くなった。「ええ、水をあたえられた人もいて、その人たちは水を飲むと、まもなく嘔吐をはじめ、死ぬまで嘔吐をくり返しました。体じゅうから出血して、それは亡くなる前兆でした」[18]。それからは新たな決まりができた。どんな場合にも水をあたえてはいけないということだった。

祖母が十分休息をとれたので、一家はふたたび山手をめざして歩くことにした。そのころには爆発による最初のショックは少しずつおさまって、いったい何が起きたのかということを理解しはじめるようになってきた。そして、わかったのは、自分たちが体験したこの怖ろしい出来事はアメリカがやったのだということだった。いつか自分たちが暮らそうと望んでいた国、アメリカなのだ。母はつぎのように書いている。

感覚が麻痺していた状態から意識がふつうにもどってくると、アメリカ人は、世界中でもっとも平和を愛し、もっとも親切で、もっとも教養ある人たちだと思っていたのに、その人たちがこんなひどいことをしたと知って、怒りと不信感を抱くようになったことに気づきました。アメリカ人の友人で教師や宣教師をしている人たちのことを思い浮かべてみました。クリスマスイブに賛美歌「ああベツレヘムよ」をあんなに感傷的に一緒に歌った人たちです。あの人たちは、たぶんアメリカ人ではないのです、ドイツ人で、アメリカ人ではないのです。わたしたちは、アメリカ人になった息子であり弟であるニキィ（ニックク）のことを思いました。ニキィなんかじゃない！　そんなことを考えたって仕方がなかったのですけれど。(19)

四人は、もう歩けなくなるまで、辛そうに疲れた歩みをつづけた。祖父が、「休まなくちゃいかんな」といって、被災者の一群からはずれて家族を道ばたに連れていった。すぐそばに小さな小屋があった。入口のところに行ってノックをしてみた。返事はない。「もう一度ノックをしてみて……。お願いだから、もう一度してみて」と祖母が倒れ込みそうになりながら、すすり泣いている。祖父は用心深かった。「なかに、だれかいたとしても、わたしたちを断るかもしれんな。わたしたちは、結局は白人なんだからな」

すると戸が開いて、日本人の女性が一人立ったまま、黙って四人をじっと見つめた。[20]

【注】

（1）Bob Caron Interview, *Voices of the Manhattan Project.*

（2）Walter, "Declassified/Released US Department of State EO Systematic Review."

（3）"Hiroshima and Nagasaki Bombing Timeline," *Atomic Heritage Foundation.*

（4）East, "77-Year-Old Promotes Peace," *The Tennessean.*

（5）米国戦略爆撃調査団のカレリア・パルチコフへのインタビュー、2〜3

（6）"Atomic Bombings of Hiroshima and Nagasaki: General Description of Damage Caused by The Explosions," *Atomic Archive.*

（7）ドレイゴ「カレリア・パルチコフ・ドレイゴの回顧録」、文書2、7ページ

（8）同書

（9）同書

（10）同書 文書8

（11）米国戦略爆撃調査団のカレリア・パルチコフへのインタビュー、5

（12）同書 2

（13）同書 7

（14）同書 5
（15）同書 20
（16）Hersey, Hiroshima, 18.（ハーシー『ヒロシマ』増補版 22ページ）
（17）米国戦略爆撃調査団のカレリア・パルチコフへのインタビュー、2
（18）同書 3
（19）ドレイゴ「カレリア・パルチコフ・ドレイゴの回顧録」、文書2、10ページ
（20）同書

第十一章——必死に生きのびる

大西洋——重巡洋艦オーガスタ

今から十六時間前、わが軍の飛行機が日本陸軍の基地がある広島に一発の爆弾を投下した。その爆弾はTNT火薬二万トン以上の威力をもっており、イギリスの『グランド・スラム』の威力の二〇〇〇倍以上で、いまだかつて歴史上の戦争で使用されたことのない最大の爆弾なのだ……。

……われわれは、日本のあらゆる都市にある、すべての生産施設をより迅速に完全に破壊する用意がある。われわれは、日本にあるドック、工場、通信施設を破壊するつもりだ。誤解しないでもらいたいが、日本の軍事力を完全に破壊するということなのだ……。

……七月二十六日に最後通牒がポツダムで公布されたのは、日本の国民を壊滅状態から救うためなのだ。日本の指導者たちは最後通牒を即座に拒絶した。今われわれの通告を受け入れなければ、上空から破壊の雨を味わうことになるのだ。それは、この地球上で目にしたことのないような破壊なのだ。このたびの爆撃のあとから、かつて見たことのないほどのおびただしい海軍と地上部隊が、日本がすでに十分わかっているはずの軍事力によって攻撃することになるのだ。[1]

——一九四五年八月六日、ハリー・S・トルーマン大統領

仮に日本軍の指導者たちが広島で起きたことに何らかの疑問をもっていたのであれば、トルーマン大統領はこの声明のなかでその疑問を明らかにすべきだったのだ。トルーマンは、一九四五年八月二日以降のいつでも原爆を使用できる許可を出していて、アメリカ軍の上層部もそれ以上の命令は必要としなかった。そのため、八月六日に原爆が投下されたとき、トルーマンはポツダム会談を終えて帰国する海軍の艦艇に乗艦していて、艦内の士官室で簡潔な声明文を録音したあと、その声明文をアメリカが管理するサイパンのラジオ放送局が放送して、同じ声明文が日本本土に向けて十五分おきに発信され日本は降伏するよう迫られたのである。もし拒絶すれば、国民は都市から避難を余儀なくされ、ほかの都市も広島と同じ運命をたどることになるというのだ。「ラジオ日本」は、広島の原爆について楽観的なプロパガンダを放送したかったのだが、あれほどの大惨事を隠すことはできなかったため、広島は一発の爆弾で壊滅したという事実を放送した。日本の国民も、トルーマンが日本の降伏を要求していることにうすうす気づいていて、政府からの発表を知ろうとしたが、鈴木貫太郎首相は日本のラジオと新聞各社に対して、政府は絶対に諦めるつもりはないと明言したのである。

一方、アメリカ国内では、原爆投下のニュースは総じて歓迎された。それで戦争が終わるのならありがたいことだからだ。ただ、原子力のことや、この新型兵器の予期しない影響について、あるいは原子力が文明をどのように変えることになるのか（あるいは文明を抹殺する可能性を秘めているのか）について実際に理解している人はわずかしかいなかった。アメリカは今までドイツの都市を破壊してきて、今度は日本を破壊していると思っていただけなのだ。それが戦争なのだ。その当時は、核分裂、核融合、放射線などということばは国民の辞書にはなかったが、それも明らかになろうとしていた。いずれにしても、さし当たっては、これでまもなく戦争が終わるのだという考えが人々の頭を満たすことになった。リチャード・ラッセル上院議員はすぐに原爆の熱烈な支持者になって、八月七日にはトルーマン大統領に電報を送り、「……われわれは日本人がひれ伏すまで原爆で叩きのめすべきです」と伝えた。(2) ただラッセル上院議員は、原爆のことについては一般の国民と同じ程度にしか知らなかったが、トルーマンは自分が解き放ったものが何かについては十分理解していた。

そのためラッセルに向けて、「わたしとしては、ある国の指導者たちが『つむじ曲がり』だからという理由で、その国の人たちを根絶やしにする必要については残念なことだと思っているので、あなたの意見に対しては、どうしても必要でなければ、もうあんなことをするつもりはない」と返答しているのだが、(3) ただそれから二日後、日本が降伏しなかったことで、「どうしても必要になった」のだった。

わたしの家族とほかの被災者たちが牛田から避難しているあいだは、だれもが奇妙な状況に置かれたままだった。だれ一人ラジオや使用できる電化製品などもっていなかったから、母は、「わたしたちはおそらく、自分たちが歴史上で初めての原子爆弾を体験したことを最後まで知らなかったのです(4)」と書いている。

＊＊＊

「わたしたちには食べものと休息が必要なのです」祖母が訴えた。日本人のその女性は、打ちのめされて血を流し疲れ果てたわたしの一家をじっと見つめてから、「お入りなさい」といってくれた。このたび起きたことを、その人がどれほど知っているかは想像するしかないが、ひとつだけはっきりしていた。自分の前に立っている人たちは白人だろうとだれだろうと、助けを求めているのだということだった。その女性は、思いやりのある人間として応じ、わたしの一家を自分の小さな家のなかに入れてくれたのだ。それから四人は、その家に数日間滞在した。その小屋の住人のマツモトさんという夫婦は、二人の幼い娘さんと一緒にその小さな家で暮らしていた。そして場所も食べものもかぎられていたのに、自分たちのもっているものを分けあたえてくれた。実のところ、ほかの被災者たちもマツモトさんの家の戸を叩きつづけ、夫婦はその人たちをつぎつぎと家のなかに入れたのだった。こうして、その日の終わりまでにマツモトさんの家のなかは十家族ほどでいっぱいになり、夫婦は負傷者たちを懸命に手当てしたり、自分たちも床に敷物をしいて眠ったのだった。祖父とデヴィッドの二人は、腫れたところと打撲したところを除けば無傷だった。母の頭の傷は出血が止まっていたが、ある問題が長びいていた。「二、三日のあいだ、目を洗うことができませんでした。目のなかに砂や小さなガラス片がいっぱい入っていたようです。とにかく、とても痛かったのです[5]」

祖母は、具合が悪そうだった。以前に受けた癌の手術から少しずつ回復していたが、医薬品や食べものを含め戦時中の物不足のため、本来ならもっと早く治癒するはずが回復が遅れていたのだ。病気をする前よりずっと体力が落ちていて、燃えさかる街の熱気と煙に加え、夏の耐えがたい暑さのなかを長く歩きつづけたのが大きな負担になっていた。そのため顔色がびっくりするほど青ざめていて、何度も気を失った。もちろん家族としては祖母のそんな様子を見るのは非常に辛いことだった。デヴィッドはまだ子供で母親に甘えていたので、母親が癌から命拾いをしたことで安心していたのに、今また母親の健康に対する不安を強めていた。母と祖父は、懸命に祖母の世話をしたが、医薬品がないなかで、することといえば祈ることしかなく、祖母もそれをありがたいと感じていた。とはいえ、身体だけでなく気持ちも弱々しくなっていた。おそらくずっとそうだったのだろうが、ロシア内戦を体験したトラウマがあって、ふだんから恐怖心を抱きがちだったし、祖父と離ればなれになることをいやがって、そばに祖父がいないといつも不安になった。祖母にとって祖父は礎であり、岩であり、自分を落ちつかせる源だったのだ。さいわいにも祖父はまだそばにいてくれたが、一家が受けた大惨事の大きさのため、祖父としても祖母の手を取ってなだめたり安心させる心のゆとりがなかった。現在のわたしたちは、非常に怖ろしい感情的な出来事を体験したあとに長びく恐怖心や、ときには被害妄想をともなう状態を「心的外傷後ストレス障害（ＰＴＳＤ）」と名づけている。そして、このＰＴＳＤは原爆の被災者にも当てはまり、とくに祖母の場合は、虚弱な体と相まって、状況は悲惨だった。母の話によると、時折、夜になるとヒステリー性の錯乱状態になり、家族に摑みかかって恐怖のあまり泣き叫んだという。それでも家族としては手を握って慰めのことばをかけるしかなかった。この体験は家族のみんなを疲れさせたが、なかでも年少のデヴィッドにとっては辛かったはずだ。(6)

とにかくマツモトさん一家のおかげで、わたしの家族は屋根の下で休むことができた。そんなことは大したことではないと思われるかもしれないが、あのときの状況では本当にありがたいことだった。平和な時代でも、一度に十家族を受け入れることなど考えられないことだったのに、戦時中の物が不足していたときにマツモトさん一家がやったことは、とくに気高く人間味溢れる行為だったのである。日本政府と国民は、このたびの危機的状況に最善を尽くしたが、危機はあまりにも大きかった。母はつぎのように語っている。

ほかの街から警察官、医師、看護婦、技術者などがやって来ました……、けれども、その人たちがあつかうのは食料だけで、ほかには包帯も、衣類も、何もかもなかったのです。赤十字も来ませんでした。何もかもが破壊されていたのです(7)……。

食料も十分ではなかったが、日本政府は人命を維持するためにできるだけの食料を提供することに努めていた。そのため、戦争が終わってアメリカの占領部隊が日本に上陸したとき、子供たちが元気で「栄養十分」といってもよいほど健康的だったのに驚いている。ヨーロッパ戦線、なかでもドイツに入ったアメリカ陸軍の調査官たちは、くる病を合併し、明らかに飢餓の最終段階にある栄養失調の子供たちを見て愕然とした。そのため日本の子供たちがあんなに元気に生きていることを知って不思議な気がしたのである。アメリカ軍の関係者に向けて、母はつぎのように話している。

ご存じのように、ドイツ人の少年には砂糖、ミルク、パンが必要です。どんなに貧しい家庭でもミルクはあったのです。けれども日本人は、お米と、たぶんお茶があれば生きることができたのです(8)。十一歳から十七歳の子供たちですが、この子供たちは、自分たちの両親より少しだけ多めにご飯を食べていました。そして、その両親で六十歳までの人たちは、わたしと同じ量のご飯を食べていました。五十歳から六十歳までの人たちのご飯の量はとても少なかったのです……。六十歳以上の人たちは、よく知りませんが、ご飯は食べなかったのだと思います。その人たちは何も食べないか、わずかばかりのご飯を食べていたのだと思います。人によっては、わたしの母のように、わたしや弟に何でもあたえたので、母は体重が減りました。父もそうでした。ひどいことでした(9)……。

ドイツ人の場合に比べると、日本政府は子供たちやその家族の健康を保つために栄養をつけさせようとしていたが、状況は理想どおりというわけではなかった。母は、つぎのようにつづけている。

あの人たちのほとんどは病気でした。結核の人もいれば、「脚気」……ベリベリ（ビタミンB1欠乏症）みたいな病気です。ほとんどの人が結核にかかっていました。ええそうです、子供たちは行かされたのです……、学校へ行くかわりに、工場へ行かされたのです……、いろんな種類の工場で弾丸などを造っていました。そして働かなくてもいい女の子たちがいて、いいですか、立派な家のなかにいて……、立派な家のなかで育てられた女の子たちのことなのですが、ええ、その女の子たちはすぐに病気になったのです。あんなひどい負担に耐えられなかったからです。[10]

日本の国民は自分たちの指導者を非難することには口をつぐんでいたが、首相だった当時の東條英機陸軍大将は、国民、軍部の指導者、政治家、さらに天皇の裕仁たちから怒りと不信感の矛先が自分に向けられていることに気づいていた。東條という人は、わたしの家族にも人気がなかった。母がつぎのように語っている。

人々は東條のことを、自分たちに多くのことを要求しながら大したものをあたえてくれなかったと思って非難していたものです。東條は、父が教師をしていた陸軍幼年学校を訪れて、生徒の一人一人に向けて、「諸君、君たちは努めて、努めて、努めるんだ」といったのです。気の毒に生徒たちは、毎日、朝昼晩ともサツマイモしか食べていなくて、その生徒たちがわたしたちの家に来て、「あの人は、ぼくたちにどうしろというんでしょうか！ぼくたちは、食べものがなければ、働くことも、戦うことも、何もできないんですよ！」というのです。[11]

東條首相は、数々の軍事上と国内の政策を誤って、一九四四年七月十八日に辞職した。そして東條首相の後任として首相に就任した小磯國昭陸軍大将は、食料の配給について、わずかばかりちがった政策を打ち出した。

それから小磯は……、首相に就任すると、お米が基準だったこれまでの食料のかわりにとても多くの食料を追加しました。一日にわずかばかりの量のお米を二袋ばかり手にしたとしても、十分ではなかったのに、食べる量を減らさずにたくさんのサツマイモを追加して配給したのです。ふつうでしたら、追加の配給があったら、ありがたいはずですが……、いいですか、お米の方はむしろ少し減っているのですからね。そのため、いつも食料は十分ではなかったので、だれもがほかに闇市で買っていました。四〇〇グラムたらずの砂糖が一二〇円もして、わたしたちは最後にはその値段で買いました。ひどいことでした。[12] ある日本人は醤油の原料になる「大豆」を食べて暮らしていたり、サツマイモなども細切れにして食べたりしなければならないのですが、黒ずんでいて、とても消化が悪くて、水をたくさん加えると量は増えるのですが[13]……。

被災者のなかには好奇心にかられて、原爆で焼け焦げた地面のなかからカボチャやサツマイモを掘り出して食べたりしたという。[14]

＊＊＊

マツモトさんの庇護と日本政府からのわずかばかりの食料の配給によって、わたしの家族はなんとか一緒に暮らすことができた。ただ大きな問題は、これからどうすればいいかということだった。瓦礫になった自分たちの家にもどるのか、それとも親しい人たちを見つけ出して、新たに家を再建しようとするのか、それとも、このまま歩きつづけて、この大惨事からできるだけ遠くへ行くのか？　祖母は、もうこれ以上長く歩きつづけられる状態ではなかったが、そうかといって、このままずっとマツモトさんのところにとどまることもできない。

一方、リトル・ボーイが炸裂したあと東京から広島に派遣された士官は、ただちに参謀次長の河辺虎四郎中将に「広島の全市が一発の爆弾で一瞬にして壊滅していました」と報告した。河辺中将はその報告に愕然としたが、日本は戦闘を継続すべきだとあらためて決意を固めた。河辺中将が広島で実際に起きたことについて十分な情報を得ていなかったと考えれば、おそらくそれは無理もない反応だったと思う。その一方で、天皇の裕仁にもただちに報告しなければならなかったので、側近の木戸幸一は個人的にこのたびの大惨事のことを天皇に上奏した。ただ木戸が確認できたことは、広島の街が消滅したということだけだった。何が起きたのかを正確に知るには調査が必要だったのだ。

わたしの家族がこれからどうすべきかを考えていたころ、日本政府も現在の状況について考えていた。日本の科学分野と軍の上層部にいた関係者たちは、原爆が製造できる可能性を以前からはっきり認識していて、事実、日本もその製造計画に取り組んでいたのだが、計画を実現するのに必要な物理的資源や科学上の知見が十分でなかっただけなのである。日本の諜報機関も以前から、アメリカが何らかのすさまじい兵器を開発していることを軍部に報告していたので、一発の爆弾で大規模な破壊力を示したとすると、広島が世界で初めてとなる原爆の攻撃を受けたのだと、日本の中枢部にいた指導者たちは考えたにちがいない。そのため軍と科学分野の関係者たちは急いで東京で準備をととのえると、空路で広島に向かった。そして飛行機が広島に到着する数分前に、だれもが色を失った。着陸する前に、一行を乗せた飛行機が壊滅した広島の上空を旋回したところ、かつて活気を呈していた街がなくなっているのだ。それに市民たちはどうなったのか？　人々もいなくなっている。

軍の調査官は、高性能の発火力のある兵器の効果については熟知していたが、原爆については知識がなかった。広島の被害状況は、自分たちが今まで目にしたものとは、まったくちがっていた。たとえば高性能の爆弾でも、地上で炸裂するとその中心にあるものを破壊するが、炸裂した周辺は全部か部分的にでも残っているはずだ。ところがリトル・ボーイは空中で炸裂したので、三六〇度にわたって衝撃波が伝搬し、半径一・六キロメートルのなかにあったあらゆるものを完全に破壊していた。照準点の相生橋は、ねじ曲がった金属の塊になっていて、木材と瓦でできた昔ながらの建物は、たいていは完全に破壊され、倒壊した瓦礫とともに炸裂後の火事嵐によって跡形もなく焼失していた。そして火災の多くは、原爆が炸裂したとき朝食の仕度をしていたコンロから出火したようだった。鋼材かコンクリートでできたわずかばかりの近代的なビルは倒壊を免れていたが、ビルのいくつかは爆風の威力によって建物の基礎からずれていた。一方、爆心直下のビルは真上から衝撃波を受けたため、屋根が崩落して内部が破壊され、外側の壁だけになっている。また電柱は、爆心から外側に傾いたまま奇妙な角度で立っている。ある地域では、炸裂したあとに発生した火事嵐による対流効果によって旋風が発生し、燃えさかった竜巻のようになって軽いものを空中に吸い上げてあらゆる方向に飛散させ、その旋風の一部は川に移動して、水上で竜巻を発生させていた(15)。

被災状況を調査するため派遣された科学者のなかに核物理学者の仁科芳雄博士がいて、同行してきた科学者たちと一緒に、新型兵器がどんなものなのかをできるだけ究明するため街の残骸を調査した。最初に取りかかったのは、爆弾が炸裂した正確な位置である「爆心」がどこかを推定することだった。その方法として、残された電柱が最初の手がかりになった。電柱は、炸裂した中心から外側に傾いていて、その中心に面していた側が焼け焦げていて、爆心に近づくほど電柱はまっすぐに立ったままだったからである。その結果、調査団の一行は、爆弾は護国神社の鳥居の上空で炸裂したようだと結論を下した。護国神社は、不運な部隊がそこで朝の訓練に取りかかっていた中国軍管区司令部の練兵場のとなりにあった。こうして大まかな爆心が確認されたので、つぎに科学者たちは兵器の威力を調べるため、円形状に瓦礫になった一帯を目視調査し、併せてローリッツェン検電器を使って、爆心からさまざまな距離にある地点での残留放射能の量を測定した。検電器は、ベータ線とガンマ線の両方を測定することができ、その結果、護国神社では正常レベルの四・二倍ほど高い放射線レベルを示した。さらに測定をくり返した結果、正確な爆心は護国神社から一四〇メートル南だと推定され、そこは、かつて島病院があったところの上空だった。科学者たちは残留放射能に不安を抱いていて、(16) 放射能が人体に悪影響をおよぼすことはよく知っていたが、それがどのように有害なものかについてまでは明らかでなかった。こんなことは今まで起きたことがなかったからである。

仁科博士たちのチームは被害調査と放射能の測定をすませたあと、東京へもどると最高戦争指導会議に報告書を提出した。この会議は「六巨頭」として知られている、鈴木貫太郎首相、東郷茂徳《しげのり》外務大臣、阿南惟幾《これちか》陸軍大臣、米内《よない》光政海軍大臣、梅津美治郎《よしじろう》陸軍大将、豊田副武《そえむ》海軍大将の六人で構成されていた。そして一同は、これまで多くの人たちが疑問に思っていたことを確認したのである。すなわち、このたびの兵器が原爆だったことが明らかになったのだ。日本は、アメリカ軍が日本本土へ侵攻する兵力に対して抗戦する態勢をととのえていたが、こんなに強力な新型兵器で日本の都市がひとつずつ攻撃されたときの可能性を考えていただろうか？　ただこの点について、ひとつ問題があった。すなわち、アメリカはこの兵器をどれだけ保有しているのかということだった。日本人の科学者と軍部の指導者たちは、この兵器を新たに製造するには、とくにウランを精製するには複雑な工程があって、簡単には入手できない原料が必要だということをよく知っていた。そのため、アメリカがこの兵器を製造できそうな数とともに、現在アメリカが原爆をどれだけ保有しているのかについても、さまざまな検討がなされた。東郷外相は、こんなことは憶測しても無意味だと思い、ポツダム会談の宣言にしたがって降伏するべきだと天皇に上奏した。一方、豊田大将は、アメリカがこの爆弾をさらに保有することなど不可能だと考えていて、このたびの爆弾を使いきったら、アメリカは従来の戦闘行為にもどるだろうと考えて、今後の戦闘による犠牲はやむを得ないと覚悟し、「さらに被害が生じるだろうが、戦争は継続すべきだ」と主張した。なお阿南大将はそれほどはっきりした考えをもっていなかった。ところで、アメリカ軍のＰ51ムスタングのパイロットだったマーカス・マクディルダは、八月八日に日本の沿岸部で撃墜されて拘束されたのだが、それは広島に原爆が投下された二日後のことだった。マクディルダは尋問で原爆にかんする情報を教えるよう強要され、答えるまで拷問を受けた。マクディルダは、原爆のことはもちろん、それを使ってどうするのかもまったく知らなかったが、拷問に耐えきれなくなり、正しいかどうかは別にして、とにかく何らかの情報を伝えるべきだと思い、アメリカは一〇〇発の原爆を保有していて、数日のうちに東京と京都に投下する予定だと答えたのである。[17] そして、このことが日本側の注目を集めることになった。

最高戦争指導会議では、どうすべきかで意見が分かれた。出席者の多くは、戦争を終結させてポツダム宣言にしたがって降伏する潮時だと感じていたが、降伏を認める者たちも、日本の今後のこと、なかでも戦後の統治にかんする天皇の地位を保障することについては連合国側に確約したいと考えていた。そのため会議では結論を保留することになり、あとでお互いが意見交換することはなかった（極秘にされていたため）。ところがアメリカの諜報機関は、かなり前から日本側の暗号電文を傍受し解読していて、日本の外務省が世界各地の大使館と交信するのに使用していた暗号機「パープル《Purple》」もそのひとつだったので、アメリカ軍の指導者たちには、日本側の意図が手に取るようにわかっていたのである。

結局、六巨頭のうち軍関係者の多くから反対があったにもかかわらず、東郷外相は即時に和平を求める考えを諦めるつもりはなかった。一方、駐ソ大使の佐藤尚武はソビエトの外務大臣ヴァチェスラフ・モロトフとの会談で、ポツダム宣言にもとづく連合国との和平交渉にソ連が仲介してくれるよう要請していたが、ソ連は佐藤の知らないあいだに以前から、ドイツが降伏して三ヶ月以内に対日戦に参戦して連合軍に加わることを極秘に合意していたのだ。そのためソ連は、すでに四月五日に日ソ中立条約を一方的に破棄していて、日本が降伏したあとに領土の割譲を要求しようと目論んでいたため、八月九日には、和平工作を仲介するかわりにソ連軍の部隊は日本が掌握していた満州に奇襲攻撃をかけ、臨戦態勢になかった日本軍は戦闘がはじまって二日のあいだに八五〇個の部隊のうち六五〇個の部隊を失ったのである。

＊＊＊

放射能による影響は、その後の数日、数ヶ月、数年のあいだに徐々に明らかになってきたが、原爆が炸裂した直後の影響は、だれの目にもすぐに明らかになった。たとえば放射線による影像は、そこにいた人間がつぎの瞬間に消失した不気味な痕跡を残した。とあるビルの壁に、梯子にのぼっている塗装工の影像が残されていた。その人は梯子にのぼってペンキを入れたバケツにブラシを入れているところだったのだが、梯子もバケツも塗装工も蒸発し、その影像だけが壁に残されたのだった。(18) ある通りでは、子供のサンダルがそのまま影像として残されていた。もちろん子供はいなくなっている。この人たちは一瞬にして苦痛を感じることもなく死んだのだが、その一方で、ほかの人たちには苦悶がはじまっていた。爆風によって打ちのめされ出血している被災者たちには、新たな試練が待ち構えていたのだった。街全体を呑みこむような火事嵐から逃れることのできる場所はほとんどなく、火事嵐は原爆が炸裂して三時間後に最大となり、瓦礫は何時間にもわたって燃えつづけた。被災者の多くは火炎から逃れようとして川のなかに殺到したが、だれもが負傷していたので、川の流れに逆らいながら安全な場所にとどまろうと懸命になり、川辺にどうにか身を寄せて火事嵐を避けていた。ただ川辺にしがみつく力がない人たちもいて、しばらくすると膨れあがった遺体が浮かんで川下に流れていくのが見られるようになった。中国軍管区司令部で生き残ったわずかな将兵たちは、火炎から逃れるため三篠橋をめざし、どうにか橋までたどり着いても、それまでに死に至るほどのひどい熱傷を負っていた。動物たちも同じようにもがき苦しみ、広島では荷物を運搬する際に馬に曳かせることもあったので、すぐに死ななかった馬たちは、ひどい傷と熱傷のため苦しんだのだった。原爆は、あらゆるものに容赦しなかったのである。

＊＊＊

祖父が非常に逞しい人だったことはいうまでもない。ロシア内戦を生きのびて、自分の家から二度も追い出され、二度も暗殺されそうになり、不当に投獄されたのに、それでもまだ、そんな人間が試練を受けなければならないのだろうか？　祖父にとっては家族がすべてだった。家族を見守り、保護し、世話をすることが何より大切だということが、祖父の心のなかに刻みこまれていたことは疑いない。ただ、これからどうすればいいかを考えながら、あの小さな小屋のなかに座っていた祖父の重荷を思い浮かべることは困難である。
そして事態はさらに悪化したのだった。

【注】

（1）トルーマンの一九四五年八月六日の演説、トルーマン図書館

（2）Long, Doug. Hiroshima: The Harry Truman Diary and Papers

（3）同書

（4）ドレイゴ「カレリア・パルチコフ・ドレイゴの回顧録」、文書2、9ページ

（5）米国戦略爆撃調査団に向けたカレリア・パルチコフの証言、11

（6）ドレイゴ「カレリア・パルチコフ・ドレイゴの回顧録」、文書2、11ページ

（7）米国戦略爆撃調査団のカレリア・パルチコフへのインタビュー、14

（8）同書23

（9）同書22〜23

（10）同書23

（11）同書19

（12）同書23

（13）同書

（14）Hersey, *Hiroshima*, 40.（ハーシー『ヒロシマ』増補版 51ページ）
（15）同書 39（ハーシー『ヒロシマ』増補版 50ページ）
（16）同書 72〜73（ハーシー『ヒロシマ』増補版 92ページ）
（17）"Story of Marcus McDilda"
（18）Hersey, *Hiroshima*, 73.（ハーシー『ヒロシマ』増補版 93ページ）

第十二章　何かしなければ

一九四五年八月九日――長崎

広島に投下した原爆による最良のシナリオは、これによって日本政府がすみやかに降伏することだった。けれども、それは実現しなかった。日本の軍部と政府とが協議の結果、日本は降伏するつもりはないとする内容を傍受したアメリカは、これまでの方針を継続する必要があるとみなした。あと一個原爆を保有していて、戦争をできるだけ早く終わらせたいとしたら、それを使用しない理由はほとんどなかった。問題は「いつ、どこに使用するか?」だけなのだ。その答えは「ただちに小倉へ」だったのだが、この計画は運命のいたずらによって、その一部が変更されることになったのである。

標的委員会は、二発目の原爆を投下することになったときは、望ましい都市として当初は小倉、京都、新潟を選定していた。これらの都市は戦略上軍事的な目標だったが、京都は文化的、宗教的に貴重だという理由から除外され、かわりに長崎が選定されたのである。その後、アメリカの軍事専門家は新潟についても問題にした。なぜかというと、テニアン島から新潟までの距離がほかの都市に比べるとかなり遠かったからで、長距離飛行にともなうリスクは理にかなっていないと判断されたのだ。そのため最終的には小倉と長崎が残されたのだった。長崎は、日本の南ではもっとも大きな港があり、多くの軍需工場があったが、実は第二目標としてそれほど重要視されていなかった。それというのも、長崎には三菱造船所をはじめとする多くの軍需産業施設があり、多数の労働者が働いていたが、アメリカの軍事専門家が望んでいるほど施設が一ヶ所に集中していなかったし、原爆の効果を分析する上からも、すでにアメリカ軍の空襲を五回も受けていて、偵察機が撮影した航空写真を見ても、原爆によってどんな効果がもたらされるかを正確に知ることが困難だったのだ。(1)

一方、ロス・アラモスに待機している科学者たちにとって、二発目の原爆の効果を評価することは重要だった。なぜかというと、今度の原爆は広島に投下したものとはちがう形状をしていて、「ファット・マン」と名づけられたその原爆は、原料にウラン235ではなくプルトニウムを使用するため、爆発させる構造がまったくちがっていたからだ。リトル・ボーイの場合は、ウラン235をもうひとつのウラン235に向けて発射する構造だったが、ファット・マンは、プルトニウムを一度に活性化させるため六十四個の起爆装置を備えていて、それで核反応を起こす構造になっていた。そしてリトル・ボーイと同じようにファット・マンも、TNT火薬二万トンに匹敵する破壊力を発生させると計算されていた(正確な破壊力を見積もるには、死亡者総数のような情報は状況によって変わるので、厳密な正確さを求めることはできなかったが)。

さらに、原爆の物理的な効果に加え、心理的な効果もかなりあることが見込まれた。すなわち空襲によって、すでに日本の多くの都市はドイツのように壊滅していて、それらの都市には数千トンにもおよぶ爆弾が投下されていたから、それが一発の爆弾で十分な破壊力を示したとなると、何か恐るべきものがあるからだ。仮に二発目の原爆が投下されたあと、アメリカはこの新型兵器をさらに保有していると日本が信じることになれば、日本は恐怖と不安のあまり降伏する可能性があるのだ。ただ、二発目の原爆が不発になったら、ひとつ問題があった。原爆はもうなかったし、少なくとも当分は製造できなかったからだ。

歴史に残る二発目の原爆投下予定日は一九四五年八月九日に決まった。午前三時四十分、ボックスカーと名づけられた特殊仕様のB29がテニアン島の滑走路の駐機場をはなれ、小倉に向けて離陸する態勢をととのえていた。爆弾倉には、長さ三メートル、直径一・五メートル、重さ四・六トンのファット・マンが格納されていて、標的に投下する用意ができている。ところが、このB29の操縦士だったチャールズ・スウィニー少佐は、離陸直前になって、すでにある問題を抱えていた。この飛行機はひとつの燃料タンクに三七〇〇キロの燃料を注入できるが、燃料ポンプに欠陥があってタンクのひとつが使用できなくなっていたのだ。しかしスウィニー少佐は、このたびの作戦を中止するよりは決行することにしていた。とはいえその決定は、かならずしも勇敢だったとか決断力があったからだというわけではなかった。それというのも、気象予報では、まもなく暴風雨が接近するため飛行ができなくなる恐れがあり、今日、ボックスカーを離陸させなかったら、少なくとも五日間は飛行ができなくなるからだ。そのため当初は八月十一日に予定されていたが、作戦の立案者たちは暴風雨を避けるため九日に前倒ししたのである。そして、この決定がのちのさまざまな結果に大きく関係することになった。予定が前倒しになったため、ファット・マンの組み立てを担当する隊員たちは、予定よりずっと早く爆弾の最終的な組み立てをすることになった。そして急ぐあまり起爆装置のケーブルが反対向きに取りつけられていて、直前になって誤りが見つかって正しく取りつけられたが、大急ぎのスケジュールのため、今ひとつ問題が生じた。実はアメリカ空軍は、原爆を投下する前につぎのような警告のビラをすでに印刷していて、日本の上空にばらまく予定だったのだ。

―日本のみなさんへ―

「アメリカは、このビラでわれわれが述べていることに、みなさんがただちに注意を払うことを求めます。

われわれは、人類が考え出した、もっとも破壊力のある爆弾を保有しています。

われわれが新たに開発した原子爆弾は、一発で、二〇〇〇機の巨大なＢ29が一度の作戦で運ぶ爆弾に匹敵するのです。

この恐るべき事実を、みなさんはじっくり考え、われわれは、この事実が紛れもなく確かなものだということを、みなさんに厳粛に断言します。われわれは先日、この兵器をみなさんの本土に初めて使用したばかりです。もしも、みなさんが疑っているのなら、一発の原子爆弾が投下された広島に何が起きたかを考えてみなさい(2)」

そして、このビラは当初に投下が予定されていた八月十一日の前日にばらまかれたのだが、そのときはもう長崎が壊滅したあとだったのである。

こうして時間のないなかで爆弾が組み立てられ、あとはスウィニー少佐が決行するだけだった。燃料ポンプがどうだろうと、やらねばならないと決めたのだ。ところが、さらに問題が加わった。先行していた気象観測機が小倉上空は晴れと報告してきたのに、ボックスカーが小倉に達する前までに状況が変わっていた。前日に二二四機のB29が八幡地区を爆撃していたため、上空から小倉の街がぼんやりとしか見えないのだ。レーダーに頼って標的を確認することは正確ではなかったので、広島に投下したときのように、搭乗員は目視によって標的を確認しなければならない。そのため小倉上空の噴煙が途切れたところを探そうとして、街の上空を三回ほど旋回したあと、スウィニー少佐は小倉を諦めて、第二目標の都市に向かわざるを得なくなった。こうして小倉が投下を免れ、長崎が目標になったのである。

ところが目標の都市を変更したことで、目視投下の問題が解決したわけではなかった。ボックスカーが長崎に到達したとき、上空は厚い雲で覆われていたのである。スウィニー少佐はレーダーで標的を確認したが、それでも目視で確認する必要があったのだ。そして爆撃航程の終わりに近づいたとき、さいわいにも、わずかに雲の切れ間が見つかったので、スウィニー少佐と、標的を目視で確認できる技量をもっていた爆撃手のカーミット・K・ビーハン大尉の二人にとって投下の可能性が生じたのだった。こうしてファット・マンを長崎に投下したあと、スウィニー少佐は沖縄をめざした。なぜかというと、テニアン島まで帰投するのに必要な燃料がなかったからで、ボックスカーが沖縄に着陸態勢に入ったとき、エンジンのひとつは燃料切れになっていて、もうひとつのエンジンも着陸直後に燃料がほとんど残っていなかったのだった。

広島に大惨事が起きた直後だったのに、驚いたことに、長崎の市民たちは、上空に飛来した数機のB29に格別な関心を向けなかった。長崎の人たちは、それまでにB29の編隊による空襲を受けていたので、数機だけの飛来は写真撮影のための偵察機だと思っている人もいたのだ。空襲警報のサイレンを耳にして、市内に多くあった防空壕へ避難する機会があった人たちの多くも、ただそうしなかっただけなのである。そのため、屋外にいた人たちは広島の市民たちと同じような目に遭うことになった。多くの人たちが即死したり、ひどい熱傷を負って、骨が見えるほど肉がはがれ、だれだか見分けがつかないほど顔や体じゅうが異様に腫れ上がることになったのだ。

ただ、長崎の破壊は大規模だったにもかかわらず、原爆が炸裂したときの影響は街の地形によってある程度和らげられることになった。周囲に丘や山があったおかげで衝撃波を直接受けなかった地域があったし、水域があったため火災がひろがらなかったからだ。そのため原爆が炸裂したことによって被害をこうむった地域は、全体で六九平方キロメートルほどだったが、完全に破壊された地域は一〇平方キロメートルほどで、広島よりはるかに狭い範囲にとどまったのである。とはいえ、即死した二万二〇〇〇人から七万五〇〇〇人の人たちと、長いあいだ障害に苦しむ数千人の人たちには関係ないことだった。

アメリカは、三日のあいだに原爆によって日本の二つの都市を徹底的に破壊し、何万人もの人たちを殺したり重傷を負わせた。日本はふたたび、決断をしなければならなくなった。

＊＊＊

ところが東京では、その決断を下すことが問題になっていた。八月十一日朝、最高戦争指導会議が開かれて、ポツダム宣言の内容を進んで受け入れる考えの出席者は一人もいなかったものの、日本が非常に深刻な状況にあることは全員にとって明らかだった。原爆のさらなる脅威に加え、今またソ連とも交戦することになったからだ。鈴木首相、東郷外相、米内海軍大臣の三人は、連合国が天皇の地位を保障すると確約すればポツダム宣言を受諾する考えだったが、豊田大将、梅津大将、阿南大将の三人は宣言を修正して、連合軍が日本本土を占領しないこと、日本政府みずからが武装解除を命じること、さらに日本人の戦争犯罪については日本が独自に審査することを求めた。ただ、これら三つの譲歩案を実際に連合国が受け入れる見込みはなかった。明らかに危機的状況にありながら六巨頭の意見は三対三に分かれ、合意に達することができなかったのだ。

本当のことがわからないまま、国民のあいだには広島に投下された爆弾についての憶測が広まっていた。アメリカが上空からガソリンか燃焼物のようなものを撒いて大火災を発生させたと信じる人たちもいれば、電気を使って発火する粉末のマグネシウムを投下したのだと思っている人たちもいた。さらには、新しいタイプのガスだったと思う人たちもいた。だれもが本当のことを知らなかったのである。さらに数日が経つと、原子を分裂させる新型爆弾だったという噂が立ち、爆弾は「ゲンシ・バクダン」（原子爆弾）と名づけられた。日本政府がこの爆弾について情報を収集し、国民に対しても情報を公表（さまざまな正確さで）するようになったからだ。そして牛田の北にある小さな小屋のなかで、わたしの家族や被災者たちも、マツモトさんのラジオで長崎にかんするニュースを聴いたのだった。母がつぎのように回顧している。

ええ、わたしたちは長崎の出来事をラジオで聴きました……、長崎のときは、広島ほど天候がよくなかったせいで、原子爆弾は成功しなかったといっていました。ご存じのように、ラジオによると、原子爆弾は朝の八時から十二時のあいだに投下されたそうで、それは爆弾を爆発させるのにちょうどよい時間帯だったからだといっていました。わたしには、その理由はわかりませんが、たぶん、日射しがその時刻にもっとも強くなるからなのでしょう。そのため、人々には朝の時間帯は外に出ないよう注意されました。そして長崎では、死者はそれほど多くなかったそうで、街も広島ほどには被害を受けなかったといっていました。[3]

ラジオが伝える内容は、できるだけ楽観的な情報操作が加えられていたが、それでも風聞や憶測を抑えることはできなかった。わたしの家族やほかの被災者たちは、アメリカ軍の部隊がパラシュートで降下してきて、自分たちを皆殺しにするつもりだといわれた。そんな状況のなかで、原爆で亡くなったり重傷を負った人たちの数についてと同じように、信じられやすい噂があった。

噂を広める人たちは、原子爆弾はとても非人道的で「日本人はみんな殺されることになるじゃろうが、わしらは横穴のなか（山のなかの壕みたいな）で生きのびよう思うとるんじゃ。そして、諦めんつもりじゃ」といっていました。いろんな意見があったのです……。「わしらはアメリカと戦わなきゃよかったんじゃ」と初めからはっきりいう人たちもいました。

とにかく、わたしたちは外国人と戦うべきではなかったのです。[4]

今はだれも、できることは何もなかった。「シカタガナイ」（仕方がない）ことだったのだ。

マツモトさんの小屋で、苦難な状況に取り囲まれ、不確かな情報に満ちたなかで数日すごしたあと、母は決意を固めた。家族に向けて、「もう辛抱できないわ。ここにいて、もっと怖ろしいことが起きるのを待つなんて。何かしなくちゃ」といったのだ。[5]祖父とデヴィッドは懸命に祖母の世話をしていて、そんななかで母がいることは、ありがたいことだったが、母としては自分の健康を回復させるために手をこまねいているだけだった。その一方で、窓の外を見ると、おびただしい人たちが助けと慰めを必要としている。母は家族に向けて、自分はあの負傷者たちに医療的な支援ができる場所を探しに行きたいといったのである。そういってから、朝になると小屋をあとにして、一番近くにあった救護所まで三キロメートルあまりの道を歩いていき、自分が望んでいた看護婦としてのボランティア活動をはじめたのだった。正式な医学教育は受けていなかったが、人を救いたいという真摯な想いがあって、働きづめで支援のなかった医師たちは母の思いやりのある申し出をよろこんだ。結局のところ、母としては自分の想いと手先だけが唯一の手段だった。その救護所は、重症の人たちを処置するにはその場しのぎの避難所でしかなかった。救急処置のために当初保管していた医薬品はまたたく間に底をついて、こんな予測できない規模の大惨事に対応することを考えていた人はだれもいなかった。そのうえ母が初めてその救護所に行ったときは相次ぐ悲しみに圧倒された。そんな光景に対して感情面で心の準備ができていなかったのだ。むき出しのコンクリートの床に負傷して苦しんでいる何千人もの被災者たちが横たわり、その人たちの多くは、疲れ切って打ちひしがれている医療者たちから放置されたままで、母と同じ年頃の数人の女性たちが懸命に救護をしているだけだった。「わたしが一緒になったボランティアたち（ほとんどが専門教育を受けていない少女たち）は、負傷者たちを慰めてあげることしかできなかったのです」医師たちはトリアージにもとづいて仕事をしている。そうするしかなかったのだ。一人一人を十分に治療する余裕など少しもなかったので、生きる見込みのありそうな負傷者だけに注意が向けられた。「数少ない医師たちが、生きる望みがありそうなわずかな人たちだけを救おうと懸命に働いていました。脈拍に触れて、生きる見込みのない負傷者とわかると、医師たちは、急いでつぎの負傷者のところに行きました[6]」多くの人たちを助けることができないという無力感が、その場に満ち溢れていた。

そのような救護所でのありさまは、至るところ、とくに広島市内とその周辺でくりひろげられていた。島病院はなくなっている。市内で最大の病院だった赤十字病院は、はげしく損壊している。小さな個人病院、医院、診療所などは、ほとんど壊滅するか損壊している。使用できる医療機器、医薬品、医療器具も壊れたり散乱し、赤十字病院のレントゲンフィルムは放射線に感光して使い物にならなくなっていた。(7) おそらく、もっと重要だったことは、医療関係者もほかの市民と同じように犠牲になっていたことだった。広島市内にいた一五〇人の医師たちのうち六五人が即死し、ほかの医師たちもほとんどが負傷していた。そのうえ一七八〇人いた看護婦のうち一六五四人が従事できないありさまだった。赤十字病院では、六人の医師と一〇人の看護婦だけが患者に対応することができ、その職員のほとんども自分の怪我を手当てしてから、みずからがどんな具合だろうと負傷者たちを処置していた。(8) 母は自分が働いていたとき、つぎのような話を耳にした。

ある医師が……、外科医だったそうです……、あとで聞いた話なのですが……、その医師が手術をしていたのです。緊急手術で、そのとき原子爆弾が炸裂して、爆心に背中を向けていたのです。そして、大きめの手術衣を着ていて、厚手の手術衣だったのですが、それでも背中全体にやけどをして、三日後に亡くなったそうです。(9)

医療チームの処置は大胆だった。

それから、もうひとつの話ですが、アルペ神父といって、その人はスペイン人だったはずです。その人も医療チームに加わったのです。外科医で、青年でしたが、一緒になって、とても多くの日本人を救いました。腕にやけどをしていたら、その腕を切断することを考えました。やけどを負った日本人のなかには自分の腐った肉の部分や何もかもをそぎ落とそうとする人たちもいましたが、アルペ神父は腕を切断することを考えていたので、思いきって切断しました。そうやって同じように、怪我をした多くの日本人たちを救ったのです。そのことは賞賛されるべきだと、わたしは思います。すばらしい人でした(10)。

被災者たちが負傷した程度はさまざまで、わたしの家族のように軽傷の人から、最悪の状態の人までいた。負傷した人たちの様子には、今まで見たこともないものもあった。負傷者の多くは爪が真っ黒になっていたのだ。母が語っている。

爪は……、ちょっと引っ張ったら抜けてしまうと思いました。そんなことをするつもりはありませんでしたけれど。とにかく、爪がみんな外側に反りかえっているのです。体の皮膚はすっかりむけていて、爪が外側に反りかえっていて、取ろうとしたら、簡単に抜けたと思います。けれども指はなくなっていませんでした。何か硬いものを摑んでいるみたいな格好になっていて……、だれの指もそんな格好でした。それで、指をまっすぐにしようとしたら……、とても硬くて、ボキボキ音を立てて、なかにある骨も焼け焦げてしまっていたのだと思います。(11)

原爆のすさまじい破壊力によって、数えきれないほどの人たちが衝撃波を受けて何かの物体に叩きつけられるか、物体が人間を叩きつけた。母と医療チームはわずかな医療材料で最善を尽くしていた。母はつぎのように語っている。

ほかにも、さまざまな怪我をした人たちがいました。両手足を骨折した人たち。それに水ぶくれ……、とても大きな水ぶくれで、刺して水を抜かなければならないほどの大きさでした。それから、胃や腸がはみ出している人たち……、今にもはみ出そうになっている人たちもいて……、それに頭の骨が折れている人たちもいました。傷のところに包帯をしても、つぎの日になるとすっかり汚れて悪臭がしていました。空気全体が、救護所の外もですが、ひどい悪臭でした。傷口は黄色になって、その色がどんどん濃くなっていきました。黄色くなって腐った肉を取り除こうといろいろやっても、あとからあとから黄色が濃くなるのです。けれども、傷はそれほど痛くなかったみたいです。やけども痛みがなかったのだと思います。なぜかというと、やけどのところをピンセットか何かで触っても、その部分は、もう感覚がなくなっているのですから、(12)……。

何といっても、母にとってもっとも悲惨な体験は、自分と同じ年頃の若い女性の負傷者が顔や体にひどい熱傷を負っている姿を目にすることだった。ヒマシ油やマーキュロクロムを塗るしかほとんど処置ができないなかで、母は自分の感情をどうにか押し殺しながら、そんな少女たちを懸命に手当てした。

およそ四つの異なるタイプの負傷者がいました。一つ目は二、三日で亡くなる人です。その人たちは、ひどいやけどのため亡くなりました。体の三分の一以上やけどをすると、ほとんどの人は亡くなるのです。二つ目は、一週間ほど生きのびる人です。その人たちは、ガスを吸い込んで、心臓が弱って、衰弱して亡くなったのだと思います。

三つ目は、やけどをしても生きのびた人たちです。ただ、その人たちのやけどは、いったんはよくなったように見えても、一ヶ月ほど経つと髪の毛が抜けはじめ、高い熱が出て、喉をひどく痛がって、体が淡緑色になって亡くなりました。それから四つ目の人たちがいました。その人たちは、原子爆弾が投下された半径二キロメートル以内にいた人たちで、三年以上は生きられないそうです。嘘か本当かわかりませんが、日本人の警察官が人々にそういっていましたし、顔とか手とか、いろんなところにやけどをした人たちは、いったんよくなったように見えても、三年以上生きのびる人はいなかったのです。[13]

ひどいやけどをした人たちは、ひっきりなしに嘔吐をしていましたが、吐きつづけて、水も氷も呑み込むことができませんでした。[14]

広島と長崎の出来事による衝撃がおさまってくると、医療チームやボランティアと同じように、軍部も負傷者を救援するため壊滅した二つの都市に入った。広島の火事嵐は多くの人たちを川の近くや川のなかに追い立てたが、なかには火炎から逃れようとする群集に押されて無理やり川のなかに入って溺れた人もいたり、火炎がおさまるまで川の流れに懸命に逆らおうとしていた人もいた。母は、そんな話を人から聞くようになっていた。

……、その人たちはなんとか助かろうとしたのですが、もう火炎に包まれてしまったので、川に飛び込んだのです。広島には七つの川があって、ちょうど満潮で、わたしはロシア人の男性と女性の二人のことを知りました。その男性は七時間も水中に浸かっていたのです。水面に顔を出して息を吸い込み、また水のなかに潜ったのです。ずっと水のなかにいて（七時間も）、それからひどく熱くなってきて、川の水が沸騰するんじゃないかと思ったそうです。川の両岸は、火炎がどんどんはげしくなってきて、医師たち（その付近にいた何人かの医師のことですが）はパニックになっていて、あたりに倒れている自分たちの患者のことは忘れたのです。[15]

日本軍は救護活動をするにあたって、ただちに別の資源を用立てた。小型ボートである。連合軍が侵攻してくることに対抗して、海軍は六一九七隻の小型ボートを造り、海上にいる連合軍の艦船を迎撃しようと考えていたのだが、その小型ボートは往復するために造られたわけではなかった。「震洋」と名づけられたその小型ボートは、爆薬を積んで、神風特攻隊の飛行機と同じ任務を果たすことになっていたのだった。約四〇〇隻の震洋がフィリピン諸島と沖縄に投入され、残りは日本の沿岸に配備されていたため広島の近くにあった震洋がこのたびの救護活動として利用されることになったのである。震洋は川でも使用できるよう吃水が浅く造られていたので、海軍は広島の川を上り下るために震洋を派遣して、被災者を救助したり、「辛抱しろ、まもなく病院船が来るぞ」と呼びかけたのだった。[16]

恐怖におびえ、苦痛に喘いでいるときに辛抱することは困難なことだ。川土手一帯にいた多くの被災者たちは怪我をしたり熱傷を負っていて、もう動くことができなかった。水分が欠乏して舌が腫れ上がった人たちがいたが、重症のため、戸外のまだ水が出る水道の蛇口まで移動することさえできないのだ。そのため軽症の人たちが、器に水を汲んで多くの負傷者に水を飲ませるため歩きまわっている。軍関係者とボランティアが医療施設がある場所まで負傷者を避難させているあいだに、医師や看護婦たちの窮状はいっそう絶望的になっていき、赤十字病院では負傷者の数が一万人を超えていた。そこでは、わずかばかりの医療スタッフが包帯とマーキュロクロムを使ったり、重度の熱傷には食塩水に浸したガーゼで覆って、できるかぎりの処置をおこなっていたが、悪臭は耐えがたいほどになり、夜になると、燃えさかる街の明かりを頼りに処置をつづけたのだった。[17]

子供たちは、今ひとつの精神的な打撃を受けていた。つぎのように母が書いている。

わたしが手当てをしていた負傷者の一人に九歳の男の子がいて、原子爆弾が炸裂したとき、ちょうど虫垂炎の手術を受けていたところでしたが、手術をしていた医師と看護婦たちは死亡したのです。手術中にやけどをした男の子の黒くなった体の一面はガラスの破片で覆われていて、手術創は開いたままで、感染を起こしています。まもなく男の子が亡くなることは目に見えていました。もう手当てを諦めるしかなかったのですが、わたしにはできませんでした。男の子のそばにとどまって、腕や脚にできた水ぶくれを針で刺して水を抜き、ヒマシ油でやけどの手当てをし、傷口にはマーキュロクロムを塗りました。すると、うれしそうに、「お母ちゃん、お母ちゃん……」と、かすかにいうのです。この男の子の「お母ちゃん」は、自分の幼い息子がどんな様子で死んでいくのかきっと知らないことでしょう。

わたしが担当していたもう一人に、幼い女の子がいて、片腕がつぶれたまま何もされずに一週間ほど横たわっていました。医師たちは、もっとひどい負傷者にかかりきりだったのです。そのため、医師たちが女の子のところに来たときには、腕を切断するしか救う道がなかったのです。その子は今どこかで片腕で暮らしているにちがいありません。[18]

負傷者のなかには、傷が治りはじめると大きなケロイドが出現した。ケロイドは、赤銅色の厚いゴムのような形をしていて、とくに爆心地から二キロメートル以内のところで被爆した人の熱傷のあとに出現した。この不気味で異様な皮膚は、体のどんな場所にあっても、ぞっとするものだが、とくに母にとっては、若い女性たちの顔にケロイドができて、どうすることもできないのは辛いことだった。

生きているからといって問題がないとはいえなかったし、亡くなった人にも、ある問題が生じていた。ほとんど物資がないなかで、それらの物資は負傷者たちに使わなければならなかったので、亡くなった人たちは、まともな処理が施されるまで放置されたのだった。衛生上の問題はともかくとして、亡くなった人の家族が遺体をきちんと処理することは、日本人にとっては先祖を敬うという意味から重要なことだった。遺族は、亡くなった人を丁重に火葬し、遺骨を安置しなければならないのだ。けれども、おびただしい数の犠牲者のため、このような処理を施すことは当初から不可能だった。とはいえ何も処理がされないままの遺体を目にすることは、多くの人たちには苦痛だった。生き残った人たちが病院や救護所のまわりに集まりはじめて、自分たちの家族を探しまわっている。遺体には氏名を書いた紙切れが付けてられて、火葬されるときに身元が確認できるようにしてある。広島の赤十字病院では、氏名を書いた紙切れが、まだ生存している人たちにも付けられたが、その人たちは生きのびることが不可能と判断されたからなのだ。赤十字病院では、十分に火葬ができるよう周囲に薪を積み上げて火を点けたが[19]、ほかの地域では、遺体が多すぎて、火葬をおこなうことは不可能だった。わたしの母は、そんな光景を目撃していた。

それらの遺体は火葬もされませんでした。周囲に何千人もの兵士や民間人がいて、その人たちは、ちょうど連隊本部の前で大きな穴を掘っていました。ご存じでしょうが、そのあたりは兵隊たちが訓練をしたり行進したりしていた広場です。その人たちは、そこに大きな穴を掘って、穴のなかに遺体を入れて土をかぶせて埋めるのです。そんなことを五回くらいやっていました[20]。

時が経つと、原爆による放射線障害が起こり、髪の毛が抜けたり、全身倦怠がつづいたり、ケロイドができたり、そのほか数えきれないほどの苦痛に喘いでいる被災者たちは、自分たちの残りの人生に、ある特別な名前を背負うことになった。原爆で被災した人を意味する「ヒバクシャ」（被爆者）という名前である。

母は、何週間ものあいだ恐怖と悪臭と死のなかで必死に働き、その怖ろしい光景が心に大きな打撃をあたえた。虚脱状態になり、医師は「感情面の疲労困憊」だといった。

母にできることはもう何もなかった。看護婦として母が働いた時間は、こうして終わりを告げたのだった。

【注】

（1）Truman, "The Bombing of Nagasaki," *History Learning Site.*

（2）"Warning Leaflets" *Atomic Heritage Foundation.*

（3）米国戦略爆撃調査団のカレリア・パルチコフへのインタビュー、16

（4）同書13

（5）ドレイゴ「カレリア・パルチコフ・ドレイゴの回顧録」、文書2、11ページ

（6）同書12ページ

（7）Hersey, *Hiroshima,* 56.（ハーシー『ヒロシマ』増補版 73ページ）

（8）同書24（ハーシー『ヒロシマ』増補版 30ページ）

（9）米国戦略爆撃調査団のカレリア・パルチコフへのインタビュー、8

(10) 同書6

(11) 同書8

(12) 同書4

(13) 同書

(14) 同書

(15) 同書9

(16) *Hersey, Hiroshima*, 42.（ハーシー『ヒロシマ』増補版55ページ）

(17) 同書の46（ハーシー『ヒロシマ』増補版60ページ）

(18) ドレイゴ「カレリア・パルチコフ・ドレイゴの回顧録」、文書2、12ページ

(19) *Hersey, Hiroshima*, 63.（ハーシー『ヒロシマ』増補版82ページ）

(20) 米国戦略爆撃調査団のカレリア・パルチコフへのインタビュー、15

第十三章　みんなが一致団結して、そして何もかもなくなった

日本――一九四五年八月十五日――正午

朕、深く世界の大勢と帝国の現状とに鑑み、非常の措置をもって時局を収拾せんと欲し、ここに忠良なるなんじ臣民に告ぐ。

朕は帝国政府をして米英支蘇《べいえいしそ》、四国《しこく》に対し、その共同宣言を受諾する旨通告せしめたり(1)

――天皇、裕仁

日本の国民に向けたラジオ演説

天皇の裕仁が降伏を決断したことは、容易な事態ではなかった。それというのも、日本の降伏にかんする問題に賛否の意見をもっていた軍部と政治指導者たちは双方が、天皇が耳を傾けて自分たちの意見を聞き入れてもらおうと争っていたからだ。八月十四日、豊田大将、梅津大将、阿南大将は戦争を継続するため瀬戸際の努力をつづけていたが、しばらく協議がなされたあと、天皇は「わたしは、連合国に対するわが国の回答について、さらなる明確化や修正もおこなわれないまま受け入れるべきだとする意見に、反対の立場にあ

る各々の主張を慎重に聴いたけれど、わたし自身の考えは、いかなる変更も受け入れないつもりである……」と述べ[2]、国民に向けた演説のレコードを作成するよう命じた。天皇みずからが降伏を伝えるつもりだったのである。

こうして最終的には、軍関係者のほとんどは天皇の決断を受け入れたが、ただ全員ではなかった。畑中健二陸軍少佐と椎崎二郎陸軍中佐の率いる熱狂的な将校のグループがクーデターを目論んだのだ。そして八月十五日午前一時〇分、この一派は皇居に乱入し、ほかの部隊にも自分たちに同調するよう呼びかけたが、待ち望んでいた支援は訪れなかった。それから数時間のあいだに畑中と椎崎がかかわった二件の殺害事件と数件の自害が発生したあと、クーデターは午前八時〇分に鎮圧され、こうして国民に向けた天皇の演説は計画どおり進められることになったのである。

予想されていたとおり、天皇の演説に対する国民の反応はさまざまだった。軍部の士官のなかには、日本の伝統にしたがって降伏より自害することを選ぶ者たちがいた。一方、多くの国民は、今までは政府が発表する情報だけを真に受けて、戦争の悲惨な状況は隠蔽されていたので、日本が降伏することは不意の出来事として受けとめられた。太平洋の島々での戦闘にかんする最悪のニュースでさえも、できるだけ都合のよいように知らされていたからだ。母は、つぎのように回顧している。

わたしたちは、日本が負けたことを知りました。以前に戦闘があったときのことですが、たとえば、硫黄島では日本軍が全員でどんなに戦っているかが報道されましたが、戦闘があって、日本軍が勝った……、六〇〇隻の戦艦と三〇〇隻の巡洋艦を撃沈したと伝えていたのです。けれども父は、アメリカ軍がそんなにたくさんの巡洋艦やら何やらを失って戦うことなんかできるのだろうかと、いつも驚いていました。そして翌朝になると、新たな放送があって、「残念ながら、わが軍の部隊は硫黄島から撤退しなければならなくなって、アメリカ軍の手に落ちました」と伝えているのです。新聞などは全部、取っておくのでした。(3)

戦況の帰趨はもう明らかだったのに、それでも多くの国民は降伏を望んでいなかった。

日本の国民は、自分たちが負けるなんて信じていませんでしたが、まもなく戦争は終わるんだといって、自分たちが勝つか負けるかは関係なかったのです。ご存じでしょうが、「わしらは、たぶん半年以上は持ちこたえられるんじゃなかろうか。それとも、原爆を落とされたんじゃから、もうだめじゃろうか。残されとる場所はないんじゃし、とにかく勝つか負けるかなんじゃろう」といっていました。わたしには、あの人たちがどんな風にして勝つことを期待していたのかわかりません。(4)

社会的な地位によっても、意見が分かれた。

五〇パーセントの人たちは和平を望んでいました……、教養ある人はみんな和平を望んでいました。けれども、ええそうなんです、兵隊の家族や、兵隊、士官たち……、この人たちは戦いたかったのです……、この人たちは戦争をつづけようとしていたのです。[5]

戦争によって負傷したり亡くなった人たちの家族にとっては、日本の降伏はとりわけ悲惨だった。

ええそうなんです、ご存じのように、戦争が終わる前に亡くなった人たちは、戦争が終わった直後に亡くなった人たちよりも幸運だったのです。なぜかというと、戦争中に亡くなった人たちは祖国のため死ぬんだという想いで亡くなったからです。とくに兵隊たちは、戦争が終わる前に亡くなった人たちのことですが、「そうです、われわれは前線に赴くわけではなく、ここで、日本を守っているんですから、前線で戦うのと同じことなんです。われわれは祖国のためにここで死ぬ覚悟です」といって死んだのです。そして、その人たちは靖国神社とか、いろいろなところに参拝したのです。ええ、そうやって、あとで兵隊たちは、靖国神社へ行くんだと叫んで死んだのです。人々は「降伏するいうて、いったいどういうことじゃ?」とか「わしらは騙されとったんじゃ」などと、いろんなことをいっていました。まったく、多くの混乱があったのです。[6]

七人の子供がいた人のことを知っています。子供たちは全員が原子爆弾のやけどがもとで亡くなり、その人は「みんな、お国のためだったんじゃ、お国のためだったんじゃよ」といっていました。そして、そう話していた翌日に、その人は日本が降伏したことを知ったのです。そうしたら、その人は今度は「ああ、なんということじゃろう、軍人たちはみんな死んでしもうて、なんもかんも、なくなりゃええのに」というのです。そして「わしの手であの東條という男を殺してやるつもりじゃ」というのです。国民は軍人たちに反感を抱いていました。苦難のなかでも何かよいことがあると思っていたのに、結局、何もよいことなんかなかったのですから。[7]

母が体験した話を聞くと、戦争に対する怒りや非難が軍部の指導者たちに向けられていたようだが、一人の人物だけは非難から免れていた。そのことを母はつぎのように説明している。

みんな、天皇のことは少しも非難しませんでした。ええそうなんです、あの人を神だとみなしているのです。ええ、議会は国民に少しも気を配っていませんでした。わたしは、日本人が天皇のことを悪くいうのを耳にしたことは一度もありません。天皇は、政府の方針に対してどんなに辛い想いをしていても、天皇として自分が述べることは一度もありませんでした。わたしは、あの人は、あやつり人形なのだと思います。(8)

このように、日本の国内には降伏による喪失感、悲嘆、苦痛が満ち溢れていたが、最後には、それらのことは、ひとつのことばに要約されたのだった。

「シカタガナイ」(仕方がない)

＊＊＊

日本が降伏の意思を示したというニュースは、世界中から安堵の声をもって歓迎されたが、おそらく、それがもっとも著しかった場所は、残忍な大惨事となることがわかっている日本本土への侵攻作戦を前にしていた連合軍の兵士、水兵、海兵隊員、飛行機搭乗員たちがいた太平洋の島々と艦船だったはずだ。それが今や、戦争を生き抜いて、帰国できることになるのだ。もちろん叔父のニックも帰国したかったが、ニックにはもう帰る家がなかった。日本の自宅は破壊され、それとともに自分の家族もまちがいなく亡くなっているからだ。

　はるか彼方の辺境のジャングルのなかで任務に就いていたニックと翻訳を担当する小隊は、すぐれた任務を遂行したと認められて陸軍から表彰された。けれども、戦争が終わったとはいえ、自分たちの任務が終了したわけではなかった。日本語が話せる者は男女を問わず、日本が降伏したあとの占領政策にとって貴重だったからである。そのためニックは、降伏調印式のためダグラス・マッカーサー元帥の参謀本部の一員として、日本に入国する最初の部隊のなかに特別に選ばれたのだ。降伏調印式は戦艦ミズーリの艦上で執りおこなわれることに決まっていて、日本の降伏を承認することになっているマッカーサー元帥が乗艦していた。そしてもう一隻の艦船はアメリカ海軍の輸送船スタージスで、アメリカ、オーストラリア、カナダ、オランダ領東インド、中国、フィリピン各国の武官と外交官を乗せて日本に入国していた。ミズーリとスタージスは、東京湾に停泊した連合国のただ二隻の艦船で、ニックはスタージスに乗船していて、一九四五年八月三十一日に東京湾に入港した。入隊から数年が経ってニックは、自分が生まれた国をふたたび目にすることになったのだ。

　世界中で祝賀会があったなかで、九月二日のミズーリ艦上の雰囲気はおごそかなもので、行事の重要性としてふさわしいものだった。日本政府の代表として重光外相が降伏文書に署名をし、日本の軍部を代表して梅津美治郎大将が署名したあと、マッカーサー元帥が、連合国の要人たちに囲まれて降伏を承認した。このとき歴史的遺物として、一八五三年に日本に向けて航海したマシュー・カルブレイス・ペリー提督が乗艦していた、アメリカ海軍のフリゲート艦ポーハタン号に掲げられていた当時の星条旗が掲揚された。ペリー提督の来港によって日米和親条約が締結され、日本はアメリカとの通商貿易をはじめたのだった。こうして調印式がすむと、マッカーサー元帥は、人類の希望を願って「今や世界中に平和が取りもどされ、それを神がいつまでも保たれるよう祈ろう。これで手続きは終了する」と付け加えた。

ニックは、スタージスの艦上から調印式の一部始終を眺めていたが、自分の家族は死んだのだという悲嘆のせいで、戦争が終わったことに対するよろこびの気分は薄らいでいた。

＊＊＊

日本の降伏は、国民のあいだに複雑な感情をもたらした。国民には生まれたときから八紘一宇の精神が染みこんでいたから、戦争は終わったが、徹底した国粋主義の感情、なかでも中国人と朝鮮人に対する差別感情はそのまま残っていた。このことを母はつぎのように語っている。

人々は、こんなことをいっていました。「わしらは外国人に負けたんじゃ……、白人にな。じゃが、中国や朝鮮には仕返しをしよう思うとるんじゃ。わしらより低級なあいつらには我慢ならんからじゃ。あいつらは、わしらとはそれほど戦ってはおらなんだ。わしらを打ちのめしたのはアメリカなんじゃからな」。ええそうなのです、朝鮮人たちは、倒される前から見下されていたのです。(9)

降伏したあとの日本の国民にとって圧倒的ともいえる感情は、おそらく恐怖心だった。多くの日本人、おそらくほとんどの日本人は、アメリカ軍の部隊が日本中を暴れまわって何もかも破壊し、民間人も殺されるのではないかと思っていたのだ。あのような状況のなかでは、例によって、事実と作り話とを区別することはむずかしかったからである。ポツダム宣言では、日本の国民は虐待されることはないと明言してあったが、怯えて猜疑的になっている一般大衆にとっては、アメリカ人がいったことと実際にやることとは別のことのように思われたのだ。そのうちに、いろんなデマ（たいていは悪い内容の）が飛び交うようになった。警察官がマツモトさんの家にやって来て、山のなかへ避難するよう告げた。アメリカ人がみんなを殺しに来るというのだ。

あらゆる点で、祖父は自分の家族をどのように守ろうかと懸命に考えていた。そして思いどおりになったのである。方々を歩きまわったり探しまわったりした結果、広島から九六キロメートルの中国山地のふもとにある田舎町の帝釈峡《たいしゃくきょう》に小さな家を見つけたのだ。掘っ立て小屋と変わらない小さな家だったが、狭い居間に十家族が詰め込まれることを思えば、はるかに快適だ。わたしの家族は、マツモトさん一家の親切と寛大さに感謝して徒歩で出発し、衰弱した祖母の手を引いて、もう一度やり直すため帝釈峡に向かったのだった。

わたしたちは、蓄えていたお金を使って、その家の床に即席のベッドを作りました。家族みんながてきるだけ住みやすいようにしてから、父は、倒壊したわたしたちの家の所持品から持ち出せるものを探すため広島にもどって行きました(10)。

＊＊＊

ニックは降伏調印式の席で、調印式を見ようと集まっていた武官や各国の要人のために日本語、ロシア語、英語の通訳をするのに忙しい時間をすごしていた。そしてそれが終わると、新たな命令を受けた。マニラにもどって、日本が占領していた当時の諸問題を片づけることになったのである。

ニックはアメリカ軍に所属していたが、出すぎたこととは思いながら、自分の家族がどうなっているか見つけ出すまではもうどこにも行くつもりはなかった。そして一刻も早くそうしようと心に決めたのだった。

【注】

（1）*"Hirohito Surrender Speech."* Emerson-Kent
（2）Frank, *Downfall: The End of the Imperial Japanese Empire*, 90.
（3）米国戦略爆撃調査団のカレリア・パルチコフへのインタビュー、19
（4）同書30
（5）同書
（6）同書21
（7）同書17
（8）同書26
（9）同書
（10）ドレイゴ「カレリア・パルチコフ・ドレイゴの回顧録」、文書2、13ページ

第十四章　千載一遇

東京――一九四五年九月三日

ニックは部隊長の前に立って、自分の家族を探すため広島に行きたいと、あらためて伝えた。この件について部隊長のパケラ大佐は、以前にもニックと話し合っていて、ニックの気持ちはよくわかっていたので、何とかしたいと考えた。二人は長いあいだ一緒の任務に就いていて、お互いを尊敬し合っていた。とはいえ通信部隊の人員不足と必要性を考えると、陸軍の優先権を変えることはできない。ニックの通訳としての技能はマニラで必要とされていたので、パケラ大佐としては立場上、命令を変更することはできなかった。自分にできることは、マニラ行きを遅らせることだけだった。それで、ニックに三日間の休暇を許可して幸運を祈ったのである。

ちょうど進駐軍が日本に入国しはじめていて、運よく東京湾からモーターランチ（発動機艇）に乗船して、輸送船スタージスから東京に上陸することができた。東京も空襲で焼け野原になっていたが、日本政府と国民は瓦礫を除去して道路や鉄道を整備するため懸命に働いている。時間はなかったが、自分の家族がどうなっているかを知りたい気持ちは強かったので、汽車の座席をなんとか確保して東京から六七〇キロメートルはなれた広島に向かった。ニックは、広島に到着したときの衝撃をつぎのように書いている。

一九四五年九月に汽車から広島に降り立ったときのことをよく憶えています。広島が原爆で破壊されて一ヶ月後のことです。わたしは二十一歳でした。アメリカ陸軍の軍服を着て降り立ち、世界で初めての核兵器によるグラウンド・ゼロを見わたしました。かつてわたしの故郷だったところは灰燼で覆い尽くされていて、元どおりにできるものは何もなかったので、捜索隊も救援隊も警察官も、だれ一人いません。死者を弔う慰霊碑や、忙しそうに走るトラックなどもなく、訪れる人たちもいません。そのかわり、コンクリートの表面に写真のネガのように焼きついた人体の影が残っていたり、完全な静寂に包まれていて、精神的にどうかなりそうだったので、このことについて話をするのに四十年もかかったのです。(1)

一匹の犬も猫も、トンボの姿もなく、どこにも青葉がありませんでした。見わたすかぎり、生きているのはわたしだけでした。(2)

軍服を着ているのが役に立って、なんとか乗り物を手に入れ、バイクを運転する日本人の警察官と一緒に瓦礫のあいだを案内してもらった。そのときは、街のなかにはアメリカ軍の関係者はどこにも目にすることはなかった。しばらく行くと、民間人が何人かで瓦礫を掘り起こしているのが目にとまり、それは原爆の影響を調査している科学者たちだとわかったが、軍の関係者ではなかった。アメリカ軍の軍服を着ている人間（唯一の征服者として）はニックだけだった。日本人の警察官に案内されて、ニックは故郷の瓦礫のあいだを進んで行った。

予感と不安に胸が塞がるような想いをしながら、家族と暮らしていた流川通りの家のところへ真っ先に行ってみた。自宅に十二室ほどあった部屋の面影は何もない。爆心地からわずか五〇〇メートルのその家は、衝撃波で跡形もなくなり、残骸もほとんどないほどだ。美しい鯉が泳いでいた池も干上がり、庭は灰燼に覆われて窪んだようになっている。黒焦げになった残骸の破片を蹴散らしてみると、ベッドの一部だった真鍮の取っ手が見つかったが、もっとぞっとするような物もあった。家の前の歩道の上に、原爆によって蒸発した人たちの影像が残っているのだ。ひょっとして、その影像は自分の家族のものだろうか？

付近を歩きまわって、出会ったわずかな人に自分の家族がどうなったか尋ねてみた。すると、だれもが同じことをいうのだ。白人はみんな死んで、その人たちのために教会で礼拝がおこなわれ、棺が用意されているとか遺体は見つかっていないという。自分が今、目の前で見た状況を考えれば、その話を信用しない理由はなかった。もう期待をもたないことにした。自分の家族は全員が死んだのだと確信した。(3)

ニックが自宅の付近をあとにしようとしていると、突然、馴染みの顔が目にとまった。自分の家族と親しかった、ロシアからの亡命者の一人だったイリイン氏だ。イリイン氏は、父と一緒に陸軍幼年学校でロシア語を教えていた人で、ニックが自分の家のあたりを歩きまわっているときにちょうどイリイン氏も、残骸になった自分の家のあたりを何か持ち帰るものはないかと歩きまわっていたのだ。二人は驚いて、出会えたことに興奮し、お互いの無事をよろこび合った。イリイン氏は、原爆が炸裂したとき自分は家にいなかったのだと説明した。最初の衝撃波から生きのびたあと川に飛び込んで、火事嵐で焼け死なずにすんだという。そして二つの貴重な情報が得られた。ニックの家族は原爆が投下される前に、この家から立ち退かされていて、被爆者たちが生きのびている街の郊外へ移っていたはずで、おそらくパルチコフ一家もそのなかにいるのではないかと期待のもてる話をしてくれたのだ。さらに、保険会社の担当員が週一回広島にやって来て、家をなくした人たちに保険金を支払っていると話してくれた。そして、保険会社の担当員を見つけ出して家族の消息を尋ねるよう教えてくれたのである。保険会社はどこにあるのか尋ねると、ほかのあらゆるものと同じように、建物はなくなったけれど保険会社の担当員が保険金を支払うためにやって来て、街の広場にある歩道の脇に座って、お金がなくなるまで配っているということだった。

それでニックはすぐに、イリイン氏が教えてくれた場所を警察官に伝えて案内してもらいながら、今はもうどこかわからないような街のなかを向かった。そこに着くと、イリイン氏が話していたとおり、公園のところで保険会社の担当員がたくさんのお金を前に座っていて、保険金を受け取ろうとする人たちが長い列を作って辛抱強く待っている。そしてその日は、わたしの家族、なかでも祖父にとって決して忘れることのできない日になったのである。

九月八日（父にとって「天使の日」になった日です）にあの場所で、父は保険金をもらうため列に並んでいたのですが、一人のアメリカ軍の兵士が目にとまりました。その兵士はアメリカ軍の通信部隊の兵士で、バイクを運転する日本人の警察官のうしろから付いてきていました。ハンサムな青年で、その兵士が父の方に大急ぎでやって来るのです。ニキィです！　廃墟になった街をなんとかとおって、たぶん唯一人のアメリカ兵で、原爆の被害状況を調査する任務とは関係なく広島に足を踏み入れたのです。二人はしっかりと抱き合って、人目をはばかることなく涙を流しました。やっと父がことばを発しました。「一緒に家に帰ろう。こいつは、お母さんにとって新たな人生になるぞ」(4)

わたしの家族が奇跡を体験したとしか、おそらく説明のしようがない。イリイン氏が自分の家の瓦礫のなかを探しまわっていたちょうどそのときにニックがやって来て、その日は保険会社の担当員が保険金を支払う日にもなっていて、しかもその日に、わたしの祖父は保険金を受け取りに行っていたのだ。偶然だったにしても、仰天するようなことだったのだ。

ただ、こうして父親に出会えたものの、ニックは三日間の休暇のうちすでに二日を費やしていて、それがひとつ問題だった。わたしの祖母、母、デヴィッドに是非とも会いたかったが、そのためには、祖父が見つけた山のなかのあばら屋まで九六キロメートルの道のりを、原爆で破壊されて修理したばかりの鉄道をとおって行かなければならないからだ。のちに祖父とニックの二人は、そのときの旅が、身をよじるほど時間のかかる道のりだったため、ニックにとっては自分の家族に会いたい焦燥感と、残りの休暇の期限が迫っているという切迫感とで、夜中が近づくときのシンデレラみたいに胸が塞がる想いだったことを憶えている。ともかく長い時間がかかったようだったが、二人はやり遂げたのだった。

一方、広島の街でニックの姿を目にした人が数人いて、その人たちが、ニックと祖父が山あいの町にもどる前に先にもどっていたので、ほとんどの噂と同じように、ニックがやって来るという噂が町じゅうにまたたく間に広まっていた。わたしの母は、ニックが帰ってきたときの奇妙な歓迎の様子について書いている。

ニキィが奇跡のように姿を見せるという噂が、本人がもどって来るより先に、わたししたちの町に広まりました。ニキィと父が乗った汽車が到着するのを待って、町じゅうの人が、広島からやって来る「アメリカ海軍の中佐」だと伝えられていたアメリカ人を歓迎しようと、家の外に並んでいます。町長（プリンストン大学の卒業生）みずからが、燕尾服とピンストライプのズボン姿で駅に来ていて、歓迎のスピーチをすることになっていたのです。母とデヴィッド、それにわたしは、ほかの人たちと同じように、ニキィがもどってくることは知らされていましたが、わたしたち家族はみんな家で待っていました……、泣きながら、いろんなことを思っていたのです……、原子爆弾のあとの数ヶ月のささいなことまでが全部思い出されて泣いたので、周囲の人たちを戸惑わせたくなかったのです。母は、ニキィが帰ってくる前に、一家が最後まで飼っていた鶏をつぶして調理し、デヴィッドとわたしは、ニキィが帰ってきたときの夕食のために一日じゅう野原で栗を探してまわりました。

帰ってきたニキィは、料理のほとんどに手をつけず、わたしたちに食べさせました。何も話しませんでしたが、ニキィの目は、わたしたちの姿を見てショックを受けていると語っていました。父は、ニキィがアメリカに渡ったときは体重が九五キロあったのに、そのときは六四キロしかなかったのです。母とわたしは二人とも四五キロ以下でした。(5)

ところで、そのときの食卓でのみんなの気持ちは、信じられないほど複雑なものだった。

安堵と愛情とが満ち溢れていたが、不思議な感情もあった。デヴィッドは、ニックがこの弟を最後に見たときは幼い男の子だったのに、今では立派な少年になっている。五年間の離ればなれの生活によって、家族の関係は大きな代償を払うことになったのである。ニックは、もう十代の若者ではなく、今では重い責任を負った一人の男性で、これまでほとんど毎日のように死と向き合ってきたのだ。家族にとってニックは、馴染みの人間でありながら、もう別の人格なのだ。

祖母は、戦争中はずっとニックと再会できることを祈っていたが、そのあいだに大きな不安と恐怖と苦痛を体験していたので、その体験を消し去ることができないままだった。そのため心のなかでは再会できると信じていながらも、祖母の知性と体験は、そんな見込みなんてわずかしかないのだと囁いていた。癌によって死が身近なものだったし、ニックは従軍している兵士だった。そんな環境のなかで、二人はどうすることもできなかったのである。それが突然、終わりを告げたのだ。祖母の祈りが届いたのだ。祖母は声をあげて泣いた。

母は、以前はいつもニックと一緒だった。姉と弟という関係だったが、二人の世界は「それとはちがう」ものだった。二人が日本人の友だちとどんなに仲よくしていても、二人は、ほかのみんなとはちがっていたから、そのことは家族という関係を超えた絆を深めることになったのである。

祖父にとっては、長男のニックがもどってきたことは、おそらく、かつて望んでいたもっとも大きな贈り物になったはずだ。パケラ大佐が許可してくれた七十二時間の休暇は、長いあいだ抱きつづけてきた祖父の心の痛みを和らげてくれたのだった。デヴィッドくらいの十代の若者がアメリカに旅立ち、今こうして、見ちがえるような人間になって帰ってきた姿を祖父は眺めている。ニックに対する印象は、デヴィッドに対する印象とは、まったくちがっているようだった。それというのもニックは、自分の愛する息子というだけでなく、記章のついた軍服を着て、家族の伝統である貴族階級と誇りと国家への奉仕を具現化していたからだ。祖父は、愛と誇りに満たされていた。

　七十二時間の期限が迫ってくるなか、家族は、二度と訪れないかもしれないひとときを楽しんだ。壊れそうな掘っ立て小屋のなかに一家は座って、わずかばかりの料理をつつきながら、幸せだった。

＊＊＊

「口にしたくない大事なこと《the elephant in the room》」ということばは、目をそらすことのできない状況を表現するのによく使われる。広島から九六キロメートルのところにある山あいの小さな掘っ立て小屋で、そのことばは原爆のことだった。ニックは広島の廃墟を目にし、ほかの家族は実際に原爆を体験していたから、だれもが感情は熱を帯びていた。みんな家族であり、広島が自分たちの街だったのに、ニックは原爆のことを国際的な視点から考えていて、ほかの家族は地域的な視点から考えていた。起きた出来事に対する恐怖は同じだったが、出来事に対する受けとめ方はまったくちがっていたのである。原爆のことを切り出したのは母だった。「あなたたちはどうして、」といってから、すぐにいい直して、「あの人たちは、アメリカ人たちはどうして、あんなひどいことができたのかしら？」とニックに尋ねた。[6]あの出来事は疑いなく恐るべきことだったから、もっともな質問だった。けれどもニックは、戦争のもつ幅広い背景と、人命が失われる可能性のことを考えて、つぎのように説明した。アメリカ軍の爆撃機の編隊が、日本軍の飛行機による抵抗がほとんどないなかで日本中の都市を破壊していたうえ、何十万人という連合軍の将兵が日本本土へ侵攻する予定だったのであり、そんなことになれば戦闘によって両軍におびただしい犠牲者が出るし、日本の民間人にも多数の犠牲者が出ることになると説明してから、原爆が恐るべきものだということには同意するけれど、原爆を使わなかったら、もっと悲惨な状況になったはずだというのだ。母は、ニックがどのように説明したかを憶えている。

ニキィは、「原爆はたしかに恐るべきものだけれど、平和をもたらしたんだ、原爆を投下したことで、何百万人というアメリカ人と日本人が殺されるような本土への侵攻作戦の必要がなくなったんだ」と説明し、「戦争が何ヶ月も短くなったんだよ」というのです。ニキィにとっては、通信兵として南太平洋のもっとも危険な戦場で二年間をすごし、食料が底をつくと、根っこやネズミを食べて、ひっきりなしの爆撃（三日間で八十七回の爆撃があったそうです）の下で耐え忍び、仲間が死ぬのを目にしていたので、戦争が短くなるということは、もっともな理由だったのです。(7)

母は、原爆を使用したことは正当なことだったというニックの信念は、ふたたび家族とこうして一緒になれたからこそ生まれたのだと思った。

ニキィは、敵（日本）のラジオ放送をモニターして「広島が壊滅しました」というニュース速報を聴いて、そのあと（二時間後に）トルーマン大統領が原子爆弾を投下したことを熱狂的に伝える声明を聴いたとき、あの日、広島で何があったのか知らなかったのです。(8)

母は、ニックのいうことも、ある程度は理解できた。けれども、あの悲惨な記憶を消し去ることはできなかった。

「とっても……、とっても怖ろしいことだったのよ」わたしがいいました。「わかってい

るよ。でも、もう終わったんだ」ニキィがかすれた声でいいました。(9)

二人の会話は、とりあえず終わったのかもしれないが、広島が壊滅した怖ろしいイメージは二人の記憶のなかに永遠に生きるつづけることになったのである。

＊＊＊

ニックがもどってきたことで、わたしの家族にとって最悪中の最悪の状況が過ぎ去った。実際にいろいろなことが変わりはじめていたし、アメリカが勝利したことで、有益なこともあった。このことについては、ニックが一家の暮らしに劇的な好影響をもたらすことになった。山あいの掘っ立て小屋で一緒に数時間をすごしたあと、ニックはもう一度、海外へ赴く任務のため自分の部隊に出頭しなければならなかったのだが、自分の一家の面倒を見ることを請け合ったのだ。「ぼくがマニラへ赴く前に、東京にいる同僚に話をしておくよ(10)」というのだ。「東京にいる同僚」というのは、進駐軍の部隊で日本人の生活上の保護を担当する同僚たちのことで、食料を配給したり日本国内の秩序を安定させて平時の経済体制に移そうとする仕事をしていた。仮に母がニックが請け合ったことをそのとき信じなかったとしても、このことについてはすぐに納得のゆく回答が得られたのだった。

ニキィが自分の同僚（ニキィの上官の大佐を含めて）に相談したことは、つぎの数週間のあいだに実行に移されて、父は東京の「アメリカ海軍下士官クラブ」のマネージャーというありがたい仕事に就けることになり、わたしたちには新しい家や、いくらでも利用できるほどの軍隊の非常携帯食（わたしたちにとっては、おいしい飲み物とご馳走でした）をもらえるようになったのです。(11)

ニックがふたたび自分の部隊にもどって家族のもとを去ったあと、暮らしはやっと平常になろうとしていたが、母の物語が終わったわけではない。少しも終わらなかったのだ。

【注】

（1）Palchikoff, "I've Seen the Worst that War Can Do," *Newsweek.*

（2）Boyton, "Devastated Hiroshima A Vivid Memory," *The Press Democrat.*

（3）ドレイゴ「カレリア・パルチコフ・ドレイゴの回顧」、文書2、14ページ

（4）同書 文書13

（5）同書 文書15

（6）同書 文書16

（7）同書
（8）同書
（9）同書
（10）同書　文書17
（11）同書

第十五章　あの女の子はだれ？

ニックは、マニラに赴く前に自分の家族の暮らしも改善させていて、さいわいマニラでの滞在期間も短くすんだ。二ヶ月たらずして一九四五年の秋には東京にもどり、パケラ大佐は、一九四六年一月までニックが部隊をはなれることを許可してくれたので、一家は今では東京で暮らしていて、ニックは家族と一緒にすごすことができるようになった。こうして、みんなが一緒になって、十分な栄養をとり、それから五年間は平穏にすぎた。家族のだれもが幸せで、祖母も見ちがえるほど活気を取りもどしてきた。身体的にも精神的にも症状と不安はつづいていたが、一家に最悪の事態が過ぎ去ったことが、医師が処方するどんな薬よりも効果的だったのだ。母は「家族が一緒になり、栄養のある十分な食事によって、母の青白い頬に赤みがさしてきました。母は、ふたたび肉付きがよくなってきました」(1)と書いている。自宅にニックがいて祖母の世話をし、デヴィッドにとっても長いあいだいなかった兄がいて、祖父は働いて家族のためにお金と食料を持ち帰ることができたことで（おそらく大黒柱としての祖父の自尊心に精神的に大きな後押しになったはずだ）、母もようやく世の中に出て行って、自分自身のささやかな人生を見つけ出す機会が訪れたのだった。

進駐軍が大挙して日本に入国していたが、ポツダム宣言で述べられていたとおり、征服者として日本の国民を支配下に置くつもりで来たのではなかった。進駐軍の目的は、ヨーロッパで占領軍がおこなったのと同じように、戦争で荒廃した国を復興させ、日本に対しても、国民の総意にもとづく平和的な政府を樹立する土壌を作ることだった。アメリカが確約したとおり、天皇の裕仁は皇位にとどまることができた。そして九月にマッカーサー元帥は天皇と面会し、天皇に対して日本を統治する際に補佐する機会を申し出て、天皇もその申し出を承諾した。天皇を占領政府に加えることで、国民のあいだに燻っている不穏な空気を防ぐことになるからである。国民のほとんどは、今までのように天皇にしたがうことを望んでいたので、マッカーサーにとって裕仁は、敵ではなく、はるかに親しい友人になったのだ。

日本各地にいる進駐軍の将兵、科学者、民間の業者にとって、日本語の通訳をしたり翻訳ができる人材は是非とも必要だった。母もその語学力のおかげで、たぶんニックが評判を広めたこともあって、マッカーサー元帥の司令部に所属する経済科学局で秘書としての仕事に就くことができた。そのためしばらくすると、完璧な日本語を話す若くてチャーミングな白人の女性がだれなのか、どこから来たのかと周囲の人たちが尋ねるようになった。そして広島の被爆者だとわかると、なかでもアメリカ陸空軍のある部隊から注目を集めるようになった。その部隊は空軍の「米国戦略爆撃調査団」と名づけられたチームで、ヨーロッパでの爆撃作戦による効果を詳細に分析していて、日本でもその調査をはじめていたのである。広島と長崎を除くと、それ以外の都市は通常の兵器を使用した爆撃で、日本の建物の建築様式はヨーロッパとはまったくちがっていたが、調査団は、爆発力と発火力のある従来の爆弾がどのような効果をもたらしたかについては十分な知見を得ていた。けれども原爆は初めての調査対象だった。そのため原爆による破壊力、破壊のありさま、あるいは人間にどんな影響をおよぼしたのかについて、その詳細はまだほとんどわかっていなかったから、空軍では、原爆によって生き残った人たちを探し出して、一連のインタビューをおこない、その人たちの体験を直接記録しようとして呼び集めていたのだった。ただほとんどの被爆者は母国語を話す日本人だったので、母以外の被爆者は日本語しか話せない。そのため白人で英語が話せることから、母はインタビューをするのに特別に期待された人物だったのである。当然ながらインタビューは英語でおこなわれたから、聴きとった内容を誤解する可能性や、日本人のように通訳を介する問題に悩む必要がなかったし、おまけに科学者と医師にとっては情報が欲しい分野があった。その分野というのは、放射線がすべての人に同じ程度に影響をおよぼしたのか、それとも人種によってちがうのではないかという疑問だった。現在では考えられないような疑問だし、人種上の偏見だったことは明らかだが、当時は原爆がもたらす影響について不明なことが多かったので、あらゆることが疑問の対象になっていたのである。この件にかんして、母の体験についての質問は、以下の質疑応答のとおり、人種上のちがいについて執拗に尋ねられている。

面接者…原爆が炸裂したあと、白人の姿を見かけましたか？　あなたの周囲には、ほかに白人がいましたか？　あるいは、その人たちは熱傷を負いませんでしたか？

母………白人で、やけどをした人は一人もいませんでした。怪我はしましたが、やけどはしませんでした。

面接者…じゃあ、かなりの白人の姿を見たのですね？　何人くらい、いましたか？

母………三日後になって、何人も白人を見ました。

面接者…ということは、原爆が炸裂したとき、あなたのほかに街の中心部あたりに白人が何人かいたということでしょうか？

母………ええ、そのとおりです。わたしたち一家だけ郊外にいたんです。ほかの白人の人たちは、みんな市内にいました。(2)

面接者…その白人たちは、あとになって髪の毛が抜けましたか？

母………髪の毛が抜けたような症状の人は一人もいませんでした。そのせいでしょうか、日本人たちは「奇跡じゃ。何か秘訣があったにちがいない」というんですよ。その人たちは信用しようとしなかったんです。

面接者…広島には白人は何人いたのですか？

母……ロシア人が九人に、アメリカ人の女性が一人でした。ただ、その女性はフランス人だったかもしれませんが、自分は日本人と結婚したアメリカ人だといっていましたし、それと一二人のドイツ人だと思いますが……、ドイツ人の伝道者だったようです。(3)

このインタビューによって、日本人ではない多くの白人が原爆によって無傷だったという奇妙な事実は「ホワイト・トリック」といわれ、多くの人たちから信じられることになったのである。たしかに原爆は特異な兵器だったが、日本人だけに影響をあたえるよう造られたのだという思い込みによって、被爆者たちは、いっそう残酷な屈辱を受けることになり、母は自分の生まれ故郷を気楽に歩くことができなくなった。母のことを、アメリカの巧妙な科学技術によって負傷しなかった人間なのだとか、進駐軍の関係者の一人だとみなされたからだ。そしてそのことは母の生活を困難にさせた。

面接者…あなたの周囲の人たちの反応はどうでしたか？　あなたがいることを腹立たしく思っていましたか？

母……あの人たちは、わたしたち一家が外国人だということで、わたしたち（アメリカ軍のことですが）が原子爆弾を落としたから外国人はだれも死ななかったんだと思っていました。「なんで、あんたらは無事なん？　なんで、やけどせんかったん？」というのです。そして、わたしたちを妬むような目で見るので、わたしは市街地には行きませんでした。あの人たちに殺されるんじゃないかと怖かったんです。それに日本人のなかにも、やけどをした人も、やけどをしなかった人もいたんですよ。今でもそうですが、最後に九月に広島に行ったときも（九月十一日から十九日までいました）、やけどをした人がとてもたくさんいて、その人たちがわたしを険しい目つきで見ていました。(4)

米国戦略爆撃調査団がヨーロッパ戦線で調査した報告書は一九四五年八月十五日に発行され、太平洋戦線での調査報告書は一九四六年七月一日に発行された。太平洋戦線での報告書の要約は、わずか三二ページだったが、それ以外にインタビューの記録が数百ページも追加されている。母がインタビューを受けた記録は三〇ページで、その一ページ目に手書きで「二つの録音記録がある」と記されている。ひととおりインタビューが終わって、母はマッカーサー司令部にもどったのだが、空軍としては、まだインタビューを終えていなかったのだった。

＊＊＊

原爆が投下される数日前の一九四五年七月二十三日、アメリカ陸空軍のリチャード・M・チェンバーズ中尉は、太平洋戦線に赴く暫定任務の命令を受け、ワシントンDCを発って空路でユタ州カーンズの補充部隊基地まで行き、そこで準備をととのえてから、フィリピンのマニラまで派遣されることになった。このたびの命令は、重さ四五キロの特殊な備品を重要な任務として運んでいくことで、中身は、数台のカメラ、フィルム、スケッチ帳だった。チェンバーズ中尉はアメリカ陸空軍の従軍アーチストだったのだ。そして、自分が目的地に着くまでに世界が変わるなどとは思ってもいなかった。

チェンバーズ中尉の任務は、自分が制作した作品を陸空軍のアーカイブズに収めることで、情報や教練のために記録に残すことではなく、空軍としての任務にドラマチックで象徴的な働きをし、しかも歴史的に重要な飛行士や装備のありさまを巧みに表現することであって、アーチストとして芸術的な作品を制作することを求められていた。八月十日にマニラに着いたが、この日は長崎に原爆が投下された翌日だった。チェンバーズ中尉は当初の命令どおりマニラとレイテ島で仕事を片づけ、十月二日に空路で東京の立川基地に向かい、アメリカ進駐軍の任務を記録するため一ヶ月ほどの任務に就いた。そして、そこで広島の原爆で生き残った若くてチャーミングな女性のことを知り、その女性の物語を聞きたいと思ったのである。

チェンバーズ中尉が制作した写真、スケッチ、絵画は、自分が訪れた場所と、そこで活動する人たちの様子が正確に記録されていた。それらの作品は、ひとつの例外を除くと、完全にドキュメンタリーのスタイルをとっていたが、わたしの母に会ってからは、母の姿を描くというより母の物語の一部を絵画によって表現しようと考えたのだった。そして絵を描く前に母にインタビューをし、母の話によると、自分を描いているあいだもくり返し質問をつづけたという。こうしてチェンバーズ中尉が描こうと選んだ母の物語は、家が倒壊して下敷きになった女性を母が助け出そうとしている場面だった。その絵画は、原爆で廃墟になった荒涼とした光景を背景に描き、瓦礫のなかから突き出ている一本の手に母が手を差しのべているところが描かれている。チェンバーズ中尉は、この作品に「広島のキノコ雲の下で」という表題をつけて一九四五年十二月四日にワシントンＤＣにもどり、大規模な突然の動員解除によって自分も陸空軍から除隊されることを期待していた。陸空軍では八〇パーセントの人員が一年以内に除隊となり、飛行機も製造を中止されるか完全にスクラップにされた。そして、ほかの従軍アーチストや写真家と同じように、自分の作品もアメリカ政府の所有物となり、残りの所持品と一緒に提出しなければならなかった。陸軍の歴史家たちにとってそれらの作品は、ふるいにかけて目録にするには気の遠くなるような量だった。一九四七年七月二十六日、トルーマン大統領は空軍と陸軍を分離して陸軍省の下で新たな組織を創設することになり、まもなく陸軍省は国防総省と改名され、その結果、空軍に厳密に関係するすべての資料は陸軍の資料とは分別され、移転させられた。そして母は、自分が描かれた作品がその後、何年にもわたってどうなったのか何も聞かされなかった。

おそらく、そのユニークな作品のせいで（厳密な意味でドキュメンタリーというより、むしろドラマチックな描写のため）、軍のアーカイブズでは「広島のキノコ雲の下で」は特別に展示する場所をもうける価値があると判断したようだ。そして、その場所に選ばれたのはペンタゴンだった。こうして一九五一年、その絵画は、アメリカの軍事計画の中枢である施設に表題の説明板をつけて展示されたのだった。説明板の一部には、つぎのように書かれている。

この絵画は、広島に投下された原爆を生き抜いた一人の少女の個人的な体験を歴史的に描写したものである。この少女は、一九二二年に日本での平穏な暮らしを求めてロシアから逃亡してきた白軍の将校だった人の娘である。

説明板には、この文章のあとに、原爆投下直後の体験を母があらためて語ったことばがつづいていて、この絵画に描かれた場面について母が述べた内容で終わっている。

……、そして、とある家の下からだれかが叫んでいる声が聞こえてきました。その人を何とか引っ張り出そうとしたのですが、できませんでした。不可能でした。一本の手が見えるだけです。女の人の手だとわかりました。(5)

母の記憶のなかに永遠に刻まれたイメージは今、カンバスの油絵になっている。

＊＊＊

東京での一家の新たな暮らしは、よろこびと感謝に満ちた空気のなかで数週間つづいたが、そのあとに不運で危うい出来事が待ち構えていた。わたしの家族は、自分たちが一緒に暮らしていることの幸運と、一緒にすごす一瞬ごとに想いが変化していることに気づいていた。十分な食事とストレスのない数週間がすぎたあと、だれもがふたたび昔の自分たちのように感じるようになったが、ニックは、自分のなかに何かがあることに気づいていた。その何かが自分を悩ませるようになってきたので、結局、家族との会話のなかで平静をよそおって、そのことを告げたのだった。みんなに向けて、健康診断を受けるのがいいと思うと伝えたのである。何も心配なことはないと思うといいながらも、被爆者の血球数には、何か疑わしいものがあったし、放射線を浴びたことによる不明な要素が多くあったので、大事をとってみんなが医師の診断を受けるよう提案したのだ。

なかでも母は、ほかの家族よりそうする必要があったし、本人も原爆による直接の影響をよくわかっていた。看護婦として働いているあいだに、被爆者の苦痛に満ちた様子や、手足の切断という怖ろしい場面を植えつけられていた。それなのに、あれ以上に何かもっと悪いことでもあるのだろうか？　そうなのだ、広島じゅうを歩きまわったことで（そんなことが、もうできなくなるまで）、原爆で痛ましい傷を負った人たちの前に自分をさらしたことだったのだ。ニックは今、家族みんなに向けて、放射能にさらされたことによる問題があるかもしれないと語っている。放射能は目に見えないし、それがどんな作用をおよぼすのか正確にはわからないが、家族のみんなに何かが起きそうな気がしていたのだ。ニックは心を痛めていた。

わたしの家族が体験したような、原爆による最初の影響は理解しやすい。炸裂によるすさまじい高熱は近くのあらゆるものを焼き尽くし、それより遠くにいた人たちは、炸裂がピークに達した一秒以下の瞬間に熱傷を負った。閃光熱傷といわれるこの熱傷は、皮膚の表面だけを損傷し、閃光に面した体の部分にだけ生じた。衣類は熱傷の程度を和らげたが、体を完全に守ることはできなかった。白くて明るい色の衣類は可視光線と赤外線を反射したため、皮膚を保護したが、黒ずんだ色は熱線が透過し、柄のある衣類を着ていた人は、その柄の跡を皮膚に焼きつけた。母は、救護所で働いているあいだ、このような皮膚の人たちを多く目にしたが、当時は、その原因についてはわからなかった。一方、ベータ線による熱傷を負った人もいて、それは皮膚が放射性物質に接触した結果により発生したが、それほど深刻ではなかった。また、おびただしい遺体が川面に浮かんで汚染していた水と同じように、放射性物質を含んだ川の水を飲んだ人たちは、具合が悪くなったり亡くなったりした。そのほかに死亡や負傷の大きな原因は、まさに、わたしの家族が体験していたことで、原爆の炸裂による衝撃波によって建物が倒壊したため、その下敷きになって数千人の人たちが死傷したのである。ただ奇妙なことに、人間の体は建物を襲った衝撃波の二倍以上も耐えることができたので、屋内にいた人より屋外にいた人の方が助かった場合もあった。

ニックが家族に対する健康上の心配を持ち出すまでに、被爆者のあいだには原爆による後発障害のいくつかの症状があらわれはじめていた。盛り上がったゴムのようなケロイドがふつうになっていて、ケロイドのある若い女性たちは、広島の街を歩いている母を見て、この悲惨な影響から免れた母のことをとくに恨んでいた。母は、その女性たちの怒りが理解できたし、気の毒に思ってはいたが、母やほかの人たちにしても、その女性たちにしてやれることは何もなかった。一方、放射線によるそれほど深刻でない症状として、水疱形成や脱毛があった。さいわいなことに、このような症状は改善したが、ほかに気づきにくい問題があった。たとえば肺は放射線に感受性が高く、肺細胞を破壊して気道と血管が閉塞する原因になり、生殖機能も同じように影響を受けやすい臓器だった。放射線による卵巣と精巣への障害は一時的もしくは永続的な不妊症の原因になったのである。

数年が経過して、放射線被曝にかんする研究がつづけられた結果、放射線障害による多くの症状や疾患が特定され、被爆者の多くはその障害によって早く死亡したり、長いあいだ体の不調に苦しんだ。そして悪性腫瘍、なかでも悪性リンパ腫と白血病は、多く見られる疾患だった。また被爆者から生まれた子供の異常としては、精神発達遅滞、知能障害、二分脊椎、口蓋裂などがあった。とはいえ、すべての被爆者が身体的な問題を起こすわけではなかった。一方、生き残った多くの被爆者たちについて、ＰＴＳＤによる不安、悪夢、フラッシュバック、自殺念慮のような精神的な問題が報告され、それ以外の人たちも、倦怠感、健忘症、集中力低下などに悩んでいた。当時の母は、これらの多くについて理解していなかったが、ニックの提案で母と家族は医師の診察を受けることにしたのだ。

マッカーサー元帥の職員として働いていたことで、母は早めに健康診断を受けることができた。ただ母にかぎっていうと、母が医師たちの診察を受けるというより医師たちの方が母を診察したがっていた。英語が話せる被爆者は、放射線の長期的な影響にかんする医学的なデータを集めるには打ってつけだったからだ。放射線のことは母にとっては初耳だった。「放射線によって体に後遺症が起きることを初めて知りました」(6)。当時のほとんどの被爆者たちと同じように、母も、やけどと傷が治ったら最悪の状態は過ぎ去るものだと思っていたので、放射線障害は耳新しいことばだったのである。

母は、アメリカ人の医師たちの診察を受けるときは楽しそうだった。医師たちが自分に対して非常に親切だと感じたし、可能なかぎりのあらゆる検査を受ける際にも、検査中の苦痛を特別に除こうとしていることがわかったからだ。母は、そんなことまで心配してもらう理由はなかったので、細かな配慮に感謝した。これがアメリカ流のやり方だと思った。医師たちは、検査を終えると、つぎのように結果を伝えた。

「健康状態は良好ですよ。血球数は減少していましたが、増加してきています。組織検査でも何も異常はありませんでした」医師たちは、そう説明しました。

それから、カルテをめくりながら少し気まずそうに顔を見合わせています。

「結婚はしていますか？」しばらくして医師の一人が質問しました。「だれもそんなことを尋ねる人はいませんでしたわ」わたしは笑いながらいいました。「われわれにも確かなことはわからないのですが……」その医師は急いでカルテを見せてくれました。そこには「被爆者は、不妊症になる可能性あり」と書かれていたのです。(7)

【注】

（1）ドレイゴ「カレリア・パルチコフ・ドレイゴの回顧録」、文書2、17ページ

（2）米国戦略爆撃調査団のカレリア・パルチコフへのインタビュー、12

（3）同書13

（4）同書6

（5）United States Government, United States Air Force Art Collection.

（6）ドレイゴ「カレリア・パルチコフ・ドレイゴの回顧録」、文書2、17ページ

（7）同書18ページ

第十六章　ジープに乗った二人のアメリカ兵

人生訓に、どうしても戦わねばならないのなら、勝つ側にいる方がいいということばがある。それは一九四五年が終わろうとする東京でのことだった。アメリカの進駐軍は、日本政府と協力して、うわべだけでも日本の国民が当たり前の生活を取りもどせるよう最善を尽くしていた。そのことについては、ほかの地域よりも楽な地域があった。つまり日常の生活を取りもどすという目的にかぎっていうと、広島と長崎はもう存在していないからである。一方で東京をはじめとする多くの都市は、爆撃による広範な被害に喘いでいた。ヨーロッパで起きていたように、人々の苦難は、降伏したからといって、すぐに解消されるわけではなかったのだ。食料のように、もっとも基本となる必需品は十分ではなかったし、場所によっては何の保証もなかった。日本の国民は、亡くなった人たちを嘆きながら、自分たちの家と暮らしを再建しようと懸命だったが、それも時間がかかることだった。

一方、進駐軍の暮らしは、はるかに安定したものだった。アメリカ軍は一日三度の食事と屋内での睡眠が約束されていて、その状況は日本人たちの暮らしとは比べようもないほど快適だった。そのため進駐軍に関係する仕事を手に入れた日本人たちは総じて比較的快適な暮らしをしていて、ニックの援助によって、わたしの一家もかなり快適な環境にあった。祖父は、東京の下士官クラブのマネージャーの地位に就くことができて、申し分のない職業というわけではなかったものの、金銭的に収入もあり、アメリカ軍の関係者とふたたび交流できるようになって、祖父の生活の大半を占めることになった。バイオリンを演奏するときの情熱的な感情を表現する機会はなかったが、どうしたら一家を養っていけるかを心配することに比べたら、はるかによかった。一方、母は楽しい暮らしを送っていた。以前は英語の家庭教師をしていたが、マッカーサー司令部で新しい仕事に就いてからはアメリカ人たちと付き合うようになり、アメリカの文化をさらに知るようになったのだ。しかも二十代前半の社交的な女性の理想的な仕事には社会的な要素もあった。医学的な検査結果には気がかりな情報もあったが、新しくできた友人たちのおかげで、将来の暗い可能性をあれこれ考えなくてもすむようになった。「われわれにも確かなことはわからないのですが……」とか「可能性あり……」などと医師たちが語ったことは、ほとんどか、あるいはまったくといっていいほど、当てにならないことなのだ。もちろん、不妊症かどうかを知る唯一の方法はあるにしても、未婚の女性にとって当面はわからないことだったし、今の自分にできることは、そんな心配は心のなかから追い出して、ほかのことに熱中することだった。さいわいにも「ほかのこと」はたくさんあった。

若い女性にとって当時の東京は、とても愉快な暮らしでした。

街には、占領という唯一の任務が片づいて時間を持て余しているアメリカ兵で溢れていました。ダンス、パーティー、ピクニックなどが盛んにおこなわれていて、わたしもアメリカの多くの軍人から誘われて、できるだけ出かけて行き、自分の仕事として付き合ったものです。ほとんど毎晩のように司令部の大型の車が迎えに来てくれて、それというのも、あのころのボーイフレンドはみんな将校だったからです。ほとんど毎晩のように愉快なひとときをすごしました。(1)

母の暮らしはドラマチックに変わった。数ヶ月前までは、一家は屋根の下で眠ったり、テーブルで食事をしたりするのにあくせくしていたのに、今ではコネとお金のある将校たちから華やかなイベントに誘われて、自分の知らない世界を案内してもらえるのだ。とくに気に入ったボーイフレンドがいたわけではなかったが、自分が受けた心づかいは楽しんでいたし、マッカーサー司令部の将校たちと毎晩のように何時間もすごした。そして、ようやく社会生活を送ることができる機会をありがたいと思い、将校たちも、英語が話せる若くてチャーミングな白人の女性とことばを交わす機会をありがたいと思っていた。母の存在は当時の将校たちが偲んでいた故郷のことを思い出させてくれたからだ。ところが、ある晩の思いがけない出会いによって、すべてが変わった。母はつぎのように書いている。

このことをどう説明したらいいのか、わかりません。母にも納得のいく説明をしませんでした。つまり「ナンパ《pick up》」されたのです。(2)

母がこの話をするときは、いつも笑いながらだった。それというのも、話の内容はスキャンダルというほどのものではなかったからだが、わたしの家族はロシアの貴族階級出身ということから、上品かどうかという点については厳格な意識をもっていたうえ、礼儀正しい日本の社会のなかで育ってきたため、母にしても、東京の街中をうろつきまわる慎みのないアメリカ兵に対する心構えができていなかったのである。おまけに、その出会いというのは、今まで参加していた多くのイベントが開かれている場所ではなく、仕事中のことでもなかったのだ。ある日の夕方、マッカーサー司令部で重要な書類の包みを渡され、帰宅途中に第一ホテルにいる士官たちに届けるよう命じられた。それで数分後に司令部をあとにして、通りを急ぎ足で歩いていたが、路線バスがちょうど発車したところで、手を振ったが間に合わなかった。母はイライラしていた。その夜には予定があって遅れてしまうからだ。それで、少し不機嫌そうな顔をして通りを歩いていると、その姿がジープに乗って走りすぎる二人のアメリカ兵の目にとまったのだ。「乗って行かない?」アメリカ兵の一人が目を大きく見開いて笑いながら叫んだ。そんな態度は、祖父を驚愕させ、おそらく激怒させるような、無遠慮であけすけな印象で、わたしの家族が忌み嫌うものだった。

いつもの母だったら、そっけない態度をして断るはずなのに、そのときは遅れていたし、予定があったのだ。だから……、今回だけならいいだろう、と思って、「第一ホテルまで乗せていってもらえませんか?」といった。笑顔のその若者はジープから飛び降りて、「行きたいとこなら、どこでもよろこんで連れていくよ」という。母は、すぐに二つのことに気づいた。その若者は軍服から空挺部隊だと思った（実際は正規軍の歩兵だったのだが、そのときはわからなかった）ことと、身長が一五〇センチあまりだったことだ。母は一七五センチあった。若者は母をジープの後部座席に乗せて、自分もとなりに座り、ドライバーのもう一人はジープを車道にもどして第一ホテルへ向かった。それから数ブロック先の目的地に着くまでに、その若い兵士はジョー・ウェーバーだと自己紹介し、つぎの土曜日に一緒にダンスに行かないかと誘ったのだ。母は、こんな経験は初めてだったし、その若者の厚かましさに気分を害したので、ジープが第一ホテルに着くと、「ありがとうございました。でも、今度の土曜日は忙しいんです」と誘いをきっぱり断った。それからすぐに、自分の突っぱねるような態度を悔やんだが、相手のことは何も知らないし、それに小柄で自分より背が低いことも気に入らなかったのだ。ただ、無愛想な人間に思われたくなかったので、自分の態度を謝るつもりで少しばかり言い訳をした。そのとき、ドライバーだったもう一人がはっきりした口調でいった。

「話をつづけてくれよ。ぼくは君の話しぶりが気に入ってるんだから」もう一人の声がしました。ドライバーだった人で、バックミラーでわたしたちの一部始終を見たり聞いたりしていたのです。今度は、その人がジープから降りて、わたしが車から降りるのを手伝ってくれました。自分から名前はポール・ドレイゴだといいました。背の高い人でした。「お願いだから、こいつのダンスに付き合ってやれよ。それから、ぼくにも君の友だちを一人連れてきてくれないか」と、その人は熱心に頼むのです。(3)

背の高いそのハンサムなドライバーは母の気持ちを変えさせて、最初にいったことばを翻させたのだ。結局、つぎの土曜日の夜は忙しくないことになり、二人のアメリカ兵とダンスに行くことにしたのである。母は、自分の女友だちの一人を誘って二人でダンスに行くことにして、一緒に行く友だちには、とくに背の低い人を選んだ。その土曜日、愉快な晩とダンスが盛り上がると、物事が自然な成り行きになった。母はポールとずっとダンスをし、ジョーは母の友だちとダンスをしたのだ。そして、その夜のダンスが終わると、ポールは母を自宅まで送り届け、二人で玄関先まで来ると、これから三回ほどデートしてくれないかと誘った。そして三回のデートのあと、ポールはもうデートに誘おうとしなかった。その必要がなくなったのである。母とポール・ドレイゴ、つまり、わたしの父とはもう恋人同士になっていたからだ。

思っていたとおり、祖母は二人が付き合っていることが気に入らなかった。どんな親もそうだろうが、祖母も母親として娘には最良の男性と付き合ってほしかったのだ。食事やパーティーに誘ってくれる優秀な士官たちが結婚相手としてふさわしいと思っていたのだ。いつも母は、祖母はせめて少将くらいの人を結婚相手に考えていたといって笑ったものだ。士官なら祖母のお眼鏡にかなうのだった。やはり祖父も、祖母が出会ったときは士官だったからである。ところが、わたしの父は志願兵の上等兵で、士官ではなかったから、立派な将校専用車ではなくジープで母を拾ったのだ。祖母は、考え直すよう、くり返し母を説得し、できれば士官たちのなかから結婚相手を選んでくれることを期待したが、母は、そんな話には耳を貸そうとしなかった。ポール・ドレイゴと一緒になりたかったし、それがすべてだったのだ。たださいわいにも、まもなくするとポールの魅力が家族を納得させて、母の新しいボーイフレンドは一家から受け入れられることになった。

戦争中によくある話だが、交際期間は短かった。わたしの父ポールは、いつまでも日本にいるつもりはなかったし、事実、十分な期間を軍務ですごして兵役の期間が終わりに近づいていたので、まもなくアメリカへ帰国することになっていた。そのためポールと母は、自分たちの関係が秒読みになっている気がした。若くて恋に落ちることは、軍隊に所属していなくても面倒なことになるし、二人とも、胸が締めつけられ、胃がむかつくようだった。叔父のニックは、もうアメリカに去っている。アメリカ軍から心のこもった握手をされて除隊の書類を受け取り、ふたたびロサンゼルスの市民になっている。これから医学部に進学して、六年前（戦争で中断する前）にロサンゼルスへ行って中断していたことをやり遂げたかったし、ニックには、もうひとつそれと同じくらい大切なことがあった。ロサンゼルスの若い女性と愛し合っていて、その女性も、ニックが太平洋のジャングルのなかで悪戦苦闘をしているあいだ帰りを辛抱強く待っていたのだ。戦争は二人を長いあいだ引き裂いていた。それが今はもう結婚するときだったのだ。

マッカーサー司令部の前での「ナンパ」は、一九四六年十二月十九日のことだった。そのあとから、わたしの父と母は、二人が陸軍で任務に就いているあいだだけ離れればなれだったが、それから二ヶ月後の一九四七年のヴァレンタインの日にちょっとした変化があった。父が任務中のとき、同僚の一人が父宛の手紙をもってきた。手紙は二通あった。一通は、ニュージャージー州カムデンにいる父親からで、地球の向こう側で故郷の家族が経営するガソリンスタンドの仕事は順調で、従業員たちと一緒に精を出していることを知らせるものだった。もう一通は母親からで、ヴァレンタインを祝うものだった。父は、あのころの自分は感情が激変するような時期を体験していたのだと、のちに語っている。ほかのほとんどのアメリカ兵と同じように、父も、早く帰国して戦争前の暮らしにもどりたかったのだ。ただ、母を置いては帰国したくなかった。ふたつの願いを一緒に叶えようとすることは無理な相談だった。けれども父はある決心をして、しかも、ただちに実行すると決めたのである。その晩、父は母をダンスに誘って、結婚してほしいといったのだ。母にとっては不意のことだった。

ポールからのプロポーズに頭が真っ白になりました。ずっとポールのことを愛していましたが、結婚のことや、それがどんなことになるのかまでは、まだ考えていなかったのです。ポールとは結婚したいと思っていました。そして、パルチコフ家のみんなが、わたしたちの最初の家（ロシアの家）を失って以来、アメリカでの暮らし……、アメリカの市民になることを夢見てきたことを実現したかったのです。「両親やデヴィッドを置いて行くことなんてできないわ。みんな、わたしを必要としているのよ」わたしはそう返事をしました。それに、全員でアメリカに行くお金もありません。ポールは、「君だけ先に来るんだ。君とぼくとがニキィと一緒になれば、あとは、ぼくたちで残りの家族のことは何とかなるんだから」と熱心に勧めるのです。[4]

すべてが上首尾にいきそうだったが、母は、医師たちが語ったことばを心の奥に封印したままでいることができなかった。「被爆者は、不妊症になる可能性あり」母は父にそのことを告げなければならなかったし、そうしないことはフェアではないのだ。母は原爆による後遺障害のことを父に告げて、返事を待った。返事を待つ必要はなかった。「そのときになったら考えようよ。ぼくは今すぐ嫁さんが欲しいんだ」すぐに父は、そういったのだった。

こうして、すべてが順調にいきそうだった。父と母は愛し合っていて、二人の前途にはアメリカでの暮らしがあったし、二人はそう思っていた。ところが、葬り去ろうとしていた過去がメディアのおかげで浮かび上がってきて、母と一人の人物が出会うことになったのである。その人物は、広島に原爆を投下した人間だった。

【注】

（1）ドレイゴ「カレリア・パルチコフ・ドレイゴの回顧録」、文書2、18ページ

（2）同書

（3）同書 20ページ

（4）同書 21ページ

第十七章　脚光を浴びる

一九四七年の秋、わたしの父、ポール・ドレイゴ上等兵はアメリカ軍の計らいで、長いあいだ待ち望んでいた帰国に際して無料で片道切符を受け取ることができた。ただ、母の場合は少々面倒だった。わたしの両親は、まだ結婚していなかったので、母は軍関係者の扶養家族ではなかったから、母と残りの家族は、ビザを取って面倒な入国管理手続きをすませ、自分たちの負担でアメリカに渡らなければならないのだ。当時、わたしの家族はアメリカへ渡航する費用はなかった。東京で仕事に就くことができて暮らしは楽になったが、一家四人が仕度をととのえて地球の裏側まで行くには、手元にある現金だけでは足りなかったのである。

さいわいにも叔父のニックがこの問題に尽力してくれて、コネを使って資金を調達し、一家全員が海外へ渡航できるよう手配をしてくれることになった。そして、とりあえず母をニックと新妻のドーンが暮らしているカリフォルニアに引き取ることが優先された。ニックは、太平洋で任務に就いているあいだ婚約者とは離ればなれだったから、わたしの両親が感じている別離の苦痛を個人的にもよくわかっていたのだ。資金不足と多くの書類上の手続きを片づければ、この問題を解決することができるので、ニックはすぐに取りかかった。一方、祖父母とデヴィッドについては少し面倒な問題があったが、三人の手続きについては祖父の豊かな経験が役に立った。アメリカとソ連は、のちに冷戦として知られるように両国の外交関係が破綻していたが、祖父はロシア語、日本語、それに英語も流ちょうに話せたし、軍人としての経験もあったので、ニックは祖父がカリフォルニア州モントレーにある陸軍語学学校で、打ってつけの講師になれると考え、陸軍も同意してくれた。そして軍の仕組みがゆっくりとだったが、確実に回りはじめたのだ。こんな風にわたしの家族に騒動があったものの、一家は辛抱することを学んでいたのである。

　母が待ち望んでいた日は一九四八年一月二十四日で終わりを告げ、横浜からアメリカ行きの船に乗船した。母は、このときの旅行についてあまり多くを語ってくれなかったが、決して豪華な旅ではなかったようだ。フライング・スカッドという蒸気船（スカッド《scud》とは、風に吹かれるようにすばやく動くもののこと）の外国人乗船客として登録されたが、この蒸気船は客船ではなく、どちらかといえば冷蔵食品を運搬するために建造された貨物船だった。貨物船には安い船賃で旅をしようとする人に都合のよい船室がわずかながら備わっているので、この船を選んだのかもしれないし、あらゆるものが混乱していた日本で利用できる唯一の船だったのかもしれない。いずれにしても乗船名簿には、母の国籍は「無国籍」の二十六歳の女性、ロシアのウラジオストクで生まれ、秘書として仕事に就き、「米語」を話すと記された。ともかく一九四八年二月五日、母は冷蔵食品の積荷と一緒にアメリカに上陸したのである。

母にとって子供のころからアメリカでの暮らしはずっと夢だった。母と祖母は、無声映画に祖父と同僚たちが音楽の伴奏を付けて演奏するのを聴きながら、映画館の大きなスクリーンに映し出されるアメリカのすてきな情景を観たことがあった。それが今、あれから二十年がすぎてようやく自分の新しい家庭となる夢の国に足を踏み入れたのだ。こうしてアメリカにいることに胸が高鳴って、驚いたことに、アメリカも母がここにいることに胸を高鳴らせていたのだった。

第二次世界大戦は、アメリカの新聞を死亡、喪失、悲惨という暗い物語で満たした。それでもアメリカは、いつでも何かで明るくなり、「明るい気分になる」話となれば、父と母のことが最高の話題になったのである。原爆を生きのびた若くてチャーミングな女性がハンサムなアメリカ兵の若者と恋に落ちて、アメリカに来て結婚し、その後ずっと幸せに暮らすという話を聞きたがらない人なんているだろうか？　そんな人は一人もいないのだ。メディアは、この話に飛びついて、父と母は気がつくと脚光を浴びていた。母がアメリカに上陸した翌日には、母が電話で父と話している通信社の写真が全米の新聞各紙に掲載された。ニュージャージーからはもう一枚の写真も電送で掲載され、その写真は、父が母の写真を愛おしそうに眺めているものだった。写真のキャプションには、「ヴァレンタインの日にポールがアメリカで初めてデートをするため、カリフォルニアまでカレリアに会いに行くところ」と書かれていた。一九四八年のヴァレンタイン・デイは、二人の一周年となる婚約記念日に当たっていて、まもなく結婚を考えていたのだった。ニックとドーンは結婚式の手配を手伝ってくれたが、結果的には、ほかの人たちが想像していたよりずっと盛大なイベントになった。

一九四八年はテレビはまだ草創期で、ラジオがメディアの主流だったこともあり、その当時人気を集めたラジオ・ショーに「新婚さん《Bride and Groom》」というバラエティ番組があって、ＡＢＣラジオ・ネットワークが放送していた。「新婚さん」のプロデューサーは、興味あるロマンチックな話をしてくれるカップルを探し出して、司会のジョン・ネルソンが、二人の出会い、初めてのデート、初めてのキス……などのようなロマンチックな話をカップルに尋ねる番組で、女性の聴取者に人気があった。その番組は数百万人の聴取者を集める生放送で、放送が終わると、幸せそうなカップルがロサンゼルスにあるチャップマン・パーク・ホテルまで案内されて、そこで結婚式を挙げることになっていた。そして、ショーに出演したカップルは景品として、結婚指輪、家庭用品、電化製品か、無料招待のハネムーンのうち好きな方を選ぶことができたのだ。一九四八年四月十六日、被爆者のカレリア・パルチコフは、全国のラジオ聴取者の祝福に包まれてポール・ドレイゴの妻になり、チャップマン・パーク・ホテルから、一週間のハネムーンのためカリフォルニア州デル・マーに旅立った。そして、そこから見える太平洋は、地理的には広島の恐怖から母を引きはなしてはいたが、記憶から引きはなすことはなかった。

メディアは、わたしの両親の結婚を報道しただけでは終わらせてくれなかった。ハネムーンのあと、母は、「一日だけの女王《Queen for a day》」という当時のもうひとつの人気ラジオ・ショーから出演を依頼された。この番組はコンテスト・ショーのようなもので、出演した数人の女性が司会のジャック・ベイリーに、自分が味わった苦難の体験（夫を亡くしたとか、病気の子供を抱えているとか、一文無しになったなど）を語って、スタジオに参加している聴取者が共感すれば拍手をして、より多くの拍手をもらった人をもっとも悲惨な物語を語った人として「一日だけの女王」にする番組だった。母のエピソードは原爆投下を体験した唯一の人間の物語だった。そして母が女王に選ばれた。

ただ、メディアの関心が娯楽番組だけにあったわけではなかった。母がアメリカの地に足を踏み入れる前から国内では、第二次世界大戦を終わらせた原爆のテクノロジーが、もしも悪人の手に渡ったら、何もかもが終わりになるだろうということが明らかになっていた。多くの人たちは「魔神を瓶のなかにもどす《put the genie back in the bottle》」ことができると考えて、原子が分裂したことを忘れようとしていたが、魔神を瓶のなかにもどすことはできそうになかった。原子力委員会の議長で上院議員のバーク・ヒッケンパーカーのような人たちは、将来の戦争を終わらせる手段として、すみやかに「人命を救う」ために、もう一度、原爆を使用することに賛成だと公に述べていたし、その立場は、アメリカは原爆という兵器を保有する唯一の国だという仮定に立っていた。もちろん原爆を一方的に使用できるなら、たしかに将来の戦争を終わらせることができるだろうが、もしも相手が同じように原子力をもっていて、それを核兵器に製造したら、双方が破滅することになるはずだ。そう考えると、原爆を保有しているかどうかに関係なく、ソ連に対して深刻な懸念が生じることになった。共産主義のシンパでマンハッタン計画の物理学者だったクラウス・フックス博士は、そのころはソ連のスパイ(1)だということがまだわかっていなかったので、諜報部はソ連が原爆開発の技術をもっているかどうかは確認できなかった。それでもソ連に対する不信感は十分すぎるほどあって、もしもソ連が原爆を保有していたら無差別に使用するのではないかと危惧していたのである。

一九四八年四月四日の週に母は、ラジオニュース番組で原爆に対する考えについて話をするよう依頼を受けた。生放送用の台本はあったが、レポーターはジョンとしか書かれていない。母はジョン・ストームのことだろうと思ったが、その台本だけでは確かめようがなかった。ともかくジョンというレポーターは放送のなかで「あの怖ろしいもの……、原爆のことですが……、近ごろは、だれの心にも重くのしかかっているのです、」と話しはじめ、それから、その兵器にかんする最近の科学的、政治的な進展状況についてくわしい内容を語り、そのなかには国連原子力委員会は、ソ連に対して原子力の管理を認めないというニュースも含まれていた。とはいえ、そのニュースで多くの人たちが安心できるわけではなく、それというのも、そのころには広島で使用された原爆の二五〇個分の核兵器が地球上にあると見積もられていたからだ。ジョンは、そんな最近の情勢について話をしたあと、母に向けて、原爆で体験したことや考えを語るよう促し、もう一度人間に対して使用される原爆をわたしたちが目にすると思うかと尋ねた。母は、何事も包み隠さず、みずからのことばで、そのままにしてはおけない絵画を描いた。

わたしは、二度とあんなことが起きないことを願っていますし、そう祈っています。あんなことが起きたら、もう生きていたくないと思います。今思い出してみても、ひどく怖ろしいことでした。あのなかを生きのびた人でなければ、どんなに悲惨なことだったかなんて想像できないと思いますし……、怖ろしい熱さ……、耐えがたい悪臭……、苦悶、錯乱、絶望感を感じるはずです。目の前で生きたまま焼け焦げた人たちを目にするのです。生きている人の肉がポークチョップのように焼かれて、はじけてジュージュー音を立てるのが聞こえるのです。女の人や赤ちゃんの目玉が溶けて飛び出しているのが見えるのです。苦痛に喘ぐ、手の施しようのない……、苦痛で身もだえしている人たちを目にするのです。決して来てくれることのない医師たちを求めて、すすり泣いているのです。食べものや水を求めて叫んでいるのです……、その人たちの腫れ上がった舌がさいわいにも、しゃがれた声を静かにさせるまで叫んでいるのです。(2)

もしラジオの聴取者が原爆を体験するとはどんなことかと質問したら、この話が答えになるはずだ。

＊＊＊

父と母は、南カリフォルニアでの日々を楽しんだし、母はふたたびニックと一緒に暮らせることをよろこんでいたので、両親はここで暮らすことを考えた。ある雑誌が、両親がバーバンクの賃貸か売り物件の家を探している写真を特集した。けれども、いろいろ考えたすえ、最善策としてニュージャージーへ移り、そこで父の家族が経営しているガソリンスタンドで父が働くことになった。経済不況と世界大戦を生きのびた世代のほとんどの人たちと同じように、二人は平和なふつうの暮らしを送りたかったのである。それなりの住まいと戦後の夢（経済的に安定したアメリカの新たな中流階級に属すること）を叶えるような十分なお金が欲しかったのだ。そのころまでは母は幸せで、過去の原爆の記憶から可能なかぎり遠ざかっていたのだが、今ひとつ母にラジオでのインタビューの依頼があって、その番組は重大な内容のものだった。エノラ・ゲイの搭乗員の一人と対面することになったのである。エノラ・ゲイは母の人生と世界を根底から変えた飛行機だった。

一九四九年一月二十日、ニューヨークのミューチュアル・ラジオのスタジオで、母とエノラ・ゲイの尾部射撃手だったジョージ・キャロンの二人はマイクの前に立った。二人は、お互いに、人類の歴史上で世界が変わるほどの大きな出来事が当時はどうだったのかについて、個人的な感想を述べることになっているのだ。ミューチュアル・ラジオのプロデューサーは、二人の会見がきっと大当たりすると考えていて、ジョージ・キャロンもそのことに気づいていた。キャロンは、アメリカは、そして個人的にも、原爆を投下して戦争を終わらせたことは正しいことだったと考えていた。とはいえ、被爆者の一人と対面することには神経過敏になっていた。母が怒っているのではないかと思い、気まずい状況になったらどうしようかと考えていた。ところが、キャロンが母に紹介されると（生放送で）、母は「お目にかかれて、とても光栄です」と応えたのだ。キャロンはちょっと安堵した。けんか腰の対決にはなりそうになかったが、だからといって、母が原爆のことや日本人たちに負わせた苦痛について具体的に述べないことにはならなかった。母は、原爆が炸裂したときのことを、稲妻のような閃光、空を覆い尽くすほどの噴煙、街じゅうに荒れ狂った火炎のことを語った。キャロンはエノラ・ゲイの機体尾部から原爆が炸裂した瞬間を真っ先に目にしていて、写真にも撮っていたので、もちろん母の語ったことは格別目新しい情報ではなかったが、上空九〇〇〇メートルから目にしたことと、地上で原爆の恐怖を体験したこととは、まったくちがうのだった。そのため母の話を聴くことは、キャロンにとっては苦痛だった。キャロンの頬に涙が伝っているのに気がついた母は、「原爆のすぐあと、わたしは、アメリカがこんなことをしたなんて想像できませんでした。でも、原爆でずっと多くの人たちの命が救われたことを知って、うれしかったのです。とはいえ、あんなことは二度と起こしてはなりません」と締めくくった。

キャロンの返事は、ありふれたものだったが、心がこもっていった——「そのとおりです《Amen》」。

＊＊＊

両親は、当初はニュージャージー州カムデンで平凡ななかにも幸せな暮らしを送っていた。そして一九五〇年一月に初めての子供である、わたしアンソニーを授かった。わたしの一家、なかでも叔父のニックは、祖父母とデヴィッドを東京からアメリカに呼び寄せて、祖父が陸軍語学学校の講師の職に就けるよう書類上の手続きと資金集めに奔走していた。だれもが望んでいる以上に時間はかかったが、一九五一年四月、祖父たち三人は神戸から蒸気船フリートウッド号に乗船し、みんなにとって最後となる移住をはじめたのだった。まもなく三人もアメリカの市民になるのだ。これからは何事もよくなる予感がしていた。フリートウッド号の乗船名簿には、ファーストクラスの客と記されていた。そして一九五一年四月十六日、アメリカで暮らすという夢は、ついに現実のものになったのである。こうして祖父はカリフォルニア州モントレーにある陸軍語学学校の講師として落ちつき、デヴィッドは一家の伝統である神学を学んで、いずれはロシア正教の司祭になるための教育を受け、祖母はカリフォルニア州カーメルでボランティア活動、なかでもアメリカ赤十字に参加することで新たな人生に感謝を示した。

祖父は生涯をつうじて、良いときも悪いときも、音楽家としてのみずからの自尊心を失うことは決してなかったし、そのことは祖父のなかで大切なことだった。それに亡くなるまで、貴族階級の人間として白系ロシア人の士官でありつづけた。そして、そのことが陸軍語学学校のときほど明らかになったことはなかった。祖父は周囲の人たちとはどこかちがっていて、学生たちもすぐそのことに気づいた。トニー・タークは、R１２８６というクラスでロシア語を学んで一九六一年に卒業した、十七歳の陸軍補充兵で、つぎのように回顧している。

多くの教師がいましたが、正直なところ記憶に残っているのは一人だけで、五十年ほど経っても、その教師の名前がわたしの脳裡に刻まれていて、その人はセルゲイ・パルチコフという人でした。今、その人のことで鮮明に思い出すのは、わたしよりちょうど五十歳年上だったことです。わたしはクラスで最年少で、パルチコフ大佐は、とても威厳のある紳士として教室に入ってきました……、階級のとおりの人でした。

わたしがクラスで最年少だったからだと思いますが……、パルチコフ大佐は「パルカ《palca》」というステッキを持参していて、講義のあいだ大切にあつかってもらうようにと、いつもそれをわたしに預けたのです。わたしは、それは軍人が使うステッキだと思っていましたが、その人のことをもっと知るようになってからですが……、そのステッキは音楽に深いかかわりがあるもので、たぶん指揮棒ではないかと思いました。

あの人は存在感があって、わたしの考えでは貴族だったと思います。物腰がそうでした。わたしにステッキを渡すときは特権をあたえられたような気がしました。光栄でした。ステッキを預かるときは光栄な気がして、恐れ多い感じがしたものです。あの人が話してくれた物語はいろいろあって……、ずっと思ってきたことですが、白軍の士官からロシア語を教えてもらうことは、なんと幸運なことだったかということです。一九六一年に卒業したときのことを考えれば、あの人のことは今でも鮮明に蘇ってきて、わたしに大きな影響をあたえていたのです。(3)

祖父は、タークにロシア語をしっかり教え込んでいたので、ベルリンの壁が高くなり、ケネディ大統領とソ連のフルシチョフ首相がキューバ危機をめぐって張り合っていたときに、タークがドイツに滞在していてロシア語が十分役立った。若い兵士がロシア語に堪能なのは胸を張れるようなことだったのである。のちにタークはソ連で幅広い活動をして公認の系図学者になり、本書で調査をする際にも多いに役立ってくれた。そして最近では、国防総省語学学校について幅広い調査をおこなっていて、その学校で祖父がロシア語の学習プログラムを考案した一人になったのは、アメリカが冷戦に懸念を抱いた結果によるものだとタークは考えている。敵のことを知りたければ敵を理解できるようになった方がいいというわけだ。

＊＊＊

戦争中に急き立てられて結婚したカップルの大半がそうだったように、わたしの両親の結婚生活も何度かの浮き沈みがあった。二人はできるかぎり生活に最善を尽くしたが、一九五五年になって母は夫婦関係を見直す必要があると考え、わたしを連れてモントレーで暮らす祖父母のところへ移って別居したのである。カムデンでは父が意気消沈していて、父の兄弟たちが相談していた。「気は確かか？　なんで、ここでぶらぶらしているんだ？　女房のあとを追って行かなきゃならんだろう」。父は、その意見に同意するとモントレー行きの飛行機に飛び乗って、母と和解し、それから二人でいろいろ話し合ったすえ、カリフォルニアにとどまることにして、モントレーから南の海岸沿いにあるロサンゼルスに落ちついた。ロサンゼルスは成長を遂げている街で、いろんなチャンスに恵まれていたからである。それからまもなく父の兄弟のフランクも西海岸に移り住む気になって、ロサンゼルスでガソリンスタンドを開いたので、父はフランクと一緒に仕事をすることになった。それからずっと、みんなが幸せに暮らしたといいたいところだが、そうではなかった。本書の初めで述べたように、母は、おとぎ話のような人生を送るつもりだったのに、そうならなかったのだ。初めから終わりまで、そうならなかったのである。

正反対の者同士は引き合うといわれていて、わたしの両親もまちがいなくそうだった。二人が出会ったとき、母は二十六歳で、貴族の身のこなしをする教養のある女性で、すでに二つの大きな人生を体験していた。一方の父は、まだ十九歳で、ニュージャージー出身の中流階級の愉快なことが好きなイタリア系アメリカ人だった。二人とも顔立ちがよく、エネルギッシュで、二人の上にほぼ五年間も垂れ込めていた第二次世界大戦の暗雲が晴れて自由になれて幸せだった。出会ったときの二人は、きっとお互いを必要としていたのだとわたしは思っている。悲惨な数年の戦争のあと、ハンサムで、話術で周囲の注目を集めるようなカリスマ的な若者の存在は、母にとっては嵐のなかで突然太陽が射し込んだみたいだったと思う。そんなとき笑いを必要としていたのは、きっと母の方だった。そして父にとっても、母との出会いは、まったく新しい世界に入り込んだみたいだったのだ。母は、美しく、エレガントで、芯が強く、気品があった。軍隊に入る前に父が知っていたニュージャージーのハイスクールの女の子たちと比べたら、母は神秘的な雰囲気を漂わせていた。

こうして突然、二人の人生に長いあいだ影を潜めていた、あることばがもどってきた。「愉快《fun》」ということばである。

母の人生にとって戦後しばらくのあいだ父とすごした期間は、おそらくもっとも幸せなときだったとわたしは信じている。本書を書く動機となったことの一部には、二人のそのあいだの暮らしぶりを探究するためもあって、わたしが知っている以前の母のことではあるが、母が心から愉快で屈託のない暮らしを送っていた期間だったのだ。ただ、わたしが自分の家族と家族関係を本当に理解できる年齢に達するまでに、事態は変わっていたのである。

父は戦争からもどると、中断していた元の暮らしにもどったが、そのことは母にかぎっていうと何か物足りないものだった。もしも父が、愉快なことが好きなニュージャージーの若者から、自分が考えていたよりもっと献身的な中流階級の夫であり父親に変わったとしたら、その方がよかったのだろうが、父はまだ二十一歳だったし、戦争で青年期を犠牲にした人間だったということを考えねばならない。母は、最終的には安定した安心できる人生を望んでいたが、父はおそらく、まだ十分に成熟していなかったのだ。本当は父は結婚する心構えができていなかったのだと思う。ただ、だからといって父とわたしの関係が損なわれるということでは決してない。父は人生について多くのことを教えてくれたし、一緒にいると、とても愉快だった。わたしの妻であるキャシーと、わたしの子供たちは父のことが大好きだった。わたしがキャシーと結婚することに決めたとき、二人の結婚に対する父の気持ちが思い出される。父は、結婚するには早すぎると思うといいながらも、ニュージャージーへ行くのに五〇〇ドルを渡してくれたのだ。さいわいキャシーはおおらかな人間だった。そして父は、わたしたちの結婚が何年もうまくいっているとよろこんでくれて、献身的な義父であり祖父になった。

一方、母の性格特徴は、生涯をとおして変わることはなかった。むしろ、その特徴は強まっていった。世の中が母に何か問題を突きつければ突きつけるほど、さらに逞しくそれらの問題に立ち向かおうとしているようだった。信念と意志の強さという、わたしの家系の特性は母のなかにも深く根ざしていたので、どんなことにも向き合うことができたようだ。とはいえ、母がいつも幸せだったというわけではない。辛い出来事は甘受するしかないし、それらは決して愉快なことではなかったのだが、母はただ、とてつもない不屈の精神をもっていただけなのだ。それは、心のなかから不幸を押しのけて、やらねばならないことをやり抜く忍耐力であり、意志の強さであり、信念なのだった。かなり前から苦痛(身体的も精神的にも)を手なずけることを身につけていて、わたしにも同じことを教えてくれたし、わたしが若かったころ、母がくり返しそのことを教えてくれたことを憶えている。

一九五五年に両親が和解し、ロサンゼルスに移ることになって、二人は、これからは本当にうまくやっていこうとした。母はきっと二人の関係を大事にしていたと思うし、父もそうだったと思うが、父は家族のために身を粉にして悪戦苦闘していたのだった。そんな父の生き方に母は次第にうんざりしていたのだったが、それでも二人は六十代半ばまでは夫婦の関係をつづけ、マークとポールという二人の子供まで授かった。こうしてロサンゼルス郊外の暮らしはつづき、それからほぼ二十年がすぎて、白系ロシア人の亡命者カレリアはケイと呼ばれる一人親になっていた。広島での原爆のことは過去のなかに葬り去りたかったので、原爆のことはほとんど話さなかったし、親しい友人たちも母が被爆者だということに少しも気づいていなかった。

それからさらに二十年が何事もなくすぎた。そしてドラマチックな変化が訪れたのだった。

【注】

（1）Romerstein and Breindel, *The Venona Secrets*, 224-29.

注釈…クラウス（カール）フックス博士は、一九四九年まではロシアのスパイとみなされなかったが、イギリス国内で逮捕された。一九三〇年以降、共産党員だったため、スパイ活動をおこなったとしてイギリスの刑務所で九年ほど服役した。釈放されたあと、一九八八年に死去するまで東ドイツで暮らした。

（2）確認できないラジオ番組から引用。レポーターは、ジョンということしかわからず、カレリア・パルチコフについて「二週間のうちに結婚することになっています」と語っている。放送されたのは、一九四八年四月四日の週のいずれかの日と思われる。

（3）トニー・タークのことば。二〇一九年九月五日のダグラス・ウェルマンによるインタビュー。

第十八章――被爆地を訪れる

トラウマとは、体と同じように心にも傷を残すものだ。さまざまな人たちが、さまざまな方法で、心の傷を何とか癒そうとしていたが、母は、まんいち自分の心の傷をふたたび開いたら、二度と治らなくなるだろうと思い込んでいた。だから中年になるまで、自分の心の傷を包帯で包み、二度と傷を見ることができないようにしていた。それは一九八六年五月二十九日までは首尾よくいっていたが、その日、茫然とするような一本の電話を受けたのである。電話は広島からで、相手は朝日新聞社の中川正美という気鋭の記者だった。中川さんは母の包帯をはがそうとしていたのだ。

広島であった原爆の恐怖を忘れたいと思っていたのは母だけではない。けれども、中川さんのようなほかの人たちは、ジョージ・サンタヤーナの「過去を忘れる者は、同じことをくり返すものだ」という警告を心に留めようとしていたのである。わたしたちは、お互いにとって危険なことを気づかせてくれるのであれば、その危険を思い出す必要があるのだ。広島の八月六日は危険を気づかせてくれる日なのだ。その日は、広島で原爆犠牲者のための平和記念式典が毎年催され、世界平和を願う日であり、一九八六年、中川さんと朝日新聞社は、この記念式典を報道して反核反戦のキャンペーンに取り組んでいた。原爆投下から四十一年が経ち、まだ多くの被爆者が生存していたが、もうみんな歳をとっていて、朝日新聞社では被爆者たちに働きかけて、被爆体験談を書き残したり、少なくとも家族に語り伝えるよう促して物語が風化しないよう考えていたのだった。こうして被爆者を探し出す努力をしているうちに中川さんは、広島平和記念公園にある資料館にたどり着いたのである。

公園の中心的な存在は原爆ドームで、その建物は被爆前は広島県の産業奨励館だった。爆心地にもっとも近い建物で、広島の街をさまよう骸骨のように骨組みだけが残されている。修復はされないままで、人類の未来をまったく変えるほどの目の眩むような閃光とエネルギーによって、広島が消滅した日を思い起こさせるものとして保存されている。ドームのすぐそばに、今では原爆に関係するいくつかの記念館や、展示物と文書を保管する大きな資料館などがあり、その資料館で中川さんは、当時はまだ不明だった被爆者たちの氏名を調査しているとき、興味をひかれる資料を見つけた。日本人の被爆者のリストのなかに、パルチコフという名前が目にとまったからだ。そしてその名前によって、中川さんが国際的な調査プロジェクトをはじめるきっかけになったのである。

一九七四年、アメリカ政府は原爆投下後にアメリカ軍が収集した文書、写真、そのほかの資料を広島平和記念公園の資料館に寄贈したので、中川さんが、それらの資料をくわしく調べているとき、一九四五年に戦略爆撃調査団が録音した五九本の記録テープがあることを知った。添付文書によると、その録音テープは二二人の人たちにインタビューをした記録で、そのうちの一三人は被爆者だった。これはまさに中川さんが探し求めていたものだったが、ひとつだけ驚いたことがあった。録音テープの一本に「ミス・パルチコフ」というラベルが付いていて、テープの音声が英語だったからだ。この英語を話す被爆者はだれなのだろうかと思った中川さんは、その名前だけを頼りに、戦争で焼失しなかった古い新聞記事をはじめ、公文書や資料を手当たりしだいに調べはじめた。その結果、一九四五年当時、広島で三家族九人というわずかな白系ロシア人が暮らしていたことがわかった。それからロシア人の名前を調べているあいだに、パルチコフ一家のこと、なかでも多くの人たちに音楽を教えていた、セルゲイ・パルチコフというロシア人のことを憶えている人が見つかった。その結果、中川さんは、これまでの疑問に答えをくれることになる「広島女学院」にたどり着いた。セルゲイという人は、その学校の職員で、カレリア・パルチコフという人が女学生として記録に残っていたからだ。それから中川さんがやるべきことは、世界のどこかにいる、この二人を探し出すことだった。

インターネットのない時代だったから、調査は今よりもはるかに困難で時間もかかったが、中川さんは粘り強く調査をつづけ、その結果、セルゲイ・パルチコフと一家が一九五〇年代初めにカリフォルニアに渡ったことがわかったので、カリフォルニアを中心にさらに調査をつづけることにした。そして、さまざまな資料を苦労して調べた結果、デヴィッド・パルチコフという人がロサンゼルスからケニアのナイロビに渡り、そこで最初はロシア正教会の伝道者となり、のちに司祭になったことがわかった。わたしの母については、簡単に連絡先がわかった。母の氏名がカリフォルニア州ロングビーチの電話帳に記載されていたからである。

中川さんからの電話は青天の霹靂で、不意を突かれた。中川さんは、自分が所属している新聞社で一連の記事を書いていて、パルチコフ家の物語をそのなかで大きく取り上げたいと母に説明した。母の異色の経歴（日本人でなく、今まで知られていなかった若い女性）は、まったく新しい視点になるのだ。それに今ひとつのこととして、その年に広島女学院は創立百周年を迎えることになっていて、四〇〇〇人の招待客を集める大規模な祝賀会を催すことになっていたのだ。そしてセルゲイが学校の重要な教職員として十八年間勤務していたことと、カレリアが学生だったことを考えると、おそらくカレリアも祝賀会に招待されるかもしれないというのだ。電話を受けたときの最初の衝撃のあとから心に動揺が起きた。行きたくなかったのだ。断る口実（悲惨な記憶を思い出したくない、歳だから行くことができない、日本語はもう上手に話せないなど）を考えはじめたが、しばらく考えているうちに、広島での歴史、かよっていた学校、そして自分自身のためにも、訪日することが重要なのではないかと気づいたのである。たぶん母は、自分の人生のなかにあるこの部分にけじめをつける必要を感じたのだろう。そして感情的な口実をすべて押し殺したのだが、それでもまだ現実的な問題がひとつ残っていた。六十五歳になっていた母は、単身で地球の裏側まで行くことに、少しばかり不安を感じたのだ。ただこのことについては、広島女学院が後押しをしてくれた。広島女学院の関係者たちは、母が百周年記念に出席するらしいと聞いて沸き立ち、母のカレリアのほかに、わたしと妻のキャシーも同行できるよう訪日のお膳立てのため資金集めをはじめてくれたからだ。こうして訪日は一九八六年の九月二十七日から十月四日までと予定され、十月一日が百周年記念の祝賀会だった。中川さんは母に手紙を送って、新聞記事のために母の歴史にかんすることや、これまでの思い出について書いてほしいと依頼してきた。中川さんは、その記事が二〇ページほどになると考えていた(1)。

一週間の海外旅行をするとなると念入りに仕度をととのえる必要があるが、このたびの旅行は、いっそう大変だった。母としては、広島での暮らしで残っているどんな思い出の品を持参すればいいのか考える必要があった。そして、だれにも意義深い二つのものを持参することに決めた。それは、広島の戦前の様子を撮った写真のアルバムと、父のセルゲイが広島女学院で教えていたときに使っていたバイオリンだった。母は、キャシーとわたし、それに荷造りした二つのこの貴重品と、いくらか不安な気持ちを抱きながら、九月二十七日にロサンゼルス国際空港から飛行機に搭乗して、過去に向き合う心構えをしたのだった。

この旅行とお膳立ては、日本人の特徴である効率の良さで進められた。大阪空港に到着すると、さっそく夕食に招待され、そのあと広島に向かう新幹線に乗車した。ほとんどの街は四十一年が経って様変わりをしていたが、広島も例外ではなかった。母が若かったころの広島は人口三四万人の活気ある街だったが、日本を去る（実際に）ときは、広島の街は消失していた。それが今、人口が一〇四万六〇〇〇人に膨れあがっている。記憶のなかの、なつかしい近所の風景や建物がなくなっていても、心のなかの体験が蘇ってきた。中川さんは母の様子を記録するため同行している。「カレリア・パルチコフ・ドレイゴさんは、JR広島駅で列車を降りると、深くて大きなため息をついた。涙ぐんだ目が街の様子を見つめている……、そして、『夢のようです』と流ちょうな日本語でいった。『今ここに父と一緒にいられたらと思います。父は、いつも広島にもどりたいと思っていました。父は、この街をとても愛していました』」[2]

母自身も思ったことだが、多くの人たちは母の日本語がまだ完璧なことに驚いた。長年、南カリフォルニアで多くの日系移民たちと日本語で会話をしていたこともあり、若いころの和食と日本語をなつかしんで地元の日本料理店によく出入りしていたからだった。

日程の最初に、広島平和文化センターを訪れた。原爆ドームの骨組みが四十年以上前に廃墟になった広島のことを、ぞっとするように思い出させたが、資料館では、はるか昔に母が知っているある人物と再会した。母その人だ。戦略爆撃調査団の録音テープを初めて母に聴かせてくれるため用意されていたのである。中川さんから連絡を受けるまで、母は自分がインタビューを受けたことさえすっかり忘れていた。この録音テープは、今まで一度も聴いたことがなかったし、その内容を記録したものも読んだことがなかった。その出来事のすべてが、あのころもっと重要だと思われていたほかの記憶の渦のなかに消え失せていたのだ。中川さんが、母の反応をつぎのように記している。「『これは、わたしの声です』ドレイゴさんはそういってから、雑音の混じった古いテープから聞こえてくる音に耳を澄ませ、頭を振りながら、ハンカチを握りしめている[3]」母の若々しい声によって、忘れようとしていた四十一年前の体験が蘇った。そして平和文化センター理事長の河村盛明氏が母の音声が入った録音テープを文字に起こした本を下さって、その本に「世界に平和あれ、地球に緑あれ」と書いてくれた。文化センターでは、このたびのイベントのために花が飾られ、学生や訪問者たちでいっぱいで、母は中川さんに向けて「わたしはいつも、悪夢のような原爆の体験から目をそらせようとしていましたが、今では、それにまっすぐ向き合う必要があると思っています。このことは、わたしと家族と、すべての人たちにとって非常に大切なことなのです」と囁いた。[4]

母は、これまでの長い道のりをあの過去のときまで立ち返って、資料館に集まった四、五〇人ほどの報道関係者や招待客からの即興の質問に答えることで、このたびの旅行を仕上げることに決めたのだった。一同は、広島市のジオラマが置かれている二つの大きな台を囲むように立った。ひとつは原爆が投下される前の街の姿で、もうひとつは原爆が投下されたあとの姿を示している。精巧に作られたジオラマは、街なかのありふれた場所を撮った白黒写真や、きめの粗い動画に比べると、はるかに強く訴えるものがある。そのジオラマの前で大規模な破壊のありさまについて説明を受けているとき、一同のなかのだれかが母に長いポインターを渡して、原爆が投下されたとき母と家族がいた自宅がどのあたりか教えてもらえるかと尋ねた。母はポインターで牛田地区を指して、「このあたりでした」と一同に向けて説明した。

「そこへ行ってみたいですか？」とだれかが尋ねた。驚いたことに母は、そこへ行ってみたいというので、みんなで車に乗って自宅があったところへ向かったのだった。

その会場から遠くない牛田地区へ行くあいだ、母は感情を押し殺していた。原爆のあと牛田の自宅にもどったことはなかったし、原爆によって発生した火事嵐で焼失したと思っていたのだ。もうなくなった家を探すことになるのだろうという気がしたが、探してみる価値はあると思ったのだ。牛田地区は、一九四五年のあと新しい通りや住所が追加されて大きく様変わりしているので、みんなを案内するには記憶だけが頼りだった。現在の地図は役に立たなかったが、母は自宅が山手の小さな学校の近くだったことを憶えていた。それで、勝手がわからないまま、それらしいと思われる付近をあちこち探しまわっていると、母が憶えていた山と牛田小学校が見つかったので、付近に車を駐めて、緑に囲まれた細道を歩きはじめた。小学校から一〇〇メートルほどのところだった。こちらに杖をついて歩いてくる高齢の女の人がいる。その人は母と目が合うと、「ありゃまあ！　あんたカレリアさんじゃろ?」と叫んだのだ。長い年月がすぎたのに、二人はお互いのことがすぐにわかった。女の人は金田ヨシミさんという人で、母たちが住んでいた家の家主だったのだ。二人は抱き合って涙を流した。それから金田さんは、みんなを壁に囲まれた一角に案内してくれた。何とそこには、原爆が投下されたとき母たちが住んでいた自宅がまだ残っていたのである。あのとき母がネグリジェのまま素足で瓦礫のなかから逃れたときの家が今でもあるのだ。その家は結局、焼失を免れ、牛田地区の大部分は、周辺を巻き込んだ火事嵐による被害を受けなかったのである。そのため金田さんの一家は、母たちが住んでいた家の屋根と壁をはじめ、建物の周囲にめぐらした壁も補修したのだった。それから金田さんは中庭の方へまわって、一本の松の木を指さした。その松の木はデヴィッドが子供のころに登って遊んでいたままの姿で残っていた。母は微笑んでいた。

金田さんは母と新聞記者の中川さんを自宅に招いて、お茶をご馳走してくれたあと、二つほど驚くものを見せてくれた。金田さんは、今も使っているやかんを持ちあげて、「なつかしいじゃろ?」と母にいう。そのやかんは、わたしの祖母が使っていたものだったのだ。金田さんは、原爆のあと母たちの自宅の瓦礫のなかから、そのやかんを見つけ出したのだった。もう一つあった。金田さんが使っている杖を持ちあげて、「この杖は、あんたのお父さんのもんじゃったろ？　わたしらは、あんたらがもどってくるんじゃないかと、ずうっと思うとったんよ」といった。金田さん一家は、決して希望を捨てない人たちの典型だった。それで、やかんと杖を四十一年も大切にしながら、わたしの家族が生きのびている可能性に望みを託していたのだった。金田さんの願いは成就されたのだ。

＊＊＊

その日の午後、数十人の人たちが広島流川協会に集まって、母のために歓迎会を開いてくれた。昔の友人たちやクラスメートが集まって当時の思い出を呼びさまし、涙と笑いを共に分かち合った。田中吉江さんは、祖父がスパイの容疑をかけられて投獄されたときの苦難の日々を思い出していた。田中さんは、独房にいる祖父に食べものを差し入れてくれて、そのことをわたしの家族はとても感謝していたのだった。母が当時、英語を教えていた生徒の一人だった大下《おおした》明人さんは、「わたしら男子生徒は英語教師のカレリアさんに熱をあげていて、それはカレリアさんの美貌のせいだったんですが、ほかにカレリアさんの優しさのせいもあったんです」といった。そして「わたしらは、パルチコフさん一家の親切な行為にとても感謝していました」と話しかけながら、「パルチコフさんのお宅へ行くのがいつも楽しかったもんです。お茶やサンドイッチをご馳走してもらい、みんな大よろこびでした。わたしらは、戦争のきびしい時期にパルチコフさんたちを守ろうと、みんなでこっそり約束し合っとったんですよ」[5]と語ってくれた。

　母には見覚えのない人が一人いた。御堂前一子《みどうまえかずこ》という女性が自己紹介をして、母が懸命に忘れようとしていた出来事のひとつを思い出させてくれた。御堂前さんは、原爆が投下された日、「おかげでやっと立ちあがることができました」と母に語った。原爆が投下された直後に自宅の瓦礫のなかから、母とわたしの家族が御堂前さんとその家族を引き出してくれたというのだ。「わたしはずっと、わたしらを火災のなかから助け出してくれたあなたたちの親切な行為に感謝を申し上げたいと思っていたんですよ」[6]と御堂前さんは語った。それは感動的な瞬間だった。あのはるか昔の日、母たち一家が避難している途中で、倒壊した御堂前さんの家の前に立ち止まって、助け出すか、それともほかの被爆者たちと一緒に道路を歩きつづけるかの判断をしなければならなかった。それは生と死を分かつことだった。わたしの家族は生を選んだのだ。

　一同が思い出を語り合っているとき、みんなを大よろこびさせるようなアルバムを母が取り出した。当時の広島に暮らしていた人のほとんどは火事嵐のせいで自分たちの個人的な写真を失くしていたので、戦前の広島を撮った写真は珍しく、みんな大よろこびだった。そして長いあいだアルバムの写真をあちこち示したり、笑い合ったり、当時の思い出話を語り合った。感動的なその日は、佐藤さん一家が来られたことで最高潮に達した。佐藤医師は、わたしの一家のかかりつけ医で、祖父が投獄されていたときも治療をつづけてくれた人で、佐藤さんご夫妻とは長いあいだ家族ぐるみの付き合いだった。佐藤さんは、わたしの家族が原爆で亡くなったものとばかり思っていたので、再会はよろこびに溢れたものだった。佐藤さんは、新聞で母が訪日するという記事を読むまで、わたしの家族が生きのびていたことを知らなかったのだ。

＊＊＊

母が忘れようとしていた怖ろしい記憶は、心優しい人たちのおかげで、はるか彼方に押しやられた。そのあと母たちは、神戸にあるカナディアン・アカデミーを訪れた。その学校はメソジストが運営していて、母が学んでいた当時の学生は基本的には日本人以外の外国人だけだった。母が英語の語学力を磨いたのがこの学校で、そのおかげで最初は英語の教師として働くことができ、のちにマッカーサー司令部で仕事に就くことができるようになったのだ。母たちが学校を訪問すると知って、校長は当時の資料を探しまわって母にかんする記録と母の卒業アルバムを見つけ出してくれた。当時の母はスポーツ選手で、バスケット・チームのセンターとして四年間プレーをしたそうで、運動場や陸上競技で競走している姿を撮った写真を見せてもらった。そのあと広島にもどると、もうひとつサプライズがあった。広島の陸軍幼年学校で教師をしていた祖父の教え子の一人が、母が訪日することを聞いて、自分が祖父のもとで学んでいたころの思い出話をしてくれたのだ。セルゲイ・パルチコフを知っている人は、だれもが祖父についての思い出話をもっていて、その話はどれも好意的なものだった。明らかに祖父は多くの若者たちに大きな影響をあたえていたのである。

十月一日は広島女学院の創立百周年記念祝賀会で、母を名誉ある来賓として迎えるパレードではじまった。キャシーとわたしは母に付き添って、わたしたちは在校生と卒業生たちの多くの人たちのあいだを歩いて進み、報道関係者も多く集まっていた。その日、学校の生徒や教職員たちのなかに松原雅恵さんがいた。わたしが本書の資料集めに取りかかって、この学校に電話をしたときに応対してくれたのが松原さんで、すてきな巡り合わせになった。松原さんは現在、この学校で教師をしていて、本書をまとめるために尽力してくれたうちの一人だ。

教職員、在校生、卒業生が取り囲むなかで、母はケースから祖父の被爆バイオリンを取り出した。そして、このバイオリンが自分の父にとってどれほど大切なものだったか、毎日、学校にこのバイオリンを持って行っても、置いたままにせずに持ち帰ったことを一同に説明した。そう話してから、父親の思い出にそのバイオリンを学校に寄贈すると伝えたのだ。学校関係者と学生たちは感動した。こうしてバイオリンは特別なケースに収められて学校のロビーに展示され、学校でもっともすぐれたバイオリニストによって毎年コンサートで演奏されることになり、あれから二十年あまりが経って、その伝統は、世界中の記念コンサートで演奏されるまでになっている。

こうして母の人生のループは閉じられた。人生の最悪の出来事に立ち向かい、それを平和に変えたのだ。母は、両親のためにも同じようにループを閉じようとした。広島の慰霊碑に納められる原爆死没者の名簿に両親の名前を記してもらったのである。そして、つぎのように語っている。

この広島でかつて、わたしの両親は自分たちが暮らす家を見つけたのです。その家は、わたしの一部でもありました。九歳になるわたしの孫娘も、いつの日かここに来て、広島のことを学ぶよう願っています。ここは、その子の家でもあるのです。(7)

こうしてようやく、母の心のなかにあった広島に平和が訪れたのだった。

【注】

(1) 一九八六年五月三十日付の中川正美からの手紙

(2) 一九八六年十月九日付「朝日新聞」中川正美の記事

（3）同書
（4）一九八六年十月十七日付「朝日新聞」中川正美の記事
（5）一九八六年十月九日付「朝日新聞」中川正美の記事
（6）同書
（7）同書

第十九章——終わりに

本書は、三十年以上にわたる希望と夢、そして苦難について語られている。子供のころ、母から家族の物語を聞かせてもらうのが楽しみだった。ボリシェヴィキから逃れてきたロシアの貴族だったこと、原爆を生きのびたこと、そして父と出会ったことなどの話を母から聴きながら、心のなかに生き生きとした光景を思い浮かべたものだ。けれども、子供たちには自分たちがなすべき課題があった。そのため、わたしが家族の歴史を文書に残すことの大切さに気づくまでには歳月を要した。そのことに気づいたのは、わたしが妻のキャシーと結婚して、ダニエル、マイケル、ジェニファーという三人の子供ができてからのことだった。そのときは、家族の遺産をわたしが知るというより、わたしの子供たちに知ってもらいたいときになっていたのである。

わたしたちの多くは、自分がやりたいことがあっても、暮らしに必要なことがあるため思うに任せないことがあるものだ。たとえば子供たちは、自分を愛し、教え、導いてくれるのに親が時間をかけてくれることを必要としているし、現実的なこととして、成長するたびに靴を新調したり、親としてあたえてやれる最善の教育なども必要なのである。そして、そのために親は職業が必要なのだ。わたしの場合、警察官という仕事と家族への義務とがあるため、本書のために調査研究をする時間はほとんどなかったし、まだインターネットが活用できないころで、図書館に足を運ぶ時間もなかった。だから、わたしにとって事実を文書に書き留める時間に没頭できる人は、一人しかいなかった。家族のことを一番よく知っている母だった。

母の物語が歴史的に重要だということは別にして、もうひとつ、わたしがとくに母に取り組んでもらいたいことがあった。わたしは、母がマッカーサー司令部で仕事をしていた時期からニュージャージーで専業主婦になる前までのあいだが、母の人生のなかでもっとも幸せなときだったのではないかといつも感じていた。母が父に出会ったとき、二人はまだ若くて自由だったし、人生を楽しむことができた。二人は、お互いがちがう立場から戦争を耐え忍び、何年ものあいだ、すべての人たちの頭上に漂っていた戦争の暗雲から自由になった。そして突然、二人は自由に人生を選択できることになったのだ。一九四〇年代後半から一九五〇年代前半までの両親の写真を見ると、二人が楽しみ愛し合っていることが本当によく感じられる。本書をまとめるにあたって、わたしはその時期の母の物語も聴きたかった。子供たちを育て、夫の世話をし、食卓に料理を並べ、住宅ローンのことを考える義務などが優先される前の、郊外で暮らす専業主婦のケイと呼ばれる前の物語が聴きたかったのである。母の人生のなかで楽しかった物語のいくつかは、戦争と不安という物語のなかに埋もれてしまっているようだったから、なおさらわたしは、その部分が聴きたかったのだった。

一九八六年に日本へ旅行したあと、母は自分の体験について少しずつ心を開いてくれるようになった。広島の思い出に向き合えたことは母にとってよかったのだ。長いあいだ母の記憶は、原爆とその余波のことが中心だった。それが、新しい街に生まれ変わった広島を訪れ、生き残った人たちや友人たちと語り合ったことで心の重しが取れたのである。若かったころのことで思い出せることをすべて書き留めてほしいと頼んだとき、母は拒まなかった。一度にひとつずつ思い出を書き留めては、それをわたしに渡してくれた。そして、それを読んだわたしは、個人的な視点と歴史的な視点の両方から、それらの思い出を一冊の本にまとめることが必要だと感じたのだった。ただ、そのあとすぐに気づいたことだが、一冊の本を書き上げて印刷するには長い時間がかかるうえ、退屈で骨の折れる作業なのだ。けれども、わたしはやり遂げようと決意した。わたしの家族のことを知るようになって、この決意というものは、明らかにパルチコフ家の血統によるものなのである。

母は、自分が書き留めた思い出が、家族の歴史を超えてはるかに重要なものだということを理解していたとわたしは思っている。一九八六年に日本へ旅行をして、広島平和記念公園を訪れたことで、母は、壮大ともいえる自分の物語が新たな意味をもっていることを強く感じたにちがいない。その物語はパルチコフ家の物語というだけでなく、人間にとって最善と最悪とは何かということを試される物語でもあった。母は、一九四五年八月六日のような出来事が自分や家族に起きるなどとは夢にも思っていなかった。けれども、それは起きたのだ。そして、二度とほかのだれにも起きないことを確信したかったのである。戦略爆撃調査団の録音テープで自分が原爆について語っている音声を聴いたあと、母はそう決意したのだ。録音テープを聴き終わったあと、母はハンカチを握りしめて、つぎのような感情のこもった訴えをしている。

わたしは、世界で一番高い山に登って、叫びたいのです。「広島で起きたことは、二度とくり返してはいけない。それがどんなことだったのか、わたしは知っている。わたしはそこにいたのだ。地獄のようだったのだ！」と。(1)

＊＊＊

わたしの父、母、祖父母、そして叔父のニックにデヴィッドは、もうこの世にはいない。この人たちは類い希な人生を送ってきた。苦難なことや、残酷なことや、はげしい恐怖を体験しながらも、決して悲嘆に暮れなかった。それどころか反対に、自分たちが苦難を体験したことによって、ほかの人たちの苦難に対して特別な思いやりを抱くようになったのである。ほかの人たちの世話をし、たとえばそれは祖母が赤十字社のボランティア活動に参加したり、デヴィッドがアフリカで伝道者として活動したことで明らかだが、ここでいう世話というのは、もっと微妙なもので、手で優しく触れるとか、愛情のこもった眼差しを向けることなのだ。このように、わたしの家族は、最悪のことを受け入れることによって人生の最善を理解していたのである。

わたしの家族は本書の出版をきっとよろこぶことだろう。本書は、わたしの家族の物語というだけでなく、今の人類がしばらく立ち止まって、自分たちが決意することの重大さを考えて欲しいという願いでもある。本書は、人生が逆境にあるときに、ほかの人たちのことがモデルになるような希望と忍耐を伝える物語なのだ。

そして、今ひとつのものが生きつづけている。かつて廃墟になった広島で今では、とある学校のロビーに小さなガラス製の展示ケースがあって、そのケースには、わたしの祖父がロシア内戦、ボリシェヴィキからの逃亡、そして原爆のなかを大切に保管してきた被爆バイオリンが展示してある。祖父は、最悪のときでも芸術と人間愛は優るものだという信念のもとに、そのバイオリンを守ってきたのだった。そのバイオリンは今、人間の不屈の精神をわたしたちに思い出させるシンボルとして残っている。

【注】

（1）一九八六年十月十七日付「朝日新聞」の中川正美の記事

パルチコフ家の人たち

放射線を浴びながらも、わたしの家族は、だれ一人として原爆による長年の障害を起こさずにすんだことをありがたく思っている。広島は、ひとつの章の終わりであり、つぎの章のはじまりでもあるのだ。

セルゲイ・パルチコフ

一九五一年四月十六日にアメリカに渡ったあと、すぐに祖父はアメリカの市民権を得る方法を尋ねまわった。ほかの家族みんなと同じように、祖父もアメリカ市民になりたかったのである。そのためには数年がかかったが、一九五六年六月十二日に夢であるアメリカの市民権を得た。

叔父のニックの紹介で、カリフォルニア州モントレーにあった陸軍語学学校の教師になり、そこでロシア語の学習プログラムを考案する一人になった。学校を退職してからは、祖母と一緒にカリフォルニア州サンディエゴに移り住み、バイオリンを教えたり、趣味の写真に熱中した。一九六九年六月六日にサンディエゴで他界した。享年七十六だった。

アレクサンドラ・パルチコフ

祖母も、一九五一年四月十六日に祖父と一緒にアメリカに渡り、一九五六年六月十二日にアメリカの市民権を得た。祖父が語学学校で教えているあいだ、さまざまな機関、なかでもアメリカ赤十字社と陸軍語学学校女性クラブでボランティア活動に参加した。活動をやめてからは、祖父と二人でサンディエゴで祖父が他界するまですごし、そのあとサンフランシスコに移っている。一九八五年十二月二十五日に他界した。享年八十七だった。

カレリア・パルチコフ

一九四八年二月五日は、わたしの母にとって人生最良の日で、アメリカに渡った日である。一九四八年四月十六日にわたしの父ポールと結婚し、二人はニュージャージー州カムデンに移り住んだ。アメリカの市民権を得たのは一九四八年二月十六日である。カムデンで、わたしアンソニーが誕生し、一九五六年にロサンゼルスに移り住んでから父と同名のポールのほか、マークという子供が誕生した。そのあと一九六〇年代に両親は離婚して、母はある会社の社長室長として数年を送っている。二〇一四年十二月三十日にカリフォルニア州ロングビーチで他界した。享年九十三だった。

ニック・パルチコフ

叔父のニックは、アメリカ陸軍を除隊したあと、ロサンゼルスにもどり、カリフォルニア大学ロサンゼルス校に入学した。
一九四六年十二月十九日に、戦争のあいだ帰りを待ちつづけていたドーンと結婚し、四人の子供を授かった。病院管理学について長い経歴があり、二〇〇三年八月十日にネバダで他界した。享年七十九だった。

デヴィッド・パルチコフ

叔父のデヴィッドは、一九五一年四月十六日にわたしの祖父母と一緒にアメリカに渡った。その後、アメリカ陸軍に入隊し、朝鮮戦争とベトナム戦争に従軍した。一九七〇年五月二十三日に結婚し、陸軍を除隊したあとロシア正教の助祭になり、そのあと司祭になっている。布教活動に専念して、数年間ほどケニアのナイロビで活動し、一九九五年十一月十日に南カリフォルニアで他界した。享年六十二だった。

ポール・ドレイゴ

わたしの父は、一九四八年にアメリカ陸軍を除隊となり、そのあとすぐの一九四八年四月十六日に母と結婚した。長く小売業にたずさわっていて、二〇〇八年三月二十日に他界した。享年八十だった。

祖父の杖

祖父の杖は、金田ヨシミさんの手元に保管されていて、金田さんは残りの人生のために今でも祖父の杖を使っている。きっと祖父も、そうしてほしかったと思う。

あとがき

二〇一八年の春、ライトライフ出版社のテリー・ライデッヒから電話があり、それがわたしの人生を変えることになりました。そういうと、ちょっとドラマチックすぎるみたいですが、わたしはまさにそう感じたのです。テリーは「実は、わくわくするような本の出版依頼を受けたのよ。それで、この件をあなたにお願いしようと思って」といってから、トニー（アンソニー）・ドレイゴという男性から連絡を受けて、自分の母親と家族が広島の原爆を生き抜いた物語を語りたいのだというのです。テリーがわたしへ依頼したことは正しかったのです。それは、わたしに打ってつけの仕事だったからです。

わたしはアマチュアの歴史家として何十年も歴史に取り組んでいて、とくに第二次世界大戦について興味があります。わたしの父は、ジョージ・パットン大将指揮下の将兵としてヨーロッパ戦線を渡り歩き、わたしの友人たちの父親も古い軍服をクローゼットにしまい込んでいて、自分の子供や孫たちがしきりにせがむときだけ当時の物語を話していました。わたしたちは映画やテレビをつうじて戦争の空想上の情景を思い浮かべながら育ちましたが、わたしたちの父親はそれより分別があったのです。第二次世界大戦は終わっていましたが、ともかく子供のわたしたちは、そんななかで成長したのです。

わたしの書架には、第二次世界大戦にかんする書籍を集めた本棚があります。それらの書籍は、当時の士官、志願兵、部隊、従軍看護婦、それに埃まみれの資料を引っかき回すことになれた歴史家たちが執筆した本がいっぱいで、そのなかから歴史の暗い部分に一条の光を当てるような、以前に見落としていた詳細な部分はないものかと期待しているのです。その人たちの物語は、爆雷攻撃を受ける潜水艦内の恐怖のような話から、B17の負傷した搭乗員の軍服にこびりついた血の描写にまで多岐にわたっています。けれども、そんな物語のなかには、世界中にどうしようもないほど広まった悪夢に、ふつうの人が取りつかれた物語は、さし当たってなかったのです。

ふつうの人は戦争なんかはじめません。戦争は、政治指導者たちによってはじめられ、ふつうの人たちにとっては、さほど重要ではない領土やイデオロギーなどのために戦うことになるのです。ふつうの人は、家族、まともな暮らし、必要なもの、ちょっとした楽しみにお金を使うことのできる仕事を求めているのです。戦争は、わずかなものしか生み出すことができません。それでも、ふつうの人は否応なしに尻馬に乗せられるのです。

パルチコフ一家は、どう考えても、ふつうの人たちではありません。あの人たちの物語は、世の中の出来事に巻き込まれて自分自身の運命を手なずけることがほとんどか、まったくできなくなっている多くの人たちの苦難の状況に光を当てることになるのです。あの人たちは、いろんな意味で異色でしたが、核心の部分では、パルチコフ一家は世の中のほかの家族たちと変わりはなかったのです。つまりあの人たちが求めていたものは、慎ましい平穏な生活だけだったのです。ときには驚くほど困難なこともありましたが、忍耐によって目的を遂げたのです。その結果、トニー・ドレイゴと兄弟たちは、一家が長いあいだ求めていた暮らしをあたえられたのです。

トニーと電話で話をして、のちにトニーと妻のキャシーの二人に直接お会いしたとき、わたしたちは似た者同士だということがよくわかりました。トニーとわたしは齢が同じですし、同じように中流階級という社会的背景があり、似たような世界観をもっていました。ただこのたびの出版計画でもっと大切だったのは、この物語がさまざまなレベルで重要な内容なのだと二人とも認めていたことです。すなわち、トニーの家族の個人的な物語であり、決意をとおして生き抜いた感動的な物語であり、二十世紀でもっとも重要な瞬間の出来事の目撃証言であって、これらのことを考慮しながら、わたしたち二人は物語を慎重に語ることに努め、トニーの母親から提供された一家についての事実を描きました。わたしたちは、日本に原爆を投下したことに賛成するとか反対することを論じ合うつもりはありません。それは読者が自分たちで判断することです。とはいえ、本書で語られた事実にもとづけば、こんな出来事は二度と目にしたくないという点では、二人とも同じ気持ちなのです。

ダグラス・ウェルマン

ユタ州セントジョージにて　二〇二〇年六月十五日

謝辞

一冊の本をまとめるという作業は、とくに歴史的に深く個人にかかわった内容の場合は、ひとつの旅なのです。わたしは、この旅を一緒に歩んでくれたすべての人たちに感謝を申し上げたいと思います。

第一に母のカレリアです。時間をかけて自分の物語を打ち明けてくれて、周囲の人たちと分かち合ってくれたことに感謝したいと思います。そのことで、世界の歴史の一面を手放さないようにしてくれただけでなく、わたしにとって母がどんな人間だったのか、どんな出自の人間だったのかを理解させてくれることになりました。母の息子だったことをわたしがどんなに誇りに感じていたかを、母が知ってくれていたらと願うばかりです。

本書の特徴は、途方もない数々の苦難と忍耐を乗り越えた実在の人たちの物語です。その人たちの物語を語ることができるのは光栄なことです。わたしの父であるポールにも、家族の大切なことをすべて雄弁に語ってくれ、教えてくれたことに感謝したいと思います。そして、わたしがモントレーの景色のよい道路をドライブするときは、いつも祖父母のセルゲイとアレクサンドラのことを思い出させてくれます。それから、本書のページを感動的なエピソードで埋めてくれたほかのすべての人たちにも、ダグラスとわたしから感謝の気持ちを伝えたいと思います。

本書の計画は、作家で友人でもあるジャッキー・ホーがいなかったら、軌道に乗せることができなかったことでしょう。セント・スティムソン小学校以来、わたしたちがずっと一緒にいたなんて驚きです。

テリー・ライデッヒとライトライフ出版社のみなさんには、ご協力と、あらゆる面で助言をいただいたことに深く感謝します。

共著者のダグラス・ウェルマンには、これ以上ないほどお世話になりました。このたびの執筆について、ダグラスの幅広い経歴と助言、第二次世界大戦にかんする知識、わたしの母の物語に対する熱意などをつうじて完璧なパートナーになってくれました。ダグ、このたびの旅をつうじて困難な仕事と友情に感謝するよ。でも、もっとも重要なことは、君のすばらしい文章だったのだよ。

編集者のミッシェル・ブースには、この物語を作りあげるのに、わたしたちを巧みに、そして辛抱強く手助けしてくれて、二人とも彼女の助力には感謝しています。

母が語ってくれた個人的な物語を生き生きさせるために、わたしたちは公正に調査をしなければなりませんでした。当初は、ロシア語の翻訳とロシアの文化にかんする専門知識についてはイゴール・ゾブコに頼りきりでした。

トニー・タークには、ロシアの歴史、翻訳、系譜について多大な支援をいただきました。

トニーが一九六一年に陸軍語学学校で祖父の教え子だったことから、このたびの仕事を一緒にできたことは格別なことでした。トニーが祖父を自分のお気に入りの教師だったと思ってくれていたことは、わたしを和ませてくれました。トニー、ありがとう。

サッド・トレメインは、アメリカ陸軍の少尉だったリンフォード・トレメインの孫で、第二次世界大戦中のトレメイン少尉の日記を提供してくれました。この日記は、叔父のニックと一緒にブロンズ・スター章を授与されることになった作戦の物語を語るのに役立ちました。サッド、わたしに対する君の信頼と、もっと重要なことだけど、君のお祖父さん（それにお父さん）の功績にも感謝するよ。第二次世界大戦の本当の英雄とブロンズ・スター章を授与された人のことばを読むことができるなんて光栄なことだったよ。

アメリカ陸空軍に対しては、リチャード・M・チェンバーズ中尉が描いた「広島のキノコ雲の下で」の絵画を本書に使用させてもらったことに感謝します。

松原雅恵さんには永遠に感謝したいと思います。わたしたちは電話をつうじて偶然に知り合いになりましたが、あれ以来、松原さんは日本でわたしを導く光になっています。助言をいただいたり、結論を導き出す手伝いに至るまで、雅恵、どうもありがとう。彼女は現在は広島女学院の総務課で仕事をしていて、広島女学院中学・高校と女学院大学の卒業生でもあります。その学校は、わたしの母が学生で、祖父が教師をしていたこともあり、祖父の被爆バイオリンが今でもその学校に保管されています。

わたしが歩んできたどんな人生の旅路においても、わたしは家族なしでは何もできなかったことでしょう。

弟のマークとポール、君たちのことを愛しているし、誇りに思っているよ。

わたしの子供のダニエル、マイケル、ジェニファー、父親のわたしにとって君たちはすてきな贈り物だ。君たちが、ブライアン、ケリー、クリスと一緒に作りあげた家族を眺めるのは最高のことだ。わたしの八人の孫である、ガブリエル、エラ、ライアン、エマーソン、アシュレー、ブルーマ、ソーヤー、スミスには、おまえたちのためにこの物語を語ることは、わたしにとってとても大切なことなんだ。おまえたちがこの物語を永遠に大事にしてくれることを願っている。

そして妻のキャシー、君はわたしのもっとも大きな愛の作品だし、これからもずっとそうありつづけることだろう。どんなに困難なときでも、君の落ちついた自信と、わたしの情熱に対する揺るぎない支えに感謝している。君以外に人生の旅を共にすることなんて考えられない。愛しているよ。

アンソニー・ドレイゴ

カリフォルニア州カーメルにて　二〇二〇年一月

【参考文献】

"Atomic Bombings of Hiroshima and Nagasaki: General Description of Damage Caused by the Atomic Explos." *Atomic Archive.* https://atomicarchive.com/Docs/MED/med_chp9.shtml.（二〇一九年三月三十日にアクセス）

"Bombings of Hiroshima abd Nagasaki." *Atomic Heritage Foundation.* https://atomicheritage.org/history/bombings-hiroshima-and-nagasaki-1945.（二〇一九年三月十五日にアクセス）

Boyton, Suzanne. "Devastated Hiroshima a Vivid Memory" *The Press Democrat* August 4, 1986.

Bradley, FJ. No Strategic Targets Left. Nashville, Turner Publishing, 1999, 34-35.

Caron, Bob. *Voices of the Manhattan Project.*

Chambers, Wittaker. Witness. Washington, D.C.: Regenery History, 1952, 39. "The Death of President Franklin Roosevelt, 1945" *Eyewitness to History.* https://www.eyewitnesstohistory.com/fdrdeath.htm.（二〇一九年三月二日にアクセス）

Drago, Kaleria Palchikoff. *Kaleria Palchikoff Drago memoir,* document one, 1986.

Drago, Kaleria Palchikoff. *Kaleria Palchikoff Drago memoir,* document, two, April 5, 1948.

Eastm Vickie Kilgore. "77-Year-Old Promotes Peace." *The Tennessean,* May 19, 1985.

Frank, Richard B. *Downfall: The End of the Imperial Japanese Empire.* New York: Penguin, 1999,90.

Giangreco, D.M. "Casualty Projections for the U.S. Invasions of Japan, 1945-1946: Planning and Policy Implications" in the *Journal of Military History*, 61, July 1997, 61
Giangreco, D.M. *Hell to Pay: Operation Downfall and the Invasion of Japan, 1945-1947*. Annapolis, Maryland: Naval Institute Press, 2009. 581-582.https://www.atomicheritage.org/history/bombings-hiroshima-and-nagasaki-1945.（二〇一九年三月三十一日にアクセス）
Groves, Leslie. *Now It Can Be Told: The Story of the Manhattan Project*. New York: Harper and Row, 1962,66.
Hagen, Jerome T. *War in the Pacific: America at War, Volume 1*. Hawaii Pacific University, "The Lie of Marcus McDilda," 2005.
Hersey, John. Hiroshima. New York Vintage Books, 1946, 1985. Hiroshima and Nagasaki Bombing Timeline. https://atomicheritage.org/history/hiroshima-and-nagasaki-bombing-timeline.（二〇一九年三月十四日にアクセス）
Long, Doug. *Hiroshima: The Harry Truman Papers*. www.doug-long.com/hst.htm.（二〇二〇年三月十二日にアクセス）
中川正美「朝日新聞」一九八六年十月九日付
中川正美「朝日新聞」一九八六年十月十七日付
中川正美「カレリア・パルチコフ・ドレイゴに宛てた手紙」一九八六年五月三十日付

【参考文献】

「トルーマン大統領の日記」一九四五年七月十七、十八、二十五日。ハリー・S・トルーマン図書館&博物館

Palchikoff, Nikolai. "I've Seen the Worst that War Can Do." *Newsweek*, December 3, 2001.

Palchikoff, Nikolai. V-Mail to Dr. and Mrs. Hereford,（date indistinguishable）1945.

Pushkina, S. "In the Footsteps of Palchikov," from the *Collection of a Folklorist*. ed: E.E.Alekseeva, 1978.

Romerstein, Herbert and Breindel, Eric. *The Venona Secrets*. Washington, D.C.: Regenerya History, 2000, 224-229.

Ryall, Julian. "Hiroshima Bomber 'Tasted Lead after Nuclear Blast, Rediscovered Enola Gay Recordings Reveal."

The Telegraph. https://www.telegraph.co.uk/news/2018/08/06/hiroshima-bomber-tasted-lead-nuclear-blast-rediscovered-enola/（二〇一九年三月十四日にアクセス）

佐藤フミ「カレリア・パルチコフ・ドレイゴに宛てた手紙」一九八六年六月十七日付

Stockbauer, Marc, "The Designs of Fat Man and Little Boy." web.stanford.edu/class/e297c/war_peace/atomic/hfatman.html.（二〇一九年五月六日にアクセス）

"Story of Marcus McDilda." *Force War Records*. https://www.forces-war-records.co.uk/blog/2015/08/11/lieutenant-marcus-mcdilda-captured-tortured-interrogated.（二〇一九年四月十五日

にアクセス）

Tremaine, Lyndford F. *Tawi Tawi Mission Diary*. Unpublished undated autobiographical manuscript.

Trueman, C.N. "The Bombing of Nagasaki." *History Learning Site*. https://www.historylearningsite.co.uk/world-war-two/the-pacific-war-1941-to-1945/the-bombing-of-nagasaki/.（二〇一九年五月二日にアクセス）

Truman, Harry S. Speech, August 6, 1945. https://www.trumanlibrary.org/publicpapers/index.php?pid=100.（二〇一九年四月二十日にアクセス）

Turk, Toni. Toni Turk Interview with Douglas Wellman, September 5, 2019.

Slavinskii, Boris Nikolaevich. *The Japanese-Soviet Neutrality Pact: A Diplomatic History, 1941-1945*. Nissan Institute.Routledge Japanese Studies Series. London and New York: Routledge Curson, 2004.

United States Government. US Air Force Art Collection. https://www.afapo.hq.af.mil/admin/presentation.manageCollection/artworkHistoryAction.

United States Strategic Bombing Survey. Interview with Kaleria Palchikoff. https:..www.archives.gov/research/guide-fed-records/groups/243.html. October 1945.

Walter, Sheryl P. "Declassified/Released US Department of State EO Systematic Review" 20 March

2014. National Archives and Records Administration. Retrieved April 15, 2019.
"Wendoverm Utah." Atomic Heritage Foundation. https://www.atomicheritage.org/location/wendover-ut.（二〇一九年五月六日にアクセス）

訳者あとがき

昭和二十年（一九四五年）八月六日に広島に原爆が投下されたとき、市内には日本人のほかに外国人が少なからずいて被爆したことが知られています。その多くはアジア系の人たちでしたが、いわゆる白人も数十人の規模でいたこともわかっていて、そのなかのアメリカ軍の捕虜については森重昭《もりしげあき》氏が詳細な調査をして『原爆で死んだ米兵秘史』としてまとめておられますし、ジョン・ハーシー『ヒロシマ』にはドイツ人の神父たちのことがくわしく語られています。ただ、それ以外に六家族一三名の白系ロシア人が広島にいて被爆したことがわかっています。

本書は、祖国ロシアから日本に亡命してきた白系ロシア人のパルチコフ一家の物語で、なかでも当時、二十四歳だったカレリア・パルチコフが広島で被爆した体験を中心に、一家のさまざまな人生が描かれています。原著の *Surviving Hiroshima* は、カレリアの長男アンソニーの口述と、母親であるカレリアが書きつづった回顧録、それに戦後にカレリアが米国戦略爆撃調査団から受けたインタビューの記録などの資料をもとに、ダグラス・ウェルマンが執筆してまとめたものです。

本書の解説は多くを必要としないと思います。カレリアをはじめとするパルチコフ一家の物語がすべてを語っているからです。ただ本書でひとつだけ特筆したいことは、原著が意図している立場とは少しちがいますが、外国人が語った希少ともいえる被爆体験記だということです。本書以外にもジョン・ハーシー『ヒロシマ』と、カトリック正義と平和広島協議会編『戦争は人間のしわざです』のなかに、欧米人の被爆体験記が載っていますが、それ以上に本書の内容はみずからも被爆したカレリアが多くの被爆者の救護活動にたずさわった体験によって、日本人の被爆体験記に優るとも劣らないほど詳細に語られています。また外国人の被爆者として、原爆のことをどのように感じ、みずからの体験をつうじて何を願っているかを知る上でも意義深いと思います。

なお原著には、いくつかの誤植があり、この点については原著者の了解を得て訂正してありますが、原著に述べられている史実（とくに日本にかんして）と、カレリアの証言を含む被爆の惨状を描いた記述に散見される若干の誤りについては、本書の大意を大きく損なうものではないと考えて原著のままとし、カレリアのことばのなかで前後が不統一な記述については、わかりやすい文章に直してあります。

また本書の出版に際し、文芸社出版企画部の阿部俊孝氏には翻訳権の取得などの手続きに尽力していただき、編集部の片山航氏には細かな助言とご教示をいただきました。厚く御礼申し上げます。

著者プロフィール

アンソニー・ドレイゴ (ANTHONY DRAGO)

アンソニー（トニー）・ドレイゴはニュージャージー州カムデンで生まれ、幼少時の多くはイタリアの食料品店を経営する父方の祖父のところですごした。学校にあがってからはカリフォルニア州ロサンゼルスですごし、そのころに自分が学校へ行くのに、ピーナッツバターとゼリーでなく海苔とご飯を持参する唯一人の子供だということを知った。

幼いころから、母親のカレリア・パルチコフ・ドレイゴは、自分はロシアから日本へ、それからアメリカへ旅をしてきたのだという、心をとりこにするような話をしてくれた。そのことからトニーは歴史（なかでも自分の一家の歴史）が好きになり、自分にとって初めての本となる本書 *Surviving Hiroshima: A Young Woman's Story* を書くきっかけになった。

トニーは以前は公安官で、カリフォルニア州サニーベール地区で消防士と警察官として25年間ほど勤務していた。2006年に退職したあとは、趣味である飛行機の操縦、クラシックカーの復元、それに妻のキャシーと一緒に海外旅行に熱中している。

マークとポール・ドレイゴという二人の弟がいて、二人ともカリフォルニア州ロングビーチで暮らしている。

トニーとキャシーは結婚して45年になる。二人には成人した三人の子供がいて、現在は地元のカリフォルニア州カーメルの浜辺で、八人の孫とタグとマギーという二匹の犬と一緒に楽しい日々をすごしている。

ダグラス・ウェルマン (DOUGLAS WELLMAN)

ダグラス・ウェルマンはミネソタ州ミネアポリスで生まれ、のちにロサンゼルスに移り住み、35年間、テレビプロデューサーとディレクターの仕事をするかたわら、南カリフォルニア大学映画芸術学部で学部長補佐として勤めてきた。

これまでに執筆した著書として、マーク・ミュージックと共著の *Boxes: The Secret Life of Howard Hughes*、ジョン・バイナーと共著の *Five Minutes, Mr. Byner!*、アンソニー・ドレイゴとの共著 *Surviving Hiroshima: A Young Woman's Story* がある。

現在はユタ州南部で妻のデボラと二人で暮らしていて、本の執筆で忙しくないときは病院付きの牧師として活動している。

訳者プロフィール

金谷 俊則（かなや としのり）

1951年、広島市に生まれる。広島大学医学部卒業。専門は精神医学と内科学。広島市在住の被爆二世。
著書に『吉川興経』、『武一騒動　広島・旧浅野藩下における明治農民騒擾の真相』、『毛利隆元』、『ヒロシマ　叔父は十五歳だった』、上記の英訳版 *Hiroshima : From the shadow of the grass*、『毛利隆元私見』、訳書にジョージ・R・キャロン＆シャルロット・E・ミアーズ著『わたしは広島の上空から地獄を見た　エノラ・ゲイの搭乗員が語る半生記』、ウィルソン・D・ミスキャンブル著『日本への原爆投下はなぜ必要だったのか』、シーン・L・マロイ著『日本への原爆投下とヘンリー・スティムソンの苦悩』、レスリー・スサン著『ヒロシマ・ナガサキを撮影した米軍兵士の生涯』、グレッグ・ミッチェル著『ヒロシマ・ナガサキの映像は隠蔽されていた　二人の米軍兵士と、制作されなかったヒロシマ・ナガサキの貴重な映画』がある。

ヒロシマを生き抜いたロシア人女性

2025年 4 月15日　初版第 1 刷発行

著　者　アンソニー・ドレイゴ＆ダグラス・ウェルマン
訳　者　金谷 俊則
発行者　瓜谷 綱延
発行所　株式会社文芸社
〒160-0022　東京都新宿区新宿1－10－1
電話　03-5369-3060（代表）
03-5369-2299（販売）

印刷所　TOPPAN クロレ株式会社

ISBN978-4-286-25726-6